GOLDMANN
Lesen erleben

Buch

Herkömmliche Geschichtsbücher begnügen sich meist damit, wichtige politische Ereignisse chronologisch darzustellen. Was sie dagegen auslassen, ist das, was die Menschen abseits der Politik bewegt: Welche Bücher, welche Musik, welche Mode sind gerade »in«? Auch das gehört zur Geschichte. Außerdem werden die Ereignisse meist isoliert voneinander betrachtet und keine Zusammenhänge hergestellt. Oder wussten Sie, dass das Brettspiel »Mensch ärgere dich nicht« in Deutschland herauskam, während in Russland eine verheerende Cholera-Epidemie wütete? Dass die Beatles mit ihrem Song »I want to hold your hand« berühmt wurden und im selben Jahr die deutsche Bundesliga entstand? Dass Schlaghosen gerade in Mode kamen, als das allererste Handygespräch geführt wurde?

Wann war was? will Geschichte nicht nur anschaulich, verständlich und unterhaltsam machen, sondern auch besonders übersichtlich darstellen: Auf jeweils einer Doppelseite finden Sie alle zeitgleichen Ereignisse aus den Bereichen Politik & Wirtschaft, Kunst & Kultur, Wissenschaft & Technik und Alltag & Verschiedenes von 1700 bis heute. So macht Geschichte endlich Spaß!

Autor

Martin Tzschaschel, Jahrgang 1954, schreibt als leitender Redakteur beim Wissensmagazin P.M. über medizinische und psychologische Themen und ist Autor der Bücher *Wie war das noch? Schulwissen, neu aufpoliert* und *Die Kraft der inneren Bilder nutzen: Seelische und körperliche Gesundheit durch Imagination.*

Von Martin Tzschaschel außerdem im Programm:

Wie war das noch? Schulwissen, neu aufpoliert
(auch als E-Book erhältlich)

Martin Tzschaschel

Wann war was?

Geschichtswissen auf einen Blick

GOLDMANN

MIX
Papier aus verantwortungsvollen Quellen
FSC® C014496

Verlagsgruppe Random House FSC® N001967
Das für dieses Buch verwendete FSC®-zertifizierte Papier *Classic 95*
liefert Stora Enso, Finnland.

Dieses Buch ist auch als E-Book erhältlich.

1. Auflage
Deutsche Originalausgabe Oktober 2014
Wilhelm Goldmann Verlag, München,
in der Verlagsgruppe Random House GmbH

Umschlaggestaltung: Uno Werbeagentur, München
Umschlagillustration: FinePic®, München
Redaktion: Florian Oppermann
Satz und Layout: Buch-Werkstatt GmbH, Bad Aibling / Kim Winzen
Druck und Bindung: GGP Media GmbH, Pößneck
KW · Herstellung: IH
Printed in Germany
ISBN 978-3-442-17433-1
www.goldmann-verlag.de

Besuchen Sie den Goldmann Verlag im Netz

Inhalt

Vorwort

Drei Jahrhunderte auf dreihundert Seiten – geht das?

Ein einziges historisches Ereignis kann Stoff für viele Bücher liefern. Auf den folgenden Seiten geschieht genau das Gegenteil: Das Geschehen der vergangenen drei Jahrhunderte bis zur Gegenwart ist in einem einzigen Taschenbuch zusammengefasst.

Wer das Weltgeschehen vieler Jahre auf knapp bemessenem Raum unterbringen will, muss zwangsläufig eine Auswahl treffen. Was war früher besonders wichtig – und was weniger? Als Autor dieses Buchs habe ich die Frage so beantwortet: Es sind nicht immer die vermeintlich bedeutenden historischen Begebenheiten, sondern auch weniger wichtige Ereignisse, die aber viele Menschen bewegt haben.

Ein Beispiel: das Jahr 1956. Unerwähnt bleiben einige Staatsbesuche, manches Abkommen und die Suezkrise – während die Tatsache erwähnt wird, dass in den USA eine schwarze Studentin von Weißen daran gehindert wird, die Universität zu besuchen. Auch eine Promi-Hochzeit und die Ausstrahlung des ersten Werbefilms im deutschen Fernsehen kommen vor.

Dieses Buch soll einen Überblick über alle wichtigen Ereignisse der letzten drei Jahrhunderte geben – verständlich, übersichtlich und schnell zu erfassen. Eine große Rolle spielt dabei der ganz normale Alltag, eben das, was die Menschen am meisten beschäftigt und beeinflusst hat. Der geografische Schwerpunkt der Themen liegt in Deutschland und Europa, auch viele Geschehnisse in den USA wurden ausgewählt. Andere Kontinente spielen vor allem dann eine Rolle, wenn hier etwas geschah, was auch die übrige Welt bewegte.

Jede Doppelseite ist in vier Rubriken unterteilt:

Politik & Wirtschaft

Kunst & Kultur

Wissenschaft & Technik

Alltag & Verschiedenes

Diese Themenmischung macht das Buch nicht nur übersichtlich – sie sorgt dafür, dass auch Geschichtskenner auf den folgenden Seiten immer wieder auf Neues stoßen werden.

Ich wünsche Ihnen beim Lesen und Entdecken viel Vergnügen!

Martin Tzschaschel

1700–1799

Das 18. Jahrhundert: Aufbruch in die neue Welt der Industrie

In den Jahren nach 1700 leben mehr als 80 Prozent der Europäer auf dem Land. Sie dienen meist reichen Herren, von denen vor allem der französische König so viel Macht und Einfluss hat wie niemand sonst: Er bestimmt den Stil der Kunst und der Mode, und mit seinen Prunkbauten ist er Vorbild für die Fürsten zahlreicher europäischer Kleinstaaten. Davon gibt es allein im zerstückelten Deutschland mehr als 300.

Der Engländer James Cook erweitert den Horizont, indem er die Erde mit dem Segelschiff umrundet, Denker wie Voltaire und Diderot erweitern ihn geistig: Ihre Ideen der Aufklärung bilden den Boden für die Französische Revolution, mit der 1789 die Allmacht des Königs endet.

Der Landbevölkerung geht es damit aber nicht automatisch besser. In England erkennen die Adeligen, dass die Haltung von großen Schafherden profitabler ist als die Landwirtschaft – weshalb viele Bauern vertrieben werden und in die Städte ziehen müssen. Dort verdienen sie ihr Geld als Tagelöhner an den neuen Web- und Spinnmaschinen, mit denen die Wolle der Schafe zu Textilien verarbeitet wird. Die Industrielle Revolution hat begonnen, und der Kapitalismus zeigt sein Gesicht.

POLITIK & WIRTSCHAFT

Mehr Krieg als Frieden in Europa. Als der kinderlose spanische König **Karl II.** (Carlos) im November 1700 mit 38 Jahren stirbt, kämpfen im **Spanischen Erbfolgekrieg** Frankreich, England, Österreich und andere um die Nachfolge. Neuer König wird **Philipp V.** (Felipe); der 16-Jährige ist ein Enkel des berühmten französischen Königs **Ludwig IV**.

Im **Großen Nordischen Krieg** geht es um die Vorherrschaft an der Ostsee. Die Hauptgegner Russland und Schweden bekämpfen sich über 20 Jahre lang – mit zahlreichen Eroberungen und Rückeroberungen auf beiden Seiten. Immerhin bringt dieser Krieg eine städtebauliche Großtat hervor: Als Festung gegen die Schweden und als »Fenster zum Westen« gründet Zar **Peter I.** (30) im Jahr 1703 die Stadt **Sankt Petersburg**.

Etwas Neues entsteht auch in Westeuropa: 1707 wird durch die Vereinigung Englands und Schottlands das Königreich **Großbritannien** gegründet.

KUNST & KULTUR

1704 stirbt der englische Philosoph **John Locke** (72). Er gilt als Vordenker der Aufklärung und als »Vater des Liberalismus«. Eine seiner revolutionären Ideen lautet: Eine Regierung hat nur dann eine Daseinsberechtigung, wenn sie die Zustimmung der Regierten besitzt.

Der Barock-Komponist **Georg Friedrich Händel** begeistert auf einer mehrjährigen Studienreise durch Italien das Publikum mit seinen ersten großen Werken. Besonderes Aufsehen erregt der 23-Jährige, als er 1708 bei einem öffentlichen Klavier- und Orgelwettstreit in Rom seinen einheimischen Kollegen Domenico Scarlatti besiegt.

Stoff für den Roman *Robinson Crusoe* (⇨ 1719) liefert 1709 der schottische Seemann **Alexander Selkirk** (33), der nach fast fünfjährigem Aufenthalt auf einer unbewohnten Insel geborgen wird.

WISSENSCHAFT & TECHNIK

Da man um 1700 noch keine Straßenbeleuchtung kennt, hängen Bürger in einigen Städten gusseiserne Körbe auf, in denen Hautfett von Tieren verbrannt wird. 1705 gibt es in München 40 solcher **Pechpfannen** – der größte Teil der Stadt versinkt nachts im Dunkeln.

Im niederländischen Delft beginnen 1705 **Wetteraufzeichnungen**. Angaben wie Temperatur, Luftdruck und Niederschlag werden von nun an regelmäßig gemessen und notiert.

Hoch hinauf blickt im selben Jahr der englische Astronom **Edmond Halley** (48): Er weist nach, dass der nach ihm benannte Komet etwa alle 76 Jahre in Erdnähe kommt. (In unserer Zeit zuletzt 1986.)

In Meißen gelingt es 1708 erstmals in Europa, das in China seit Langem bekannte Porzellan zu erzeugen. Das **Meißner Porzellan** wird zum Exportschlager.

Dass keineswegs alle Wissenschaftler auf dem Weg in die Moderne sind, zeigen die vergeblichen Versuche von Chemikern, Wasser in Erde umzuwandeln.

ALLTAG & VERSCHIEDENES

Europa erlebt zwischen 1708 und 1709 einen extrem harten **Winter**. Der Gardasee friert komplett zu, in Trier dauert der Nachtfrost bis Anfang Juli. Die anschließende Dürre führt in vielen Teilen Europas zu einer **Hungersnot**. Am französischen Hof in Versailles hungert zwar niemand, aber an der königlichen Tafel friert das Trinkwasser ein. Als Hauptursache für die Kältewelle wird die Verdunkelung der Sonne durch Vulkanasche angenommen.

Ganz andere Sorgen haben Menschen im westlichen Afrika, wo der **Sklavenhandel** ein bedeutender Wirtschaftszweig ist. Alljährlich werden hier regelrechte Menschenjagden abgehalten, denen Bewohner der jeweiligen Nachbardörfer zum Opfer fallen. Sie werden verschleppt und an arabische oder europäische Händler verkauft.

POLITIK & WIRTSCHAFT

Der **Spanische Erbfolgekrieg** (⇨ 1701), in den mehrere europäische Länder verwickelt sind, endet 1713 mit einem Friedensvertrag (Friede von Utrecht). Großbritannien sieht sich als Gewinner.

In **Frankreich** stirbt 1715 nach 50-jähriger Herrschaft **Ludwig XIV.** (76), wegen seines prunkvollen Hofstaates »Sonnenkönig« genannt. Da seine Söhne und Enkel schon gestorben sind, wird sein Urenkel neuer König – im Alter von fünf Jahren.

Auch in **Preußen** gibt es einen Machtwechsel: König **Friedrich Wilhelm I.** (24) übernimmt 1713 das Zepter – und verbietet gleich in seinem ersten Regierungsjahr die Zeitungen. Freundlicher verhält er sich gegenüber Russlands **Zar Peter I.** Von ihm hat er »Lange Kerls« bekommen, Soldaten mit dem Gardemaß von über 1,80 Meter. »Peter der Große« misst selbst über zwei Meter. Gegengabe ist das legendäre **Bernsteinzimmer** (seit dem Zweiten Weltkrieg verschollen).

Der 46-jährige Zar gibt sich zwar kunstsinnig, handelt aber brutal: Als sein Sohn Alexei (28) sich 1718 Reformen widersetzt, lässt er ihn zu Tode foltern.

KUNST & KULTUR

1711 wird die **Stimmgabel** erfunden, mit deren Hilfe man Musikinstrumente auf eine einheitliche Tonhöhe stimmen kann.

Hilfreich ist dies drei Jahre später, bei einer Lustfahrt des britischen Königs auf der Themse. Auf Begleitbooten fahren Orchestermusiker mit und spielen zum ersten Mal die »**Wassermusik**« von **Georg Friedrich Händel** (29).

1719 erscheint *Robinson Crusoe* von **Daniel Defoe** (59), der als erster englischer Roman gilt und Vorbild für viele andere Abenteuerromane wird. Er handelt von den Erlebnissen eines Schiffbrüchigen, der 28 Jahre lang auf einer einsamen Insel lebt.

WISSENSCHAFT & TECHNIK

Der deutsche Verwaltungsfachmann **Hans Carl von Carlowitz** (67) beschreibt 1713 als Erster das Prinzip der **Nachhaltigkeit:** Er bezeichnet die Forstwirtschaft als nachhaltig, wenn in einem Wald nicht mehr Holz gefällt wird, als jeweils nachwachsen kann.

1716 stirbt der Universalgelehrte **Gottfried Wilhelm Leibniz** (70). Er hat unter anderem das binäre Zahlensystem entwickelt, mit dem jede Zahl durch die Ziffern 1 und 0 dargestellt wird – die mathematische Grundlage für spätere Rechenmaschinen und für die moderne Digitaltechnik.

Lediglich den Anschein genialer Technik erweckt das **Perpetuum mobile,** eine Maschine, die Arbeit verrichten soll, ohne Energie zu verbrauchen (was physikalisch unmöglich ist). In der Zeit des **Barock** sind Versuche mit solchen Geräten sehr beliebt. Auch der berühmte Architekt **Andreas Schlüter,** der das Bernsteinzimmer entworfen hat, bemüht sich darum.

ALLTAG & VERSCHIEDENES

Krankheiten und Naturgewalten fordern ihre Opfer. Im nördlichen Europa wütet 1710 die letzte große **Pest-Epidemie.** Komplette Dörfer stehen anschließend leer und verfallen, in Ostpreußen stirbt ein Drittel der Bevölkerung, mehr als 200 000 Menschen.

Das Zeitalter der **Aufklärung** macht sich in England dadurch bemerkbar, dass 1712 die letzten **Hexenhinrichtungen** vollstreckt werden. Preußen entschließt sich zwei Jahre später zur Aufhebung der Hexenprozesse.

Der in der Barockzeit auch bei Männern geschätzte **Zopf** hält 1713 in der preußischen Armee Einzug.

1717 führt Preußen die Schulpflicht ein – aber es fehlt an Lehrern. Am Ende desselben Jahres ertrinken in der sogenannten **Weihnachtsflut** an der deutschen Nordseeküste mehr als 11 000 Menschen.

POLITIK & WIRTSCHAFT

Der **Große Nordische Krieg** (⇨ 1700), in dem **Finnland** 16 Prozent seiner Bevölkerung verliert, geht 1721 endgültig zu Ende. **Schweden** verliert nach mehreren Niederlagen seine Rolle als Großmacht.

Umso mächtiger wird dagegen der russische **Zar Peter der Große** (49), der sich gleich selbst zum Kaiser ernennt. Sein offizieller Titel besteht aus 76 Wörtern und beginnt mit »Von Gottes Gnaden …« Um Russland zu einem modernen, westlich orientierten Staat zu machen, bringt der Zarenkaiser zahlreiche **Reformen** auf den Weg. Unter anderem belegt er die in seinen Augen rückständigen Gläubigen mit einer **Bartsteuer.** Als er 1725 stirbt, besteigt zunächst seine Frau **Katharina** (41) den Thron und nach ihrem Tod 1727 der zwölfjährige Enkel **Peter II.**

In Potsdam gründet der preußische König Friedrich Wilhelm I. im Jahr 1724 das **Große Militärwaisenhaus.** Es dient als Fürsorge-Einrichtung für Kinder von Soldaten. Die Zöglinge werden allerdings militärisch gedrillt und als Arbeitskräfte »vermietet«.

KUNST & KULTUR

Der französische Maler **Jean-Antoine Watteau,** der durch seine heiteren Rokoko-Bilder bekannt wurde, stirbt 1721 mit 36 Jahren an Tuberkulose.

Johann Sebastian Bach (38), der (heute) als bedeutendster Komponist der Barockzeit gilt, erhält 1723 in Leipzig die wichtige Stelle des Thomaskantors. Er ist aber nur zweite Wahl: Der prominentere **Georg Philipp Telemann** (42) hat zuvor den Posten abgelehnt.

In Europa ist die italienische Oper besonders beliebt, die meist im höfischen Milieu spielt. Umso mehr Aufsehen erregen **John Gay** (42) und **Johann Pepusch** (61), als sie 1728 in London die satirische *Bettleroper* aufführen: Die Hauptpersonen sind Huren und Gangster.

WISSENSCHAFT & TECHNIK

1723 stirbt im ungewöhnlich hohen Alter von 90 Jahren der niederländische Naturforscher **Antoni van Leeuwenhoek.** Er hat Bakterien, Spermien sowie die roten Blutkörperchen entdeckt und gilt damit als Begründer der **mikroskopischen Biologie.**

Der englische Physiker und Mathematiker **Isaac Newton** (84) stirbt 1727. Mit seinem Gravitationsgesetz und den Bewegungsgesetzen legte er den Grundstein für die klassische **Mechanik.** Newton gilt als einer der bedeutendsten Wissenschaftler aller Zeiten.

Der französische Zahnarzt **Pierre Fauchard** (50) begründet 1728 die wissenschaftlich fundierte **Zahnheilkunde.** Er verdrängt damit das Handwerk des Baders, auch Zahnbrecher oder Zahnreißer genannt.

1729 erscheint in London der erste **Sternatlas.** Er enthält 2866 Sterne, die alle durch Beobachtungen mit Fernrohren nachgewiesen wurden.

ALLTAG & VERSCHIEDENES

Die Neujahrsflut 1721 trifft die Nordsee-Insel Helgoland so heftig, dass die **Helgoländer Düne** von der Hauptinsel abgetrennt wird.

1722 stirbt der aus Wales stammende **Bartholomew Roberts** (40), der letzte große **Piratenkapitän,** bei einem Seegefecht. Er kaperte im Atlantik mehr als 400 Schiffe. Sein Leichnam wird, wie er es selbst gewünscht hat, noch während des Kampfes mit allen Waffen und Schmuckstücken dem Meer übergeben. Seine Mannschaft gerät in Gefangenschaft.

Nicht nur die große Zeit der Piraterie endet. Aus Europa verschwindet 1722 endgültig die **Pest.** In Amerika wird 1727 von der einflussreichen Glaubensgemeinschaft der Quäker die Abschaffung der **Sklaverei** gefordert – noch ohne Erfolg. In China wird 1729 das **Opiumrauchen** verboten, das dort 80 Jahre zuvor in Mode kam.

POLITIK & WIRTSCHAFT

Preußens König **Friedrich Wilhelm I.** (42) zeigt sich 1730 von einer besonders grausamen Seite: Nach einem Fluchtversuch seines 18-jährigen Sohnes (später Friedrich der Große) lässt er dessen an der Aktion beteiligten Freund **Hans Hermann von Katte** (26) hinrichten. Um erzieherisch auf den Sohn einzuwirken, zwingt er ihn, bei der Exekution des Freundes zuzusehen.

Gnädiger verhält sich der »Soldatenkönig« (wegen seiner Liebe zur Armee so genannt) gegenüber den aus Salzburg vertriebenen **Protestanten.** 1732 erlaubt er ihnen, sich in **Ostpreußen** anzusiedeln. Eigennütziger Hintergrund: Das Siedlungsgebiet wurde zuvor durch die Pest entvölkert. 1738 wird **Joseph Süß Oppenheimer** (39), Finanzberater des verstorbenen Herzogs von Württemberg, gehenkt, nachdem er sich bei den Landesbeamten unbeliebt gemacht hat. (Gut 200 Jahre später wird dieser Justizmord den Nationalsozialisten als Vorlage für den antisemitischen Propagandafilm *Jud Süß* dienen.)

Ein britischer Seefahrer zeigt 1739 im Londoner Parlament sein Ohr, das ihm angeblich die Spanier abgeschnitten haben. **Großbritannien** erklärt **Spanien** daraufhin den sogenannten **Ohrenkrieg,** der drei Jahre dauern wird.

KUNST & KULTUR

In Leipzig erscheint 1732 das erste enzyklopädische, also umfassende **Musiklexikon.** Autor ist der Organist und Komponist **Johann Gottfried Walther** (47).

Zwei der bedeutendsten Werke von **Johann Sebastian Bach** werden uraufgeführt, 1733 die **h-Moll-Messe,** 1734 das **Weihnachtsoratorium.**

1737 stirbt im Alter von fast 90 Jahren **Antonio Stradivari,** der berühmteste Geigenbaumeister aller Zeiten. Einige seiner Instrumente werden heute für mehrere Millionen Euro gehandelt.

WISSENSCHAFT & TECHNIK

1732 erscheint der erste Band des *Grossen vollständigen Universal-Lexicons Aller Wissenschafften und Künste.* Es handelt sich um die umfangreichste **Enzyklopädie** des 18. Jahrhunderts. Sie wächst im Laufe der folgenden Jahre auf insgesamt 64 Bände an.

Eine wichtige Grundlage für das Verständnis der **Elektrizität** schafft 1733 der französische Naturforscher **Charles Dufay** (34) durch seine Unterscheidung zwischen positiver und negativer elektrischer Ladung.

Dem französischen Chirurgen **Claudius Amyand** (55) gelingt 1735 in London die erste erfolgreiche **Blinddarmoperation.**

Im selben Jahr veröffentlicht der 28-jährige schwedische Naturforscher **Carl von Linné** erstmalig seine Abhandlung *Systema Naturae.* Er begründet damit die bis heute geltende biologische Systematik zur Einteilung der verschiedenen Pflanzen- und Tierarten.

1736 stirbt der Physiker **Daniel Gabriel Fahrenheit** (50). Er war Erfinder der in Großbritannien und den USA noch heute geltenden Fahrenheit-Temperaturskala sowie des Quecksilberthermometers.

ALLTAG & VERSCHIEDENES

Die kanarische Insel **Lanzarote** erhält in den Jahren 1730 bis 1736 ihre gegenwärtige Gestalt, als hier mit heftigen Eruptionen zahlreiche neue **Vulkane** entstehen.

In England wird 1738 die religiöse Erweckungsbewegung der **Methodisten** gegründet. Da die anglikanischen Pfarrer den abtrünnigen Glaubensbrüdern die Kirchenräume verwehren, halten die neuen Gläubigen ihre Gottesdienste unter freiem Himmel ab.

Eine neue Errungenschaft eher weltlicher Art hat im gleichen Jahr im Schwarzwald ihren Anfang: Hier beginnt die Herstellung der **Kuckucksuhren,** die bald zu einem Wahrzeichen und Exportschlager dieser Region werden.

POLITIK & WIRTSCHAFT

Folgenreiche Veränderungen in europäischen Herrscherhäusern: Nach dem Tod des preußischen Königs **Friedrich Wilhelm I.** (51) wird 1740 sein Sohn **Friedrich II.** Nachfolger. Der 28-Jährige (später »der Große« oder »der Alte Fritz« genannt) schränkt die Anwendung der **Folter** ein, und die bis dahin geltende strenge **Pressezensur** kommentiert er mit dem Satz: »Die Gazetten dürfen nicht genieret (gestört) werden.«

In Wien wird 1740 nach dem Tod ihres Vaters Karl VI. die 23-jährige **Maria Theresia** Königin von Österreich. Bayern, Preußen, Sachsen und andere Staaten erheben ebenfalls Anspruch auf den Thron, was zum **Österreichischen Erbfolgekrieg** führt.

In **Russland** dreht sich ein rasantes Herrschafts-Karussell: Von 1725 bis 1741 sitzen nacheinander sechs Männer und Frauen auf dem **Zarenthron.** Wobei einer von ihnen, **Iwan VI.**, noch gar nicht sitzen kann: Er ist erst zwei Monate alt.

Die **Marquise de Pompadour** (22) wird 1744 Mätresse des 34-jährigen französischen Königs **Ludwig XV.** Sie ist nicht nur Geliebte des Monarchen, sondern auch eine hochgebildete Frau mit großem politischen Einfluss.

KUNST & KULTUR

Preußenkönig **Friedrich der Große** liebt die Künste, vor allem die Musik; er spielt Querflöte und komponiert. Bei einer Begegnung 1747 mit **Johann Sebastian Bach** (62) spielt er diesem eine Tonfolge vor, die Bach zu seinem »**Musikalischen Opfer**« verarbeitet, einer Sammlung kurzer Musikstücke.

1742 wird Georg Friedrich Händels Oratorium **Der Messias** uraufgeführt. Beim Erklingen des »**Halleluja**« ist der englische König **Georg II.** so ergriffen, dass er sich erhebt – mit der Folge, dass auch in späteren Jahrhunderten viele Zuhörer diesem Chorsatz im Stehen lauschen.

WISSENSCHAFT & TECHNIK

Der dänisch-russische Arktisforscher **Vitus Bering** (60) stirbt 1741 bei einer seiner Expeditionen, kurz nach Entdeckung der Aleuten und der Südküste Alaskas. Er wies nach, dass zwischen Amerika und Asien keine Landverbindung besteht.

Im Jahr darauf stirbt der schwedische Astronom **Anders Celsius** (42). Er hat die bekannte Temperaturskala eingeführt.

In seiner Abhandlung »Vom Geist der Gesetze« (1748) legt der französische Philosoph **Montesquieu** (59) einen bedeutenden Grundstein für ein aufgeklärtes, demokratisches Staatswesen. Kernstück ist die **Gewaltenteilung** zwischen Gesetzgebung, Verwaltung und Rechtsprechung, die voneinander möglichst unabhängig sein sollten.

Die Epoche der **Aufklärung** macht sich auch in anderen Bereichen bemerkbar. So wird in gebildeten Kreisen die **Astrologie** zunehmend als Aberglaube erkannt.

ALLTAG & VERSCHIEDENES

Die Städte Europas werden größer. Als erste deutsche Stadt durchbricht **Berlin** 1740 die 100 000-Einwohner-Grenze und wird damit (nach heutigen Maßstäben) zur **Großstadt.**

In den Städten, vor allem aber an den Königshöfen, steigen vornehm gekleidete Menschen aus ihren Kutschen: Zum äußeren **Erscheinungsbild** der Damen gehören Reifrock, Schnürmieder und Schuhe mit hohen Absätzen, dazu im Gesicht ein Schönheits-Pflästerchen und in der gepuderten Hand ein Fächer. Bei den Herren sieht man Kniehose, Rock und Weste, Stock und Degen. Und über dem Zopf einen Dreispitz.

Im **Islam** (vor allem in den arabischen Ländern) gewinnt um 1740 eine Bewegung an Bedeutung, die vollzogene Reformen rückgängig machen will. Wein und andere Genussmittel sind danach tabu, Dieben soll die Hand abgehackt, Ehebrecherinnen sollen gesteinigt werden.

POLITIK & WIRTSCHAFT

Wieder einmal beherrschen **Kriege** ein Jahrzehnt. Britische Kriegsschiffe kapern 1755 im Handstreich 300 französische Handelsschiffe. Einige Monate zuvor begannen beide Länder, sich militärisch um die Macht in Europa zu streiten, aber auch um ihre **Kolonien** in Amerika *(French and Indian War)* und in Indien.

1756 versucht der preußische König **Friedrich II.** (44) mit dem Einmarsch seiner Truppen in Sachsen einem befürchteten Angriff durch Österreich, Russland, Frankreich und Sachsen zuvorzukommen. Daraus und aus der fortdauernden Auseinandersetzung zwischen Großbritannien und Frankreich entsteht der sogenannte **Siebenjährige Krieg** (⇨ 1760–1769).

KUNST & KULTUR

1750 stirbt **Johann Sebastian Bach** (65), von seinen Zeitgenossen vor allem als Orgelvirtuose geschätzt. Seine überragende Bedeutung als Komponist wird erst viel später erkannt. Bachs gleichaltriger Kollege **Georg Friedrich Händel,** schon zu Lebzeiten berühmt und verehrt, stirbt 74-jährig 1759 in seiner Wahlheimat England.

1753 ist das Todesjahr von **Gottfried Silbermann** (70), einem der bedeutendsten und erfolgreichsten Orgelbauer aller Zeiten.

Nicht nur in der Welt der Musik geht die Barockzeit nun zu Ende: 1753 sterben zwei ihrer wichtigsten Baumeister, **Balthasar Neumann** (66), der die Würzburger Residenz gestaltet hat, und **Georg Wenzeslaus von Knobelsdorff** (54), Architekt der Schlösser Sanssouci und Charlottenburg.

Der 26-jährige **Gotthold Ephraim Lessing** veröffentlicht 1755 sein Theaterstück *Miss Sara Sampson.* Es handelt sich um das erste *bürgerliche* Trauerspiel in deutscher Sprache, eine Tragödie also, die nicht mehr – wie zuvor üblich – in der Welt des Adels angesiedelt ist.

WISSENSCHAFT & TECHNIK

In Frankreich erscheint 1751 der erste Band der *Encyclopédie*: ein Nachschlagewerk für die gesamte Wissenschaft, das zum Sprachrohr der **Aufklärung** wird. Deren wichtigste Forderung ist die Herrschaft der Vernunft. Ihr soll mehr Geltung zukommen als etwa der Kirche oder dem Staat.

Eine eher am praktischen Nutzen ausgerichtete Erfindung gelingt dem amerikanischen Staatsmann und Wissenschaftler **Benjamin Franklin** (46): Er konstruiert 1752 den ersten **Blitzableiter.**

Dorothea Christiane Erxleben (38) besteht 1754 ihre Doktorprüfung und wird als erste promovierte Frau auch die erste **Ärztin** Deutschlands.

Die **Zahnheilkunde** macht ebenfalls Fortschritte: 1756 veröffentlicht der Zahnarzt **Philipp Pfaff** (43) hierzu das erste deutschsprachige Lehrbuch.

Carl von Linné (51) führt 1758 die zweiteilige Namensgebung für Tiere ein, zum Beispiel Ursus maritimus für Eisbär. Die Zahl der bekannten **Tierarten** beläuft sich zu dieser Zeit auf etwa 4000. (Zu Beginn des 21. Jahrhunderts werden es über eine Million sein.)

ALLTAG & VERSCHIEDENES

In der ausgehenden Barockzeit ist es modern, sich mit Porzellan im chinesischen Stil zu umgeben. Ein beliebter Gesellschaftstanz ist das aus Frankreich stammende **Menuett.**

Die größte europäische Stadt ist um 1750 **London** mit 750 000 Einwohnern. Die Einwohnerzahl **Berlins** beträgt dagegen nur 100 000.

Ein verheerendes **Erdbeben** mit Tsunami zerstört 1755 die portugiesische Hauptstadt **Lissabon.** Das Beben erschüttert ganz Europa – auch im übertragenen Sinne: Schriftsteller und Philosophen wie Kleist, Leibniz oder Kant befassen sich nun verstärkt mit dem Problem der **Theodizee,** also mit der Frage, warum Gott solches Leid zulässt.

POLITIK & WIRTSCHAFT

Auch wenn er nicht »Weltkrieg« heißt – der **Siebenjährige Krieg** ist einer: Preußen und England kämpfen gegen Russland, Frankreich und Österreich. Sogar in den Kolonien Indien und Kanada stehen sich Soldaten gegenüber. 1763 schließen die Gegner in Paris Frieden, Hauptgewinner ist England.

Eine deutsche Prinzessin (33) wird 1762 Kaiserin von Russland. Zarin **Katharina II.** (die Große) ist Nachfolgerin ihres unfähigen Ehemanns und macht Russland zur Großmacht. Sie gründet Mädchenschulen und Krankenhäuser, doch Bauern werden unter ihrer Herrschaft zeitweise wie Sklaven behandelt. Mit verschiedenen Ministern schläft sie, mit dem Franzosen **Voltaire** und anderen Philosophen verkehrt sie brieflich.

Da der Siebenjährige Krieg die Staatsfinanzen zerrüttet hat, führt Österreich 1762 **Papiergeld** ein. Die Bevölkerung bevorzugt aber vorerst die gewohnten Münzen.

KUNST & KULTUR

1762 fordert der französische Gelehrte **Jean-Jacques Rousseau** (49) die Freiheit und Gleichheit der Menschen. Grundlage für die Macht eines Herrschers sei nicht die Gnade Gottes, sondern ein »Vertrag« mit dem Volk. Dies sind grundlegende Gedanken der späteren Französischen Revolution (⇨ 1789 sowie S. 30). Rousseau verurteilt auch die gekünstelte Höflichkeit am Königshof.

Der in Salzburg geborene **Wolfgang Amadeus Mozart** ist 1761 erst fünf Jahre alt, komponiert aber schon erste Stücke. Als Sechsjähriger (1762) tritt er vor Kaiserin **Maria Theresia** in Wien auf. 1764, mit acht Jahren, schreibt er seine erste Symphonie.

1767 wird in Hamburg die Komödie *Minna von Barnhelm* von **Gotthold Ephraim Lessing** aufgeführt. Es geht um die Liebe einer jungen Frau zu einem Soldaten.

WISSENSCHAFT & TECHNIK

Das erste **Geschichtsbuch:** 1756 schreibt der französische Philosoph **Voltaire** den *Versuch einer allgemeinen Weltgeschichte.* Kernaussage: Die Menschheit hat sich von primitiver Barbarei zur Herrschaft der Vernunft entwickelt.

1764 erfindet der Engländer **James Hargreaves** die erste **Spinnmaschine.** Ein Jahr später baut sein Landsmann **James Watt** die erste zuverlässig funktionierende Dampfmaschine; sie wird zwar noch nicht industriell eingesetzt, aber die Grundlage für die industrielle Revolution ist mit diesen beiden Erfindungen gelegt.

Der britische Entdecker **James Cook** (40) startet 1769 zu seiner ersten Reise in die Südsee. Auf Tahiti studiert er das Leben der Eingeborenen, Neuseeland identifiziert er als Doppelinsel. Als erster Seefahrer erkennt er, wie man die gefürchtete Schiffskrankheit **Skorbut** vermeidet: Er lässt seine Mannschaft Sauerkraut und Zitronen essen.

ALLTAG & VERSCHIEDENES

Kartoffeln, in Irland längst ein Grundnahrungsmittel, verbreiten sich nun auch in Deutschland. Der preußische König **Friedrich II.** (der Große) hat angeordnet, sie als Nutzpflanzen anzubauen. Anfangs wissen viele Menschen nicht, dass man sie kochen muss, um sie essen zu können.

Die österreichische Kaiserin **Maria Theresia** geht streng gegen alles vor, was ihr unmoralisch erscheint: gegen Prostituierte und ihre Freier ebenso wie gegen Unverheiratete, die zusammenleben (1769). Huren werden die Haare abgeschnitten, »unzüchtige« Männer werden eingesperrt. Wer reich ist, kauft sich frei.

Immer ausladender werden die **Reifröcke** der vornehmen Damen: Als sich um 1760 ihre ovale Form durchsetzt, kommen die Frauen nur dann durch eine offene Flügeltür, wenn sie sich zur Seite drehen.

POLITIK & WIRTSCHAFT

Ein Putsch in **Schweden** richtet sich 1772 nicht gegen den Machthaber, sondern wird von ihm selbst ausgeführt: König **Gustav III.** lässt den Reichsrat im Sitzungssaal einschließen, um die Entmachtung des einflussreichen Adels zu erzwingen.

Bei der »**Boston Tea Party**« 1773 stürmen amerikanische Bürger im Hafen von Boston ein britisches Schiff und werfen dessen Teeladung ins Meer. Sie protestieren damit gegen die von der britischen Kolonialmacht erhobenen Steuern. Zahlreiche Auseinandersetzungen zwischen Amerikanern und Briten folgen.

In Frankreich wird 1774 **Ludwig XVI.** im Alter von 19 Jahren gekrönt, als letzter König des »Ancien Régime«, der absolutistischen Monarchie vor der Revolution (⇨ 1789). Großen Einfluss gewinnt **Marie Antoinette,** die 18-jährige Ehefrau des Königs. Sie ist aufgrund ihrer Verschwendungssucht beim Volk unbeliebt. Die berühmte ihr zugeschriebene Äußerung, wenn das Volk kein Brot habe, solle es doch Kuchen essen, stammt jedoch nachweislich nicht von ihr.

KUNST & KULTUR

Sophie von La Roche (40) wird die erste deutschsprachige Schriftstellerin von europäischem Rang, als sie 1771 ihre *Geschichte des Fräuleins von Sternheim* veröffentlicht.

Mit der Wallfahrtskirche **Vierzehnheiligen** in Oberfranken entsteht 1772 eines der letzten bedeutenden Bauwerke aus der Zeit des **Barock** und **Rokoko.** Danach setzt sich der Baustil des **Klassizismus** durch.

Ebenfalls 1772 erscheint die erste deutsche Koran-Übersetzung – unter dem Titel *Die türkische Bibel.*

Mit seinem Briefroman *Die Leiden des jungen Werthers* gelingt **Johann Wolfgang von Goethe** (25) im Jahr 1774 ein Bestseller, der Kultstatus erreicht. Ein typisches Werk des **Sturm und Drang** (⇨ 1776).

WISSENSCHAFT & TECHNIK

Der Brite **James Cook** begibt sich im Auftrag der Regierung auf drei große Entdeckungsreisen in die Südsee. Als sein Schiff 1770 nordöstlich von Australien auf Grund läuft und beinahe untergeht, entdeckt er dadurch das **Great Barrier Reef,** das größte Korallenriff der Welt. Zudem weist der Abenteurer die Zweiteilung **Neuseelands** nach. 1773 überquert Cook (44) als erster Mensch den **Südlichen Polarkreis.**

Die Naturwissenschaften machen ebenfalls Fortschritte: Unabhängig voneinander entdecken der Deutsche **Carl Wilhelm Scheele** 1771 und der Engländer **Joseph Priestley** 1774 den **Sauerstoff.** Auch Stickstoff, Ammoniak und Chlor werden in diesen Jahren entdeckt. Der Schweizer Mathematiker **Leonhard Euler** leistet wichtige Beiträge zur Algebra und zur Zahlentheorie.

Aber nicht alle »wissenschaftlichen« Entdeckungen bringen die Menschheit in gleichem Maße voran. So wird 1772 in einem Experiment festgestellt, dass auch **Eunuchen** Stromschläge spüren.

ALLTAG & VERSCHIEDENES

Die **industrielle Revolution,** mit der vor allem die Entwicklung von der Agrar- zur Industriegesellschaft bezeichnet wird, beginnt in der zweiten Hälfte des 18. Jahrhunderts zuerst in **England.**

In der Zeit um 1770 wird aber nicht nur gearbeitet, sondern auch getanzt: Aus dem Ländler entwickelt sich nun der **Walzer,** der auch über 200 Jahre später noch zu den beliebtesten Tänzen gehören wird.

Matthias Klostermayr, der »Bayerische Hiasl«, wird 1771 hingerichtet. Er war Wilderer und Räuber, für viele jedoch auch ein Volksheld, denn sein Raubgut pflegte er an die Armen zu verteilen. Seine Hinrichtung soll Nachahmer abschrecken: Er wird erdrosselt, anschließend zertrümmert, geköpft und gevierteilt.

POLITIK & WIRTSCHAFT

In Nordamerika folgen der »**Boston Tea Party**« (⇨ 1773) weitere Aufstände gegen die britischen Kolonialherren. Sie münden 1775 in den acht Jahre dauernden **amerikanischen Unabhängigkeitskrieg**. Beide Kriegsparteien erhalten Unterstützung sowohl von den indianischen Ureinwohnern als auch aus Europa. Die Briten werben vor allem in Deutschland **Söldner** an, zum Beispiel 17 000 hessische Soldaten, die ihnen der Landgraf von Hessen-Kassel zur Verfügung stellt – gegen die Zahlung von mehr als 20 Millionen Talern. Aber auch die Amerikaner werden von Deutschen unterstützt. So wird 1779 der Deutsche **Friedrich Wilhelm von Steuben** Generalinspekteur für das Heer des Oberbefehlshabers **George Washington**. Entscheidend für den Kriegsausgang wird das Bündnis, das die Amerikaner 1778 mit **Frankreich** eingehen.

Am 4. Juli 1776, also noch mitten im Krieg, wird von den 13 amerikanischen Kolonien die **Unabhängigkeitserklärung** der **USA** beschlossen. Darin enthalten sind »die unveräußerlichen Rechte auf Leben, Freiheit und das Streben nach Glück«, also ein Bekenntnis zu den **Menschenrechten**.

KUNST & KULTUR

Sturm und Drang heißt ein 1776 erschienenes Schauspiel von **Friedrich Klinger**, das einer literarischen Epoche ihren Namen gibt. Im Zentrum dieser Werke steht typischerweise ein nach Freiheit strebendes Genie. Zu den jungen Autoren dieser Richtung zählen unter anderem Goethe, Schiller, Herder und Jakob Lenz.

Gotthold Ephraim Lessing (50) veröffentlicht 1779 sein Drama *Nathan der Weise*, ein bedeutendes Plädoyer für Humanität. Die darin enthaltene Ringparabel (ein Gleichnis, in dem ein Ring eine Rolle spielt) besagt, dass die drei großen Weltreligionen Judentum, Christentum und Islam gleichwertig sind.

WISSENSCHAFT & TECHNIK

Der einflussreiche schottische Nationalökonom und Philosoph **Adam Smith** (53) fordert in seinem 1776 erschienenen Hauptwerk über den Volkswohlstand die Selbstregulierung der Wirtschaft, also ökonomischen Liberalismus.

Wichtige Fortschritte in der Technik gibt es ebenfalls in Großbritannien. Dort setzt **James Watt** (40) 1776 erstmals eine von ihm konstruierte **Dampfmaschine** in der industriellen Produktion ein. Drei Jahre später wird die erste **eiserne Brücke** fertiggestellt, die den englischen Fluss Severn überquert.

Carl Wilhelm Scheele (34) entdeckt 1777, dass die **Luft** aus Sauerstoff und Stickstoff besteht.

1778 sterben zwei bedeutende Philosophen der Aufklärung, die Franzosen **Voltaire** (83) und **Jean-Jacques Rousseau** (66). Voltaire setzte sich vehement für Vernunft, religiöse Toleranz und Freiheitsrechte ein, während Rousseau vor allem mit seiner Forderung »Zurück zur Natur« hervortrat.

ALLTAG & VERSCHIEDENES

Der letzte deutsche **Hexenprozess** findet 1775 im bayerischen Kempten statt. Das Todesurteil gegen Anna Schwegelin wird jedoch nicht vollstreckt. In Österreich schafft die Herrscherin **Maria Theresia** (59) 1776 die **Folter** ab.

In Deutschland wird es bei jungen Leuten **Mode**, sich wie Goethes tragischer Romanheld **Werther** (⇨ 1774) zu kleiden: blauer Frack mit Messingknöpfen, gelbe Weste und Hose, braune Stulpenstiefel und runder Filzhut.

Wer bei der Obrigkeit in Ungnade fällt, muss mit Sanktionen rechnen. Der sozialkritische Dichter **Christian Friedrich Daniel Schubart** (38) nennt die Mätresse des württembergischen Herzogs »eine Lichtputze, die glimmt und stinkt« – und wird dafür 1777 zu zehnjähriger Umerziehung verurteilt.

POLITIK & WIRTSCHAFT

Mächtige Mutter: **Maria Theresia,** Herrscherin über Österreich, Ungarn und Böhmen, stirbt 1780 im Alter von 63 Jahren. Sie brachte 16 Kinder zur Welt.

Auch in Preußen geht eine Ära zu Ende: **Friedrich der Große** (74), genannt der »Alte Fritz«, stirbt 1786. Er regierte 46 Jahre lang absolutistisch und als Kriegsherr, aber auch als Freund der Aufklärung und als Förderer der Künste.

In Amerika endet der **Unabhängigkeitskrieg** gegen die britische Kolonialmacht 1781 mit dem endgültigen Sieg der **USA.** 1787 gibt sich der neue Bundesstaat eine **Verfassung,** in der die staatliche Macht gegenüber den Freiheitsrechten der Bürger stark eingeschränkt ist. Erster **Präsident** wird 1789 **George Washington** (57).

Aus Russland wird 1787 berichtet, dass Feldmarschall **Grigori Potjomkin** (oder Potemkin) in seinen Provinzen den Besuch der Zarin **Katharina II.** erwartet. Um ihr den Anblick trostloser Hütten zu ersparen, lässt er hübsch bemalte Kulissen am Straßenrand aufstellen – die sprichwörtlichen »**Potemkinschen Dörfer**«.

Ein Ereignis mit gewaltigen politischen Auswirkungen erschüttert ab 1789 ganz Europa: die **Französische Revolution** (⇨ S. 30).

KUNST & KULTUR

Vor allem Joseph Haydn, aber auch Mozart und Beethoven prägen Anfang der 1780er-Jahre den neuen **Musikstil** der (Wiener) **Klassik.**

Eher noch zur Barockzeit gehört der kastrierte Sänger **Farinelli** (77), der 1782 stirbt. Seiner Stimme wird außergewöhnliche Schönheit nachgesagt.

1788 bringt der Schriftsteller **Adolph Freiherr von Knigge** (35) das Buch *Über den Umgang mit Menschen* heraus. Seine Anleitung, wie man Mitmenschen gut behandelt, wird später als »Der Knigge« vor allem wegen ihrer Benimmregeln bekannt.

WISSENSCHAFT & TECHNIK

Im September 1783 findet vor dem Schloss von Versailles eine ungewöhnliche Premiere statt: Ein **Heißluftballon** der **Brüder Montgolfier** steigt in die Luft, vor den Augen von König **Ludwig XVI.** und Königin **Marie Antoinette.** An Bord sind ein Hammel, ein Hahn und eine Ente – die ersten Passagiere einer Luftreise.

Der deutsche Philosoph **Immanuel Kant** (61) veröffentlicht um 1785 seine wichtigsten Werke. Sie enthalten auch den berühmten **kategorischen Imperativ:** »Handle nur nach derjenigen Maxime, durch die du zugleich wollen kannst, dass sie ein allgemeines Gesetz werde.«

Ein anderer deutscher Philosoph, der jüdische Aufklärer **Moses Mendelssohn** (56), stirbt 1786. Er war ein wichtiger Vermittler zwischen Juden und Nichtjuden.

ALLTAG & VERSCHIEDENES

Der englische Adelige Earl of Derby veranstaltet 1780 das erste **Pferderennen.** Die Bezeichnung **Derby** für Rennen von Vollblutpferden bleibt erhalten.

Ein sportliches Großereignis ist auch 1786 die Erstbesteigung des 4810 Meter hohen **Mont Blanc,** des höchsten Berges der Alpen.

Vierhundert Kilometer südöstlich vollzieht sich im selben Jahr ein anderer Fortschritt: Das Großherzogtum Toskana schafft als erster Staat die **Todesstrafe** ab.

Die Briten sind noch nicht so weit, finden aber 1788 für Delinquenten die herausfordernde Aufgabe, **Australien** zu besiedeln; sie gründen dort die Sträflingskolonie **Sydney.**

Fern der Heimat ist 1789 auch der britische Dreimaster Bounty unterwegs, als sich die Matrosen gegen ihren Kapitän auflehnen. Sie setzen ihn mit Begleitern auf einem Beiboot aus, das 48 Tage lang bis zur Insel Timor unterwegs ist. Die **Meuterei auf der Bounty** bietet später Schriftstellern und Filmemachern Stoff.

Tod dem König, alle Macht dem Volk:

Die Französische Revolution

Kein Wunder, dass es dem Volk reicht. Eine schlechte Ernte macht 1788 das Getreide knapp und das Brot teuer – dennoch müssen die Bauern den Großgrundbesitzern dieselben Mengen an Lebensmitteln abliefern wie bisher. 1789 drängen sich in Paris Männer und Frauen vor den Bäckereien; viele der Hungrigen gehen leer aus, weil nicht genug Brot zur Verfügung steht.

Adelige und Vertreter der Kirche interessiert die zunehmende Armut nicht, sie leben weiter im Überfluss, in einem hoch verschuldeten Staat. Mehrere Kriege und der verschwenderische Prunk am Hof haben Frankreich in den Bankrott getrieben. König Ludwig XVI. ist weder klug noch entschlossen genug, die Krise zu meistern.

Im Mai 1789 lässt der 34-Jährige die Vertreter der drei Stände an seinen Hof nach Versailles kommen; es sind Abgesandte der Kirche (erster Stand), des Adels (zweiter Stand) sowie Bürger, Handwerker und Bauern (dritter Stand). Als Ludwig eine weitere Steuererhöhung beschließen lassen will, rebellieren die bis dahin weitgehend einflusslosen Abgeordneten des dritten Standes und erklären sich im Juni kurzerhand selbst zur »Nationalversammlung«. Adel und Geistliche wollen das nicht akzeptieren; sie drängen den König, Truppen aufmarschieren zu lassen.

Am 14. Juli 1789 geschieht, was diesen Tag zum späteren französischen Nationalfeiertag werden lässt: Das Volk von Paris verschafft sich Waffen und stürmt die Bastille, jenes befestigte Staatsgefängnis, das als Symbol der Willkürherrschaft betrachtet wird.

Als der Kopf des Kommandanten der Bastille, aufgespießt auf einem Bajonett, durch die Pariser Straßen getragen wird, ist auch die Stunde der Nationalversammlung gekommen: Sie hebt alle Privilegien der Geistlichen und Adeligen auf und verkündet feierlich die Menschen- und Bürgerrechte: »Freiheit, Gleichheit, Brüderlichkeit!«

Und der König? Er bekommt in Versailles Besuch von einem mehrtausendköpfigen Zug der Pariser Frauen. Sie fordern nicht nur Brot von ihm, sondern zwingen ihn zum Umzug in die nahegelegene Hauptstadt. Als er später vergeblich versucht, mit seiner Familie ins Ausland zu fliehen, ist sein Schicksal besiegelt: Als »Bürger Louis Capet« wird Ludwig XVI. im Januar 1793 durch die Guillotine hingerichtet.

Damit wendet sich Frankreich von der Monarchie ab. Die eigens erfundene Guillotine ist in der jungen Republik im Dauereinsatz: Ein »Wohlfahrtsausschuss« unter Leitung des unerbittlichen Maximilien de Robespierre lässt Zigtausende enthaupten, die als Feinde der Revolution gelten.

Doch allmählich verlieren die vor allem von der Unterschicht unterstützten radikalen Jakobiner an Einfluss. Als der 36-jährige Robespierre im Juli 1794 selbst geköpft wird, applaudiert das Volk minutenlang. Zur Ruhe kommt das Land aber noch lange nicht. Immer wieder gibt es Aufstände, zudem befindet Frankreich sich im Krieg gegen Preußen, Österreich, England und die Niederlande. Deren Herrscher fürchten ein Übergreifen der revolutionären Bewegung auf ihre eigenen Länder.

Im Verlauf dieser Kriege erlangt ein erfolgreicher junger General in Frankreich zunehmende Popularität. Er übernimmt 1799 die Macht im Staat und erklärt die Revolution für beendet. Der Name des 30-Jährigen: Napoleon Bonaparte.

POLITIK & WIRTSCHAFT

Um keinen US-Staat zu bevorzugen, wird 1790 auf neutralem Boden die **Hauptstadt Washington** gegründet; zwei Jahre später entsteht hier das **Weiße Haus.** Ebenfalls 1792 führt die Regierung den **US-Dollar** ein, der später einmal die weltweit wichtigste Währung sein wird, an der sich andere Staaten orientieren.

In **Preußen** gilt ab 1794 das **Allgemeine Landrecht.** Es enthält sämtliche Rechtsvorschriften (Strafrecht, Erbrecht, Kirchenrecht etc.) und legt fest, dass alle Bürger vor Gericht gleich sind.

1795 teilen Preußen, Österreich und Russland das Königreich **Polen** auf. Es ist die dritte Teilung innerhalb von 23 Jahren – nun verschwindet der Staat von der Landkarte.

Aufsehen erregen in Europa die Aktionen eines jungen Franzosen: Nach einer steilen Karriere beim Militär erobert der 27-jährige **Napoleon Bonaparte** 1796 mit einem einzigen Heer Österreich und Teile Italiens.

KUNST & KULTUR

Nur 34 Jahre alt wird **Wolfgang Amadeus Mozart.** Mit sechs Jahren als musikalisches Wunderkind gefeiert, stirbt er 1791 vollkommen verarmt und wird in einem Massengrab beigesetzt. Im selben Jahr gründet **Carl Friedrich Fasch** den weltweit ersten **gemischten Chor:** die Sing-Akademie zu Berlin (die noch heute existiert).

Langzeitwirkung besitzt auch das 1797 von **Joseph Haydn** komponierte **Kaiser-Quartett.** Hieraus wird später die Melodie für das »Deutschlandlied« (⇨ 1922) entnommen.

Im Alter von 75 Jahren stirbt 1798 der venezianische Schriftsteller und Abenteurer **Giacomo Casanova,** der »Kultivierung der sinnlichen Genüsse« als seine Hauptbeschäftigung bezeichnete. Der Frauenheld war mit wichtigen Persönlichkeiten seiner Zeit bekannt – von Voltaire über den Papst bis zu Mozart.

WISSENSCHAFT & TECHNIK

Um endlich ein grenzüberschreitend einheitliches Maß für Längen zu finden, legen Gelehrte 1795 fest, was ein **Meter** sein soll: der zehnmillionste Teil der Entfernung vom Pol zum Äquator.

Auch der Gesundheitsschutz kommt voran: Dem englischen Landarzt **Edward Jenner** (47) fällt 1796 auf, dass Bauernmägde, die sich mit den harmlosen Kuhpocken angesteckt haben, gegen die gefährlichen Pocken immun sind. Der Mediziner infiziert daraufhin gezielt seine Patienten mit den Erregern von Kuhpocken und entdeckt somit das Prinzip der **Schutzimpfung.**

Solche Fortschritte in der Medizin tragen wesentlich zur Lebensverlängerung bei. Der Brite **Thomas Malthus** (32) erkennt 1798, dass die **Bevölkerungszunahme** kaum gebremst werden kann, während sich die Produktion von Nahrungsmitteln nur begrenzt steigern lässt. Seine Forderung nach **Geburtenkontrolle,** etwa durch »moralische Enthaltsamkeit«, wird allerdings kontrovers aufgenommen.

ALLTAG & VERSCHIEDENES

Im letzten Jahrzehnt des 18. Jahrhunderts werden Zöpfe abgeschnitten und Perücken abgelegt: Männer tragen ihr **Haar** nun gern in kurzen Löckchen. Dazu eine frackähnliche Jacke mit Halstuch. Bei den Damen haben Korsett und Reifrock ausgedient – stattdessen sind sanft fließende **Gewänder** der griechischen Antike nebst geschnürten Sandalen modern.

Um all dies effektvoll ins Bild setzen zu können, kommt eine Strandpromenade wie gerufen: Das erste deutsche **Seebad** eröffnet 1793 an der Ostsee in **Heiligendamm.**

Und die Gewänder müssen auch gewaschen werden: Einfache, mit der Hand betriebene Maschinen gibt es bereits. In den USA wird 1797 eine **Waschmaschine** zum Patent angemeldet – ein Waschbrett mit Kurbel.

1800–1899

Das 19. Jahrhundert: Aufbruch zur Eroberung fremder Länder

In den Jahren nach 1800 beherrscht ein Mann ganz Europa: Napoleon Bonaparte. Anders als die Heere, die er erobert, kämpfen seine Soldaten begeistert für einen charismatischen Anführer und für ihr Vaterland – für die »Freiheit, Gleichheit und Brüderlichkeit«, die ihnen die Französische Revolution brachte. Erst in den unendlichen Weiten Russlands stößt Napoleon an seine Grenzen.

Zu Grenzüberschreitungen kommt es im 19. Jahrhundert bei mehreren europäischen Kriegen und bei der Eroberung von afrikanischen Ländern. Der Imperialismus degradiert sie zu Kolonien, und das wachsende Bürgertum in Europa staunt über das Angebot von Kaffee, Tee und Tabak in den neuen Läden für »Kolonialwaren«.

Doch nicht alle profitieren von Konsumgütern und zunehmender Industrialisierung. Trotz harter Arbeit unter oft unzumutbaren Bedingungen, von der auch Kinder nicht verschont sind, leben viele Familien in Armut. Schriftsteller wie Charles Dickens, Honoré de Balzac und Mark Twain schildern die nüchterne Realität des Alltagslebens eindrucksvoll in ihren Romanen. Der deutsche Wirtschaftskritiker Karl Marx fordert alle Unterdrückten auf, dieses System zu beseitigen.

POLITIK & WIRTSCHAFT

In Paris wird 1804 **Napoleon Bonaparte** (35) französischer **Kaiser.** Er zwingt **Papst Pius VII.** zur Teilnahme an der Krönungszeremonie – und setzt sich die Krone selbst aufs Haupt. Nur Frankreich zu beherrschen genügt dem machthungrigen Feldherrn nicht: Mit seinen Heeren erobert er Spanien, Italien, Westfalen und die späteren Benelux-Staaten. 1805 marschieren französische Truppen auch in **Wien** ein, und bei **Austerlitz** besiegen sie die Armeen Österreichs und Russlands.

Von **Papst Pius VII.** (67) wird Napoleon 1809 **exkommuniziert.** Kurz darauf verschleppen die Franzosen den Papst aus Rom und halten ihn fünf Jahre lang gefangen.

Während in Frankreich das neue Kaiserreich entsteht, endet im Nachbarland ein jahrhundertealtes: Mit Niederlegung der Kaiserkrone durch **Franz II.** (38) erlischt 1806 das **Heilige Römische Reich.** Es umfasst zu diesem Zeitpunkt etwa die späteren Staatsgebiete von Deutschland, Österreich, Tschechien und Slowenien.

KUNST & KULTUR

Die Eroberungen Napoleon Bonapartes beeindrucken die Prominenten seiner Zeit auf unterschiedliche Weise: Der deutsche Komponist **Ludwig van Beethoven** (33) zerreißt nach der Kaiserkrönung die Widmung, die er zur Huldigung des Franzosen seiner »Eroica«-Symphonie voranstellen wollte. Der Dichter **Johann Wolfgang von Goethe** dagegen verehrt den französischen Kaiser. In einem Gespräch zwischen den beiden entpuppt sich Napoleon als kritischer Leser von Goethes *Werther* (⇨ 1774).

In Weimar stirbt 1805 mit 45 Jahren Goethes Freund **Friedrich Schiller:** ein Dichter, der stets für die Freiheit eintrat. Schiller hinterlässt unter anderem bedeutende Dramen wie *Die Räuber* und Gedichte wie »Die Glocke«.

WISSENSCHAFT & TECHNIK

Der deutsche Physiker **Johann Wilhelm Ritter** (24) entdeckt 1801 die **ultraviolette Strahlung.** Die auch von der Sonne ausgesandten UV-Strahlen sind unsichtbar und haben ebenso wohltuende wie gefährliche Wirkungen.

Ein anderer Deutscher, der 34-jährige Naturforscher **Alexander von Humboldt,** kehrt 1804 von seiner fünfjährigen Südamerika-Expedition zurück. Seine Erkenntnisse bereichern die Klimakunde, die Geografie sowie die Vulkanologie.

In England beginnt im selben Jahr die Geschichte der modernen Eisenbahn, als **Richard Trevithick** (32) die erste **Dampflokomotive** in Betrieb nimmt. Zuvor gab es bereits Schienenbahnen, die von Pferden gezogen wurden.

Ebenfalls 1804 stirbt der Philosoph **Immanuel Kant** (79), der sich vor allem mit den Maßstäben für moralisch richtiges Handeln befasst hat (⇨ 1785).

Der Franzose **Joseph-Marie Jacquard** (53) entwickelt 1805 einen **Webstuhl,** der mit einer **Lochkarte** »programmierbar« ist – ein wichtiger Schritt bei der fortschreitenden Industrialisierung.

ALLTAG & VERSCHIEDENES

Von Paris ausgehend, breitet sich in Europa der **Empire-Stil** aus (abgeleitet vom französischen Wort für »Kaiserreich«). Geradlinigkeit, feierliche Strenge und antike Elemente prägen das Design. In der Damenmode bestimmen hochgegürtete Kleider das Bild; Männer tragen weite Hosen, kombiniert mit engen Jacken und Zylinderhüten.

Was sich in Paris – nach London die zweitgrößte Stadt Europas – noch nicht flächendeckend durchgesetzt hat, ist die **Badewanne:** Um 1800 gibt es davon in Frankreichs Metropole nur etwa 300 Stück.

Zu ganz anderen Dimensionen entwickelt sich die Menschheit: 1804 übersteigt die **Weltbevölkerung** erstmals eine Milliarde.

POLITIK & WIRTSCHAFT

Der Stern des französischen Kaisers sinkt: Als **Napoleon** (43) 1812 mit seinem **Russlandfeldzug** scheitert, beginnen die von ihm unterdrückten Länder für ihre Unabhängigkeit zu kämpfen. Die entscheidende Niederlage erleiden die Franzosen 1813 in der **Völkerschlacht** bei Leipzig, der bis dahin größten Schlacht der Weltgeschichte: 600 000 Soldaten sind beteiligt, rund 100 000 sterben. Napoleon unterliegt den vereinten Truppen Russlands, Österreichs, Preußens und Schwedens, die 1814 sogar Paris besetzen. Er wird zur **Abdankung** gezwungen und zieht sich auf die Insel **Elba** zurück.

Noch im selben Jahr wird der **Wiener Kongress** (⇨ 1815) einberufen, der die politischen Verhältnisse in Europa neu ordnen soll.

Nach Unabhängigkeit streben auch Staaten auf dem amerikanischen Kontinent: Venezuela, Chile, Paraguay und Mexiko wehren sich gegen die Ausbeutung durch **Spanien.**

In Großbritannien tritt um 1812 das Phänomen der **Maschinenstürmer** auf: organisierte Arbeiter, die in Textilfabriken Web- und Spinnmaschinen zerstören, durch die sie ihre Arbeitsplätze bedroht sehen.

KUNST & KULTUR

Die Epoche der **Romantik** setzt sich in der bildenden Kunst durch. Typische Beispiele sind: die Landschaftsgemälde von **Caspar David Friedrich.**

Heinrich von Kleist, Schöpfer von bekannten Theaterstücken wie *Der zerbrochne Krug,* erschießt sich 1811 mit 34 Jahren am Berliner Wannsee.

Grimms Märchen, die Sammlung der Brüder **Jacob** und **Wilhelm Grimm,** erscheinen 1812. Preis: ein Taler und 18 Groschen.

1814 stirbt der französische Schriftsteller **Marquis de Sade** (74), Verfasser teils aufklärerischer, teils auch pornografischer Schriften, von dessen Namen der Begriff »Sadismus« abgeleitet wird.

WISSENSCHAFT & TECHNIK

Der deutsche Arzt **Samuel Hahnemann** (55) stellt 1810 die Lehre der **Homöopathie** vor, nach der Krankheiten mit Hilfe sehr stark verdünnter Substanzen geheilt werden können.

Ebenfalls 1810 veröffentlicht der Dichter **Johann Wolfgang von Goethe** (61) seine **Farbenlehre.** Der Abschnitt über die menschliche Farbwahrnehmung findet allgemeine wissenschaftliche Zustimmung, was nicht für alle Teile des Werkes gilt.

Vergeblich ist die Hoffnung auf Anerkennung ein Jahr später für **Albrecht Ludwig Berblinger** (40), den **»Schneider von Ulm«**: Er stürzt mit seinem selbst konstruierten **Flugapparat** in die Donau, statt den Fluss wie geplant zu überqueren.

Mit der Entdeckung des elektrischen **Lichtbogens** schafft der Brite **Humphry Davy** (34) im Jahr 1813 die Möglichkeit zur Erzeugung künstlichen Lichts.

Auch das Verkehrswesen macht Fortschritte: In den USA und Großbritannien werden Schiffe und Fahrzeuge zunehmend mit **Dampfantrieb** bewegt. (Dampflokomotiven setzen sich erst zehn Jahre später durch.)

ALLTAG & VERSCHIEDENES

In München wird 1810 zum ersten Mal das **Oktoberfest** gefeiert. Nicht Bierzelte und Fahrgeschäfte stehen zu dieser Zeit im Mittelpunkt, sondern ein Pferderennen.

Friedrich Ludwig Jahn (33), auch »Turnvater Jahn« genannt, eröffnet 1811 bei Berlin den ersten Turnplatz. Er schafft damit die Grundlage für die Verbreitung des Geräte- und Bodenturnens.

Der britische Forschungsreisende **Matthew Flinders** (40) führt 1814 für den von ihm erforschten Kontinent »Neuholland« den Namen **Australien** ein.

Auf dem Tanzparkett hat der **Walzer** das Menuett als Gesellschaftstanz verdrängt.

POLITIK & WIRTSCHAFT

Wie geht es nach Napoleon weiter? In langen Verhandlungen klären die Vertreter der europäischen Staaten (vor allem Preußen, Russland, Großbritannien, Österreich, Frankreich) diese Frage 1815 auf dem **Wiener Kongress.** Sie bestätigen alte Grenzen oder legen neue fest; so gehört zum Beispiel das Königreich Hannover zu Großbritannien. Andere Länder und Städte Deutschlands gründen den **Deutschen Bund,** die **Schweiz** erhält die Garantie der dauerhaften **Neutralität.** Auch eine **Ächtung des Sklavenhandels** wird vom Kongress beschlossen.

Das Geschehen in Wien wird überschattet durch die Rückkehr Napoleons, der während seiner »Herrschaft der hundert Tage« noch einmal versucht, militärisch aufzutrumpfen. Doch nachdem er am 18. Juni 1815 bei Waterloo von Preußen und Briten geschlagen wird, muss der 45-Jährige endgültig abdanken und wird auf die südatlantische Insel St. Helena verbannt.

Noch härter trifft es den Marschall **Michel Ney,** der für Napoleon wichtige Siege errungen hat: Er wird zum Tode verurteilt und muss seinem Erschießungskommando selbst den Feuerbefehl erteilen.

In **Südamerika** erkämpfen **Simon Bolivar** (35) und andere Freiheitskämpfer 1818 und 1819 die Unabhängigkeit Chiles, Kolumbiens und Venezuelas von der spanischen Kolonialmacht.

KUNST & KULTUR

1815 stirbt der Dichter und Journalist **Matthias Claudius** (75). Von ihm stammt das Abendlied »Der Mond ist aufgegangen«.

Im selben Jahr erhält **Johann Nepomuk Mälzel** ein Patent für das **Metronom,** mit dem das Tempo eines Musikstücks objektiv festgelegt und gleichmäßig angeschlagen werden kann.

Ohne dieses Hilfsmittel erklingt Weihnachten 1818 in Oberndorf bei Salzburg erstmals das Lied »Stille Nacht, Heilige Nacht«.

WISSENSCHAFT & TECHNIK

Als nach dem »Jahr ohne Sommer« (⇨ Alltag & Verschiedenes) das Tierfutter knapp wird und in Deutschland viele Pferde verhungern, entwickelt der 32-jährige badische Erfinder **Karl Drais** 1817 als alternatives Fortbewegungsmittel ohne Zugtiere die **Draisine:** ein Laufrad ohne Pedale. Damit hat er die Urform des späteren Fahrrads erschaffen.

Auch 1819 macht die Verkehrstechnik Fortschritte, als zum ersten Mal ein Schiff über den Atlantik fährt, das neben der üblichen Segel obendrein einen **Dampfantrieb** besitzt. Es benötigt für die Reise vom amerikanischen Savannah zum englischen Liverpool 26 Tage.

Ebenfalls 1819 erfindet der französische Ingenieur **Charles Cagniard de la Tour** die **Sirene.**

ALLTAG & VERSCHIEDENES

Um 1815 beginnt in Deutschland die Epoche des **Biedermeier.** Im Alltagsleben gilt das private Idyll und die Gemütlichkeit in den eigenen vier Wänden als das höchste Glück.

Alles andere als idyllisch ist es 1815 auf der indonesischen Insel Sumbawa, als mit ungeheurer Wucht der **Vulkan Tambora** ausbricht. Über 70 000 Tote sind die unmittelbare Folge, darüber hinaus verdunkelt die gewaltige Aschewolke den Himmel bis nach Europa. Der Sommer des Folgejahres 1816, im Volksmund **»Jahr ohne Sommer«** genannt, ist der kälteste seit Beginn der Wetteraufzeichnungen. Zahlreiche europäische Länder erleben Ernteausfälle, Hungersnöte und Wirtschaftskrisen.

Auf ein besonderes Datum fällt am 22. März 1818 der **Ostersonntag:** Da sich der Zeitpunkt dieses Feiertags immer nach dem ersten Vollmond richtet, der auf den Frühlingsanfang folgt, ist der 22. März der frühestmögliche Termin. Auf diesen Tag wird das Osterfest nach 1818 erst wieder im Jahr 2285 fallen.

POLITIK & WIRTSCHAFT

Nachdem der Wiener Kongress (⇨ 1815) die europäischen Monarchien gestärkt hat, brechen 1820 in Spanien, Süditalien und Portugal **liberale Revolutionen** gegen die Macht der Könige aus. Die treffen sich 1822 in Verona zum **Fürstenkongress** der Großmächte, um Gegenmaßnahmen zu beschließen. Im Jahr darauf marschiert ein **französisches Heer** in **Spanien** ein und stellt die alte Ordnung wieder her.

Ein Dorn im Auge ist einigen Fürsten auch der 1821 begonnene Kampf der Griechen für ihre Unabhängigkeit von den Türken. Unter den Künstlern und Intellektuellen Europas entsteht dagegen eine schwärmerische Begeisterung für **Griechenland** und seinen **Freiheitskampf.**

Noch mehr Unfreiheit haben die Menschen hinter sich, die 1822 aus den USA nach Afrika umgesiedelt werden: freigelassene Sklaven, die dort später den Staat **Liberia** gründen.

Ausgerechnet am 4. Juli, dem US-amerikanischen Unabhängigkeitstag, sterben 1826 zufällig innerhalb weniger Stunden zwei ehemalige Präsidenten der USA: **John Adams** (90) und **Thomas Jefferson** (83).

KUNST & KULTUR

Ludwig van Beethoven, neben Haydn und Mozart der bedeutendste Komponist der Wiener Klassik, stirbt 1827 mit 56 Jahren. Als er seine letzten Werke, darunter die berühmte 9. Sinfonie mit der »Ode an die Freude« komponierte und dirigierte, war er vollkommen taub.

1828 stirbt der Komponist **Franz Schubert,** der bereits zur Romantik gezählt wird. Obwohl er nur 31 Jahre alt wird, hat er neben vielen anderen Werken mehr als 600 Lieder komponiert.

Johann Wolfgang von Goethes (79) **Faust I,** das wohl bedeutendste Drama in deutscher Sprache, wird 1829 in Braunschweig mit großem Erfolg uraufgeführt.

WISSENSCHAFT & TECHNIK

Die Jahre 1820 und 1821 bringen Fortschritte in der **Elektrizitätslehre: Hans Christian Ørsted** (43) entdeckt das Magnetfeld elektrischer Ströme, und **Thomas Johann Seebeck** (51) findet heraus, dass sich Temperatur und Elektrizität gegenseitig beeinflussen.

Der als Kleinkind erblindete Franzose **Louis Braille** entwickelt nach jahrelangen Versuchen 1825 im Alter von 16 Jahren die aus Punktmustern bestehende **Blindenschrift.**

Im selben Jahr startet in England die erste öffentliche **Eisenbahn** der Welt, die Stockton and Darlington Railway, zu ihrer offiziellen Eröffnungsfahrt.

Wiederum ein Franzose, **Joseph Nicéphore Niépce** (61), fertigt 1826 die weltweit erste **Fotografie** an. Er verwendet dafür die zuvor schon bekannte Camera obscura und schafft es zum ersten Mal, das dort abgebildete Bild zu fixieren – auf einer lichtempfindlichen Bitumenplatte. Zu sehen ist auf dem Foto der Blick aus Niépces Arbeitszimmer.

ALLTAG & VERSCHIEDENES

Drei Deutschen gelingt 1820 die Erstbesteigung von Deutschlands höchstem Berg, der 2962 Meter hohen **Zugspitze.**

Die katholische Kirche akzeptiert 1822 endgültig die wissenschaftliche Auffassung, dass die Erde sich um die Sonne dreht und nicht umgekehrt. Damit hat sich das **heliozentrische Weltbild** durchgesetzt.

Typisch für die Damenmode des **Biedermeier** um 1820 sind lange und zunehmend weite Röcke sowie bauschige Ärmel. Auf dem Kopf trägt die Dame hochgestecktes, mit Kämmen und Bändern geschmücktes Haar, darüber einen haubenähnlichen Hut, Schute genannt. In der Herrenmode fällt der »Vatermörder« auf, ein steifer, hoher Stehkragen. Beliebt sind auch Zylinderhüte, gestreifte oder geblümte Westen sowie lange Koteletten (»Favoris«).

POLITIK & WIRTSCHAFT

In Frankreich bricht 1830 die **Julirevolution** aus, nachdem König **Karl X.** (72) unter anderem die Pressefreiheit abgeschafft hat. Die aufständischen Bürger zwingen den Monarchen zur Abdankung und wählen den 56-jährigen Herzog **Louis-Philippe von Orléans** zu ihrem »Bürgerkönig«.

Unruhen gibt es anschließend auch im übrigen Europa, große Umwälzungen bleiben aber aus.

In Deutschland versammeln sich 1832 beim **Hambacher Fest** 30 000 Bürger, um für Freiheit, Einheit und Demokratie zu demonstrieren. Der Bundestag in Frankfurt am Main sorgt daraufhin jedoch für weitere Einschränkungen der **Freiheitsrechte,** unter anderem durch Versammlungs- und Vereinsverbote. 1837 machen die **»Göttinger Sieben«,** eine Gruppe von Professoren, von sich reden, als sie gegen die Aufhebung der Verfassung des Königreichs Hannover protestieren. Sie werden daraufhin entlassen.

KUNST & KULTUR

Niccolò Paganini (1782–1840), italienischer Geigenvirtuose und Komponist, ist um 1830 der erste Popstar – angehimmelt von den Frauen, umjubelt bei seinen Auftritten.

Ebenfalls eine »Nummer eins«, und zwar unter den Schriftstellern, ist **Johann Wolfgang von Goethe,** von vielen als Universalgenie verehrt. Er stirbt 1832 im Alter von 82 Jahren. Vor allem als Dichter, aber auch als Naturforscher und als Minister hat er sich einen Namen gemacht.

Nur 23 Jahre alt wird der ebenfalls vielseitig begabte **Georg Büchner,** der 1837 an Typhus stirbt: Er war naturwissenschaftlich gebildet, als Revolutionär engagiert und einer der bedeutendsten Literaten des »Vormärz« (⇨ 1840).

Im selben Jahr stirbt an den Folgen eines Duells **Alexander Puschkin** (37), der als russischer Nationaldichter gilt.

WISSENSCHAFT & TECHNIK

1831 stirbt mit 61 Jahren der Philosoph **Georg Wilhelm Friedrich Hegel,** Hauptvertreter des deutschen Idealismus. Er war unter anderem Begründer der **Dialektik,** nach der die Gegensätze These und Antithese in einer Synthese »versöhnt« werden sollen.

Im selben Jahr entdeckt der englische Seefahrer **James Ross** auf einer Forschungsfahrt den **arktischen Magnetpol,** also den Punkt auf der Erde, auf den alle Magnetkompassnadeln zeigen (magnetische Nordrichtung).

Der amerikanische Schmied **Thomas Davenport** (34) erhält 1837 das weltweit erste Patent auf einen **Elektromotor,** nachdem mit ähnlichen Geräten in den Jahren zuvor auch schon in Europa experimentiert wurde.

Ebenfalls ein Amerikaner, der Chemiker **Charles Goodyear,** erfindet 1839 die **Vulkanisation,** das Verfahren zur Herstellung von Gummi aus Kautschuk.

ALLTAG & VERSCHIEDENES

Kinderarbeit hat infolge der Industrialisierung Europas und der USA erschreckende Ausmaße angenommen. So leisten viele Jungen und Mädchen unter zehn Jahren Schwerarbeit in Textilfabriken oder im Bergbau. 1833 erlässt das britische Parlament ein Gesetz, das die Arbeitszeit für Neun- bis Dreizehnjährige auf 48 Wochenstunden begrenzt. In Preußen folgt ein ähnliches Schutzgesetz 1839 – mit dem Ziel, gesunden Nachwuchs für das Militär zu sichern.

Die erste **Straßenbahn** der Welt befördert ihre Fahrgäste 1832 in New York. Sie wird von Pferden gezogen.

Zwischen den bayerischen Städten Nürnberg und Fürth gibt es drei Jahre später ein ähnlich bewegendes Ereignis: Die erste deutsche **Eisenbahn** startet dampfbetrieben auf der sechs Kilometer langen Strecke, für die sie neun Minuten braucht. Nach dieser Premiere entdeckt das Bürgertum die Lust am Reisen.

POLITIK & WIRTSCHAFT

Aufbruch: Zwischen 1846 und 1849 streben immer mehr Europäer nach Freiheit. Italiener verlangen liberale Reformen und die Einheit ihres Landes, Franzosen kämpfen für ein gleiches Wahlrecht und stürzen ihren »Bürgerkönig«. Der österreichische Staatskanzler Metternich wird aus Wien verjagt, Ungarn und Böhmen versuchen sich von österreichischer Bevormundung zu befreien.

In Deutschland wird die Zeit bis zum Frühjahr 1848 als **Vormärz** bezeichnet. In dieser Epoche wächst in den deutschen Obrigkeitsstaaten die Sehnsucht nach Freiheit und Einheit. Sie mündet schließlich in die sogenannte **März-Revolution** im Jahr 1848 (⇨ S. 48).

England wird von der revolutionären Welle nicht erfasst, aber in London veröffentlichen **Karl Marx** (29) und **Friedrich Engels** (27) 1848 das **Kommunistische Manifest.** Das Programm mit dem Aufruf »Proletarier aller Länder, vereinigt euch!« wird später in vielen Staaten der Welt Grundlage für eine neue Gesellschaftsordnung.

KUNST & KULTUR

Caspar David Friedrich, bedeutendster deutscher Maler der **Romantik**, stirbt 1840 mit 66 Jahren. In seinen Werken hat er Natur und Gefühl verherrlicht.

Der Arzt **Heinrich Hoffmann** (35) veröffentlicht 1845 *Lustige Geschichten und drollige Bilder für Kinder von 3–6 Jahren*, später berühmt, erfolgreich und umstritten unter dem Titel *Struwwelpeter.*

Der Belgier **Adolphe Sax** (31) erhält 1846 das Patent für ein neuartiges Musikinstrument: Das **Saxophon** wird zunächst in der Militärmusik, später vor allem im Jazz verwendet.

Felix Mendelssohn Bartholdy teilt mit anderen wichtigen Komponisten der Klassik und Romantik das Schicksal des frühen Todes. Er stirbt 1847 im Alter von 38 Jahren.

WISSENSCHAFT & TECHNIK

Der Amerikaner **Samuel Morse** (49) erhält 1840 ein Patent für seinen Schreibtelegrafen, auf dem 1844 mittels **Morsezeichen** das erste **Telegramm** versandt wird. Den Grundstein für die moderne **Narkose** legt 1846 der amerikanische Zahnarzt **William Morton** (27), der einen mit Ätherdämpfen betäubten Patienten öffentlich am Hals operiert.

Das allmorgendliche pünktliche Aufwachen wird ein Jahr später erleichtert, als der Franzose **Antoine Redier** (29) den einstellbaren mechanischen **Wecker** erfindet.

ALLTAG & VERSCHIEDENES

Die erste **Briefmarke** der Welt, die One Penny Black, wird 1840 in England herausgegeben. Sie zeigt das Profilbild von Königin Victoria.

Zu England gehört 1841 auch die Insel Helgoland. Dort verfasst der Dichter **August Heinrich Hoffmann von Fallersleben** (43) den Text für das **Lied der Deutschen** (⇨ 1922).

Im selben Jahr verschwindet der Raddampfer President, das größte Dampfschiff seiner Zeit, auf der Fahrt von New York nach Europa spurlos auf dem Nordatlantik.

Der britische Polarforscher **John Franklin** (59) bricht 1845 mit zwei Schiffen zu einer Expedition in die Arktis auf, um als Erster die **Nordwestpassage,** den Seeweg zwischen Atlantik und Pazifik, zu durchfahren. Der Plan scheitert – alle 129 Teilnehmer kommen ums Leben.

In **Irland** vernichtet von 1845 bis 1848 eine Pilzkrankheit fast die gesamte Kartoffelernte. Der dadurch entstehenden **Hungersnot** fallen eine Million Menschen zum Opfer. Viele Überlebende wandern nach Amerika aus.

Dort berichtet 1848 eine Zeitung von Goldfunden in Kalifornien und löst damit den kalifornischen **Goldrausch** aus: Hunderttausende ziehen in der meist vergeblichen Hoffnung auf Reichtum in den amerikanischen Westen.

Freiheit statt Obrigkeit:

Die deutsche Revolution von 1848

»Wir wollen Arbeit! Wir wollen Brot! Wir wollen Freiheit!« Diese Schlachtrufe sind nicht nur auf Deutschlands Straßen immer häufiger zu hören. In der Mitte des 19. Jahrhunderts rebellieren die Menschen in weiten Teilen Europas gegen die Fürsten und Könige. Die Bürger haben genug von der Willkür der Obrigkeit, die Bauern wollen sich nicht länger von den adeligen Großgrundbesitzern knechten lassen, und die kleinen Handwerker spüren, dass die Industrialisierung sie um ihre Arbeitsmöglichkeiten bringt.

»Weg mit den Fürsten! Weg mit dem König!« Auch das fordern die aufgebrachten Proletarier. Da hört dann allerdings die Gemeinsamkeit mit den liberalen Bürgern auf. Die erhoffen sich zwar auch Pressefreiheit und das Recht auf freie Rede, aber die bestehende Ordnung soll nicht im Chaos versinken. Es gibt jedoch ein gemeinsames großes Ziel der Aufständischen: ein geeinter deutscher Nationalstaat mit einem frei gewählten Parlament. Dieser neue Staat soll die bestehende Kleinstaaterei mit ihren vielen Königreichen und Fürstentümern ersetzen.

Die Aufstände in den Ländern des Deutschen Bundes beginnen Anfang März 1848, weshalb man auch von der sogenannten Märzrevolution spricht. In vielen Städten gib es Massendemonstrationen, in Berlin, Frankfurt und Wien bilden sich revolutionäre Zentren. Nicht immer geht es dabei friedlich zu: Regierungstruppen stellen sich den Demonstranten entgegen, es kommt zu Barrikadenkämpfen.

Die Regierungen fürchten, dass sie auf ähnliche Weise hinweggefegt werden könnten wie im Nachbarland Frankreich der »Bürgerkönig« Louis-Philippe. Sie sind deshalb schnell zu Zugeständnissen bereit: Die Bauern erhalten mehr Selbstständigkeit gegenüber den Feudalherren, die Pressezensur wird gelockert, und in der Frankfurter Paulskirche tagt erstmals ein frei gewähltes nationales Parlament.

Dies alles kann aber nicht verhindern, dass die Märzrevolution am Ende scheitert. Im Mai 1849 zieht die linke Mehrheit der in Frankfurt tagenden Nationalversammlung nach Stuttgart. Dort machen die württembergischen Truppen kurzen Prozess und lösen das »Rumpfparlament« gewaltsam auf. In der Pfalz und in Baden, wo die Revolution besonders tatkräftig begonnen wurde, stellen die Regierungen die alte Ordnung wieder her. Dabei macht der »Kartätschenprinz« Wilhelm von Preußen seinem Spitznamen (Kartätsche = Geschütz) alle Ehre, als er mit Soldaten die Aufständischen besiegt.

In Wien wird der demokratische Parlamentsabgeordnete Robert Blum »wegen aufrührerischer Reden« zum Tode verurteilt und standrechtlich erschossen. Das gleiche Schicksal erleiden auch viele andere Revolutionäre.

Die deutsche Revolution von 1848 hat dennoch bleibende Wirkungen. So haben Arbeiter und Bauern in dieser Zeit damit begonnen, sich zu organisieren und eigene politische Ziele zu entwickeln. Die Aristokraten müssen Beschränkungen ihrer Vorrechte hinnehmen. Und die Nationalversammlung hat eine Verfassung ausgearbeitet, die zwar noch nicht durchgesetzt werden kann, aber zum Vorbild für die späteren deutschen Verfassungen wird.Die Garantien des Grundgesetzes von 1949, dass etwa alle Bürger ihre Meinung frei äußern dürfen oder dass die Wohnung unverletzlich ist, gehen auf die 1848 beschlossenen Grundrechte zurück.

POLITIK & WIRTSCHAFT

Frankreich bekommt wieder einen Napoleon: **Louis Napoleon Bonaparte** (43), der Neffe des berühmten Herrschers, löst als Präsident 1851 die Nationalversammlung auf und lässt sich im Jahr darauf vom Volk zum **Kaiser** wählen.

Im **Krimkrieg** kämpfen 1853 bis 1856 das Osmanische Reich, Frankreich, Großbritannien und Sardinien gegen Russland. Die für alle Seiten verlustreichen Kämpfe beschränken am Ende die Macht Russlands, während Großbritannien und Frankreich gestärkt werden.

Die staatliche Willkür im Deutschen Bund nach der Märzrevolution im Jahr 1848 (⇨ S. 48) setzt sich fort: 1854 werden die gewerkschaftsähnlichen **Arbeitervereine** verboten.

In den USA endet **John Brown** (59), ein Kämpfer gegen die **Sklaverei,** 1859 am Galgen. Der bald danach komponierte Marsch »John Brown's Body« wird im amerikanischen Bürgerkrieg (⇨ 1861) ein beliebtes Kampflied der Unionstruppen werden.

KUNST & KULTUR

Marie Tussaud (88), die Gründerin von Madame Tussauds Wachsfigurenkabinett, stirbt 1850 in London. Sie modellierte in Wachs zunächst Angehörige des französischen Adels, dann die Köpfe hingerichteter Revolutionäre, später Prominente aus der ganzen Welt.

Der wegen seiner gefühlvollen Gedichte und als ironischer Gesellschaftskritiker berühmte Schriftsteller **Heinrich Heine** stirbt 1856 mit 58 Jahren in Paris. Dorthin war er wegen der Zensur in seiner deutschen Heimat emigriert.

Einiges Aufsehen erregt 1857 der Roman *Madame Bovary,* in dem **Gustave Flaubert** (35) das Scheitern einer Frau schildert, die außereheliche Liebe sucht. Flaubert wird in Frankreich wegen »Verstoßes gegen die guten Sitten« angeklagt, letztlich aber freigesprochen.

WISSENSCHAFT & TECHNIK

1850 wird das erste **Seekabel** zur Übertragung von Telegrammen zwischen England und Frankreich verlegt. 1858 folgt eine entsprechende Verbindung zwischen Europa und den USA. Eine Nachricht auf diesem Weg ist 16 Stunden unterwegs.

In Berlin entsteht 1851 auf Befehl des preußischen Königs Friedrich Wilhelm IV. die erste deutsche **Berufsfeuerwehr.** Die 18 Feuerwachen der Stadt sind rund um die Uhr besetzt.

Die erste Fahrt mit einem **Luftschiff** gelingt 1852 dem Franzosen **Henri Giffard** (27) auf der 27 Kilometer langen Strecke von Paris nach Trappes. Angetrieben durch eine Dampfmaschine, erreicht das Luftschiff etwa 9 km/h.

Der britische Naturforscher **Charles Darwin** (50) veröffentlicht 1859 sein Hauptwerk *Über die Entstehung der Arten.* Darin heißt es, dass die lebenden Organismen auf gemeinsame Ursprünge zurückgehen und durch natürliche Auslese entstanden sind.

ALLTAG & VERSCHIEDENES

In London wird 1851 in einem neu erbauten Kristallpalast die erste **Weltausstellung** eröffnet. Technische und kunsthandwerkliche Produkte aus vielen Ländern werden hier der Öffentlichkeit präsentiert.

Im selben Jahr finden auch zwei Sportpremieren statt: Das erste internationale **Schachturnier** wird im Londoner Kristallpalast abgehalten, und der weltweit erste Sportpokal, der **America's Cup,** wird dem Sieger einer Segelregatta überreicht. Sie führt rund um die britische Insel Isle of Wight.

In England, dem Mutterland des Fußballs, wird 1857 der **FC Sheffield** gegründet – der erste offizielle **Fußballverein.**

In der Damenmode setzt sich in den 1850er-Jahren die **Krinoline** durch, ein weiter Reifrock mit einem Stahlgerüst. Die Herren tragen zu Hose und Sakko in dezenten Farben einen Zylinder.

POLITIK & WIRTSCHAFT

Der italienische Freiheitskämpfer **Giuseppe Garibaldi** (53) organisiert 1860 den »Zug der Tausend«: eine Armee von Freiwilligen, die Sizilien von der Herrschaft der spanischen Bourbonen befreit. So kann der sardinische König **Viktor Emanuel II.** (41) 1861 **König Italiens** werden.

In den **USA** wollen die Südstaaten im Gegensatz zum Norden an der Sklaverei festhalten. Sie spalten sich ab, und es kommt 1861 zum **Bürgerkrieg** (⇨ S. 54). Wenige Tage nach dem Sieg der Nordstaaten 1865 wird Präsident **Abraham Lincoln** (55) während eines Theaterbesuchs von einem Rassenfanatiker erschossen. Die Abschaffung der **Sklaverei** in den USA ist aber beschlossene Sache, und zumindest nach der Verfassung sollen die Afroamerikaner jetzt die vollen Bürgerrechte erhalten.

Neuer »starker Mann« in Preußen wird **Otto von Bismarck** (47), den König **Wilhelm I.** 1862 zum Ministerpräsidenten und Außenminister ernennt. Vier Jahre später gewinnt Preußen mit der Schlacht bei Königgrätz den »Deutschen Krieg« gegen Österreich und Sachsen. Nun folgt auf den Deutschen Bund der preußisch beherrschte **Norddeutsche Bund**.

KUNST & KULTUR

Wilhelm Busch (33) veröffentlicht 1865 seine Bildergeschichte *Max und Moritz.* Sie enthält die geflügelten Worte: »Dieses war der erste Streich, doch der zweite folgt sogleich.«

Um diese Zeit erscheinen auch die ersten Romane von **Jules Verne,** einem der Begründer der **Science-Fiction-Literatur.** Verne nimmt seine Leser mit auf die *Reise zum Mittelpunkt der Erde* (1864) und auf den Flug *Von der Erde zum Mond* (1865).

Der Leipziger Verleger **Anton Philipp Reclam** (60) bringt ab 1867 die Reclam-Hefte auf den Markt. Der erste Band enthält Goethes *Faust.*

WISSENSCHAFT & TECHNIK

Der 33-jährige schwedische Chemiker und spätere Stifter **Alfred Nobel** (⇨ 1890) erfindet 1866 in Geesthacht bei Hamburg das **Dynamit;** er will damit die Gefährlichkeit des bisher bei Sprengungen verwendeten reinen Nitroglycerins mindern.

Der französische Erfinder **Joseph Monier** (43) erhält 1867 ein Patent für den von ihm entwickelten **Stahlbeton.** Der Verbund von Beton mit einem Stahlkern wird später in Deutschland der meistverwendete Baustoff.

Im Jahr 1869 wird der **Suezkanal** eröffnet. Er verbindet das Mittelmeer mit dem Roten Meer und erspart Schiffen auf ihrer Fahrt von Europa zum Indischen Ozean den Umweg über Afrika. Auch die USA feiern 1869 die Fertigstellung eines wichtigen Verkehrsprojekts: Mit der **Transkontinentalen Eisenbahn** kann man nun in siebeneinhalb Tagen von New York an den Pazifik reisen.

ALLTAG & VERSCHIEDENES

Im Sommer 1861 ist auf der nördlichen Erdhalbkugel ein großer **Komet** sichtbar, der so hell ist, dass Gegenstände nachts in seinem Licht Schatten werfen. Sogar tagsüber kann man ihn sehen.

Der moderne **Fußball** wird 1863 geboren, als in einem Londoner Pub die Vertreter mehrerer Vereine die **Football Association** gründen. Eine der dabei festgelegten Regeln lautet: Nach jedem Tor wechseln die Spieler die Seiten.

Extrem kaltes Wetter führt 1867 zum Höhepunkt der letzten natürlich bedingten **Hungersnot** in Nordeuropa. In Finnland fallen ihr 15 Prozent der Bevölkerung zum Opfer.

Ein glücklicheres Schicksal haben zwei australische Bergleute, die 1869 den größten **Goldklumpen** entdecken, der jemals gefunden wurde. Der Schatz, der den Namen Welcome Stranger erhält, wiegt 72 Kilogramm (heutiger Wert: über zwei Millionen Euro).

Rückständige Südstaaten gegen den Norden:

Der amerikanische Bürgerkrieg

Als die Leser des *Republican* am 28. Februar 1859 ihre Zeitung aufschlagen, sehen sie eine Ankündigung des Händlers Joseph Bryan. 460 »Baumwoll- und Reisneger« will er Anfang März in einer großen Auktion verkaufen. Auch »eine Anzahl guter Handwerker und Hausdiener« befindet sich im Angebot. Sie alle werden »familienweise abgegeben« und können drei Tage vor der Auktion in Savannah (im US-Staat Georgia) besichtigt werden.

Wie so eine Besichtigung vor sich geht, beschreibt bald darauf ein Reporter der *New York Tribune:* »Die Neger wurden nicht besser als Vieh beklopft und begutachtet. Die Käufer öffneten ihnen den Mund, prüften die Zähne, kniffen sie in Arme und Schenkel, um die Muskeln zu prüfen, ließen sie auf und ab gehen und allerlei Verrenkungen machen, um zu sehen, ob sie lahm oder wund waren.«

Dieser Bericht soll die Bevölkerung aufrütteln – die *New York Tribune* wird in einem der rund 20 Nordstaaten der USA herausgegeben, die die Sklaverei ablehnen. Die übrigen der insgesamt 33 US-Staaten, fast alle im Süden gelegen, können sich nicht vorstellen, ohne Sklaven auszukommen: Vier Millionen Schwarze arbeiten auf den riesigen Baumwoll-, Reis- und Tabakplantagen des Südens. Der Norden besitzt Industrie und Maschinen, der Süden hat Menschen als Arbeitskräfte. Ein gesunder, junger und kräftiger Sklave ist mindestens 1500 Dollar wert.

Am 6. November 1860 wird ein Gegner der Sklaverei zum US-Präsidenten gewählt: der 51-jährige Abraham Lincoln. Seine Stimmen verdankt er den Menschen aus dem Norden – in den Südstaaten siegt der Kandidat der neuen Republikanischen Partei in keinem einzigen Wahlbezirk.

Aus Protest gegen Lincoln tritt am 20. Dezember 1860 der Südstaat South Carolina aus der Union der US-Staaten aus. Es ist die erste Sezession (Abspaltung), ihr folgen innerhalb weniger Wochen sechs weitere Südstaaten. Die sieben Abtrünnigen mit ihren fünf Millionen Einwohnern nennen sich die »Konföderierten«. Ihnen gegenüber steht im Norden die Union mit mehr als 20 Millionen Einwohnern, vertreten von der Bundesregierung und dem US-Präsidenten.

Im Frühjahr 1861 fordern die Konföderierten die Bundesregierung auf, ihre militärischen Anlagen im Süden zu räumen. Ohne Erfolg. Daraufhin wird am 12. April die Festung Fort Sumter an der Ostküste angegriffen. Präsident Lincoln ruft die Unionsstaaten auf, Truppen in den Süden zu schicken – der amerikanische Bürgerkrieg (auch Sezessionskrieg genannt) hat begonnen.

Vier weitere Südstaaten schließen sich den sieben Konföderierten an. Blutige Kämpfe der elf gegen doppelt so viele Unions-Staaten folgen, die fast immer auf dem Boden des Südens ausgetragen werden. Mehr als 600 000 Menschen verlieren in den folgenden vier Jahren ihr Leben – bis der unterlegene Süden am 9. April 1865 aufgibt.

Der Sieg des Nordens bedeutet zugleich die Abschaffung der Sklaverei. Präsident Lincoln, ein besonnener Mann, will die Südstaaten möglichst schnell wieder in die Union aufnehmen. Doch viele der Unterlegenen sind noch voller Hass.

Am Abend des 14. April, es ist Karfreitag, besucht der 56-Jährige eine Vorstellung des Ford-Theaters in Washington. Gegen zehn Uhr stürmt ein weißer Rassenfanatiker in seine Loge und erschießt den Präsidenten.

POLITIK & WIRTSCHAFT

Ein kurzer **Krieg** zwischen **Frankreich** und **Preußen** im Jahr 1870 hat weitreichende Folgen: In Deutschland löst der Sieg Preußens nationale Begeisterung aus, die in die Gründung des **Kaiserreichs** mündet (⇨ S. 58). Auf französischer Seite dankt **Kaiser Napoleon III.** (62) ab, nachdem er in preußische Gefangenschaft geraten ist; die **Dritte Republik** wird ausgerufen. Ein von Aufständischen 1871 gebildeter sozialistischer Stadtrat, die **Pariser Kommune**, wird rasch und mit viel Blutvergießen beseitigt.

Die nationale **Einigung Italiens** (»Risorgimento«) findet 1870 ihren Abschluss, als italienische Truppen Rom besetzen, das zur Hauptstadt des Landes erhoben wird. **Papst Pius IX.** (78), der sich nun als »Gefangener im Vatikan« sieht, bekommt innerkirchlich jedoch Rückendeckung: Das vatikanische Konzil beschließt das Dogma von der »Unfehlbarkeit« des Papstes.

In Deutschland führt der Staat ab 1871 einen »Kulturkampf« gegen die katholische Kirche. Es geht um die Beschränkung ihrer Macht: So dürfen sich Priester nicht mehr politisch äußern. 1875 wird die nicht kirchliche Zivilehe eingeführt.

Der **Wiener Börsenkrach** im Jahr 1873 löst nach der wirtschaftlichen Blüte der »Gründerzeit« eine Weltwirtschaftskrise aus.

KUNST & KULTUR

Bei einer Ausstellung in Paris 1874 wird von **Claude Monet** (34) das Bild *Impression – aufgehende Sonne* gezeigt. Daraus leitet man, zunächst spöttisch, den Namen für die neue Kunstrichtung **Impressionismus** ab, die das Festhalten von Atmosphäre und das Spiel mit dem Licht betont.

In Bayreuth finden 1876 die ersten **Richard-Wagner-Festspiele** statt. Wagner (63) selbst inszeniert dabei seinen kompletten, kurz zuvor vollendeten Opernzyklus *Der Ring des Nibelungen.*

WISSENSCHAFT & TECHNIK

Eine Welle der Begeisterung für die Archäologie löst **Heinrich Schliemann** (51) in seiner deutschen Heimat aus, als 1873 bekannt wird, dass er im Nordwesten der Türkei das antike **Troja** und kurz darauf den legendären **Schatz des Priamos** gefunden haben soll.

Alexander Graham Bell (29) installiert im amerikanischen Boston 1876 das erste brauchbare **Telefon,** nachdem Johann Philipp Reis und andere mit ihren Modellen keinen Erfolg hatten.

Das erste Patent für einen **Staubsauger** erhält 1876 der Amerikaner **Melville Bissell.** Sein *Sweeper* ist auf einem Pferdewagen montiert, von wo aus per Schlauch das Haus gereinigt wird.

Besonders kreativ ist der amerikanische Erfinder **Thomas Alva Edison.** Er verbessert zunächst die Telegrafentechnik. 1877 stellt er seinen **Phonographen** vor, ein Gerät zur Aufnahme und Wiedergabe von Schall. Bedeutend ist auch die Kohlefaser-Glühbirne, die Edison 1879 zum ersten Mal zum Leuchten bringt.

ALLTAG & VERSCHIEDENES

Das britische Reisebüro Thomas Cook & Son organisiert 1872 die erste touristische **Weltreise.** Sie dauert 222 Tage.

Als weltweit erste Einrichtung seiner Art wird 1872 in den USA der **Yellowstone-Nationalpark** gegründet. Bekannt ist er vor allem für seine Geysire sowie für Grizzlybären und andere Wildtiere.

Im britischen Glasgow wird 1872 das erste **Fußball-Länderspiel** ausgetragen: England spielt gegen Schottland 0:0.

Die Amerikaner **Levi Strauss** und **Jacob Davis** verstärken 1873 die Nähte ihrer robusten Hosen mit Nieten – und haben damit die **Jeans** erfunden.

Der gelernte Seemann **Matthew Webb** durchschwimmt 1875 mit 27 Jahren als erster Mensch ohne technische Hilfen den **Ärmelkanal.** Er braucht knapp 22 Stunden.

Kleine Staaten verbünden sich zur großen Nation:

Das Deutsche Reich

Deutschland: Das klingt nach einem einheitlichen Staat, mit einer gewählten Regierung, einer Hauptstadt und einer für alle gültigen Währung. Doch nichts davon gibt es vor dem Jahr 1871. Deutschland besteht aus vielen kleinen Fürstentümern, aus wenigen mittelgroßen Staaten (unter anderem Bayern, Hessen, Sachsen) und dem riesigen Preußen, in dem mehr als die Hälfte aller Deutschen lebt.

Preußen mit König Wilhelm I. und seinem Ministerpräsidenten Otto von Bismarck hat 1866 einen Krieg gegen Österreich gewonnen. Als es 1870 von Frankreich angegriffen wird, siegt es auch im Deutsch-Französischen Krieg, unterstützt von den süddeutschen Staaten. Dieser gemeinsame Kampf schweißt die Deutschen zusammen. Und der Sieg erst recht. Am 18. Januar 1871 kommt es zu der von vielen ersehnten Einheit: Das Deutsche Reich wird gegründet.

Um die besiegten Franzosen zu demütigen, lässt sich Wilhelm I. (73) ausgerechnet im Schloss von Versailles zum deutschen Kaiser ausrufen. Otto von Bismarck (55) wird erster Reichskanzler. Nun gibt es eine deutsche Hauptstadt (Berlin) und eine einheitliche deutsche Währung (die Mark). Was es nicht gibt, ist Demokratie.

»Wir, Wilhelm, von Gottes Gnaden König von Preußen«, so nennt sich das neue Staatsoberhaupt selbst, »bekunden hiermit, dass Wir es als eine Pflicht gegen das gemeinsame Vaterland betrachtet haben, die deutsche Kaiserwürde anzunehmen.« Wer sich von Gott berufen fühlt, braucht kein Parlament, das ihn wählt. Es gibt zwar eines, den Reichstag, aber wann seine Abgeordneten tagen, bestimmt der Kaiser.

Die Politiker des Reichstags erhalten für ihre Arbeit kein Geld, was vor allem für die oft aus kleinen Verhältnissen kommenden Sozialdemokraten und Linksliberalen hart ist. Politischen Einfluss haben die Abgeordneten kaum. Immerhin dürfen sie neuen Gesetzen zustimmen. Wenn sie das nicht tun und einen Entwurf ablehnen, gehen sie aber das Risiko ein, dass der Kaiser das Parlament auflöst.

Und das Volk, 41 Millionen Menschen? Der Reichstag ist immerhin das erste europäische Parlament, das aus allgemeiner, direkter, gleicher und geheimer Wahl hervorgeht. Zu den Wahlen sind aber nur Männer ab 25 Jahren zugelassen.

Gewählt wird jeweils der Abgeordnete, der in seinem Wahlkreis die Mehrheit der Stimmen bekommt. Die einzelnen Wahlkreise bleiben über Jahrzehnte unverändert, ohne an das Wachstum der Großstädte angepasst zu werden. So kommt es, dass um 1910 ein Abgeordneter in einem ländlichen Wahlbezirk Preußens nicht einmal 8000 Stimmen braucht, um gewählt zu werden, während es in Bochum mehr als 50 000 Stimmen sind.

Im europäischen Vergleich steht das Deutsche Reich gut da. Es ist wirtschaftlich mächtig, und die Zahl der Analphabeten liegt unter zwei Prozent – in Österreich sind es mehr als 38 und in Ungarn sogar über 50 Prozent, die nicht lesen und schreiben können (1881).

Bismarck führt eine Krankenversicherung für alle und damit den Sozialstaat ein. Außerdem gelingt es ihm, mit seinen europäischen Nachbarn in Frieden zu leben. Doch mit politischen Gegnern im eigenen Reich macht er kurzen Prozess: Das 1878 erlassene Sozialistengesetz »gegen die gemeingefährlichen Bestrebungen der Sozialdemokratie« verpasst der SPD einen Maulkorb und verbietet ihre Versammlungen.

POLITIK & WIRTSCHAFT

Die Staatsoberhäupter zweier Großmächte werden 1881 Opfer von **Attentaten:** US-Präsident **James Garfield** (50) wird von den Schüssen eines psychisch Kranken niedergestreckt, und der russische Zar **Alexander II.** (62) stirbt durch die Sprengbombe einer Untergrundorganisation.

Der bayerische »Märchenkönig« **Ludwig II.** (40), der sich Prunkschlösser wie Neuschwanstein errichten ließ, kommt 1886 unter ungeklärten Umständen im Starnberger See ums Leben. Drei Tage vorher wurde er als »seelengestört« entmündigt.

In Großbritannien müssen ab 1887 alle importierten Industrieprodukte den Namen des Ursprungslandes tragen; so sollen die Verbraucher vor minderwertigen Waren geschützt werden, vor allem aus Deutschland. Ungewollt wird der Stempel **»Made in Germany«** jedoch bald zum verkaufsfördernden Qualitätssiegel.

Deutschland erlebt 1888 das **»Dreikaiserjahr«:** Als **Wilhelm I.** im Alter von 90 Jahren stirbt, folgt ihm sein an Krebs erkrankter ältester Sohn **Friedrich III.** (56) auf den Thron – und 99 Tage später auch ins Grab. Friedrichs Sohn, **Wilhelm II.** (29), wird der letzte Kaiser des Deutschen Reichs.

KUNST & KULTUR

Konrad Duden (51) gibt 1880 in erster Auflage das *Vollständige Orthographische Wörterbuch der deutschen Sprache* heraus. Später entwickelt sich »der Duden« zur wichtigsten Instanz in Fragen der Rechtschreibung.

Ebenfalls 1880 wird der im gotischen Stil errichtete **Kölner Dom** vollendet, 632 Jahre nach Baubeginn. (Noch im 21. Jahrhundert ist er die meistbesuchte Sehenswürdigkeit Deutschlands.)

Die **Geschichte des Films** beginnt 1888, als der Franzose Louis Le Prince (46) mit *Roundhay Garden Scene* die weltweit erste Aufnahme mit einer **Filmkamera** macht.

WISSENSCHAFT & TECHNIK

Nürnberg und Berlin installieren 1882 als erste deutsche Städte eine **elektrische Straßenbeleuchtung.**

Besser schreiben: Der US-amerikanische Versicherungsmakler **Lewis Edson Waterman** (46) erhält 1884 ein Patent für den **Füllfederhalter;** er löst langfristig die ins Tintenfass getauchte Feder ab.

Das erste **Motorfahrzeug** ist 1885 der von **Gottlieb Daimler** (51) und **Wilhelm Maybach** (39) konstruierte »Reitwagen«, ein Vorläufer des Motorrads. Die 0,5 PS starke Maschine hat seitliche Stützräder. Das Jahr darauf markiert die Geburtsstunde des modernen Automobils: **Carl Benz** (42) baut 1886 den ersten dreirädrigen und **Gottlieb Daimler** den ersten vierrädrigen **Kraftwagen,** jeweils mit Einzylinder-Viertakt-Motor.

Als der US-Ingenieur **Herman Hollerith** (29) für die Auswertung einer Volkszählung 1889 ein Lochkarten-System entwickelt, beginnt die moderne **Datenverarbeitung.**

ALLTAG & VERSCHIEDENES

Als ein Brand 1881 das Wiener Ringtheater vernichtet, sterben mehr als 450 Menschen. In den Theatern wird danach der **eiserne Vorhang** Pflicht, der bei Feuer den Zuschauerraum von der Bühne trennt.

Der indonesische Vulkan **Krakatau** bricht 1883 aus, schleudert 20 Kubikkilometer Asche und Gestein in die Luft und versinkt im Meer. Das löst einen 40 Meter hohen Tsunami aus, der rund 36 000 Tote fordert.

Ein neues Getränk wird 1886 in den USA angeboten: **Coca-Cola.** Zunächst als angebliche Medizin gegen Müdigkeit, Kopfschmerzen, Depressionen und Impotenz.

Paris bekommt 1889 zum hundertjährigen Jubiläum der Französischen Revolution ein neues Wahrzeichen, den **Eiffelturm.** Die Bevölkerung empfindet das mit 324 Metern höchste Bauwerk der Welt anfangs als Schandfleck.

POLITIK & WIRTSCHAFT

Meinungsverschiedenheiten mit Kaiser **Wilhelm II.** (31) führen 1890 zur Entlassung des 74-jährigen deutschen Reichskanzlers **Otto von Bismarck.** Er hat viel zur Gründung, Stärkung und Stabilität des Deutschen Reichs beigetragen, aber auch zu seinem obrigkeitsstaatlichen Charakter.

In den USA setzen sich die weißen Siedler bei ihren Eroberungen in blutigen Kämpfen gegen die Ureinwohner durch. Der letzte **Indianerkrieg** endet 1890 mit einem Massaker: Bei **Wounded Knee** im US-Staat South Dakota töten US-Soldaten rund 300 Indianer vom Stamm der Lakota, die sich bereits ergeben hatten.

Der **1. Mai** wird 1890 zum internationalen Kampftag der Arbeiter, an dem sie für kürzere Arbeitszeiten und höhere Löhne demonstrieren. Gesetzlicher Feiertag wird der 1. Mai in Deutschland erst 43 Jahre später. Die **Sonntagsruhe** dagegen gilt im Deutschen Reich ab 1891.

KUNST & KULTUR

Zwei Schauspielerinnen feiern 1892 und in den folgenden Jahren rauschende Erfolge in der Welt des Theaters: Die in Italien geborene **Eleonora Duse** (33) überzeugt mit einer betont zurückhaltenden Spielweise, während ihre französische Kollegin **Sarah Bernhardt** (47) eher temperamentvoll und mit großer Gebärde spielt.

1890 erscheint *Das Bildnis des Dorian Gray,* der bedeutende, anfangs aber umstrittene Roman des irischen Schriftstellers **Oscar Wilde** (35). Die Hauptfigur Dorian Gray bleibt äußerlich jung und schön, während ein Porträt, das Gray von sich besitzt, an seiner Stelle alt und hässlich wird.

Ebenfalls 1890 erschießt sich der 37-jährige Niederländer **Vincent van Gogh.** Sein ausdrucksvoller Pinselstrich und die leuchtenden Farben seiner Bilder machen den Maler berühmt.

WISSENSCHAFT & TECHNIK

Zwei Erfindungen aus den USA erleichtern den Alltag: 1890 der **Reißverschluss** und 1892 der **Kronkorken.**

Im Jahr darauf bringt der deutsche Ingenieur **Rudolf Diesel** (35) zum ersten Mal den nach ihm benannten **Motor** zum Laufen. Zehn Jahre später werden die ersten Schiffe mit den relativ sparsamen Dieselmotoren ausgerüstet – noch vor ihrer Verwendung in Landfahrzeugen.

Für die Medizin ist 1894 ein fortschrittliches Jahr: Der schweizerisch-französische Arzt **Alexandre Yersin** (30) entdeckt den Erreger der **Pest** und entwickelt ein Heilserum.

ALLTAG & VERSCHIEDENES

Die 25-jährige amerikanische Journalistin **Nellie Bly** vollendet 1890 ihre **Reise um die Erde**, mit der sie die Vorgabe aus Jules Vernes 1873 erschienenem Roman *In 80 Tagen um die Welt* um sieben Tage unterbietet. Sie ist die erste Frau, die ohne männliche Begleitung ein derartiges Abenteuer unternommen hat, und wird dadurch zum Vorbild für viele Frauen ihrer Zeit.

Der letzten großen **Cholera-Epidemie,** die Deutschland heimsucht, fallen 1892 in Hamburg mehr als 8600 Menschen zum Opfer. Trinkwasser aus der Elbe und unhygienische Zustände im Armutsviertel der Stadt begünstigen die Ausbreitung.

Das erste **Autorennen** der Welt im Jahr 1894 ist eine Zuverlässigkeitsfahrt, bei der die Zeit keine Rolle spielt. Fahrzeuge mit verschiedenen Antriebsarten fahren von Paris nach Rouen und zurück. Der Sieger **Albert de Dion** (38) braucht mit seinem dampfbetriebenen Wagen für die 126 Kilometer lange Strecke knapp sieben Stunden (Durchschnitt 18 km/h).

Ebenfalls 1894 findet in einem Varieté-Theater in Paris der erste dokumentierte **Striptease** statt; die Tänzerin erhält wegen ihrer Vorführung eine Geldstrafe.

POLITIK & WIRTSCHAFT

Großbritannien führt gegen Sansibar 1896 den kürzesten Krieg der Geschichte. Er dauert 38 Minuten, kostet aber 300 afrikanische Soldaten das Leben.

Der österreichisch-ungarische Schriftsteller **Theodor Herzl** (37) organisiert 1897 den ersten **Zionistischen Weltkongress** in Basel. Vor dem Hintergrund des in Europa um sich greifenden Antisemitismus fordert der Kongress die Errichtung eines jüdischen Staates in Palästina.

In Frankreich hat der Judenhass die **Dreyfus-Affäre** ausgelöst: Der jüdische Offizier **Alfred Dreyfus** (35) wurde 1894 aufgrund falscher Spionagevorwürfe zu lebenslanger Verbannung verurteilt. 1898 publiziert der Schriftsteller **Émile Zola** (58) den Skandal in seinem berühmten Zeitungsartikel »J'accuse« (»Ich klage an«), doch erst acht Jahre später wird die französische Justiz Dreyfus rehabilitieren.

Delegierte aus 26 Staaten treffen sich 1899 auf der ersten **Haager Friedenskonferenz,** um Regelungen zur friedlichen Beilegung internationaler Konflikte zu finden. Ein Abkommen über das Kriegsrecht verbietet unter anderem, Geschosse aus Luftschiffen abzuwerfen. (Bombentragende Flugzeuge sind zu dieser Zeit noch nicht bekannt.)

KUNST & KULTUR

An der Schwelle zum 20. Jahrhundert entwickelt sich in Europa und den USA der **Jugendstil.** Mit seinen geschwungenen Linien und floralen Ornamenten prägt er etwa 20 Jahre lang Kunst und Architektur.

Der deutsche Schriftsteller **Theodor Fontane,** der dem poetischen Realismus zugeordnet wird, stirbt 1898 mit 78 Jahren. Bekannt sind sowohl seine Romane (*Effi Briest,* die Geschichte einer Ehebrecherin) als auch die Gedichte und Balladen (»Herr von Ribbeck auf Ribbeck im Havelland«).

WISSENSCHAFT & TECHNIK

Der deutsche Physiker **Wilhelm Conrad Röntgen** (50) entdeckt 1895 die nach ihm benannten **Strahlen,** die Materie durchleuchten können. Er revolutioniert damit die medizinische Diagnostik und bereitet den Boden für die Entdeckung der **Radioaktivität** – sie gelingt im Jahr darauf dem Franzosen **Antoine-Henri Becquerel** (43).

Weitere bedeutende Forschungen vor allem zur radioaktiven Strahlung verschiedener Stoffe betreibt Ende der 1890er-Jahre in Paris das Ehepaar **Marie** und **Pierre Curie.**

1895 stirbt der französische Chemiker und Mikrobiologe **Louis Pasteur** (72). Er hat unter anderem die nach ihm benannte **Pasteurisierung** erfunden, also das Haltbarmachen von Lebensmitteln durch Erhitzen.

Bei einem seiner zahlreichen Flugversuche stirbt 1896 der Luftfahrtpionier **Otto Lilienthal** (48). Mit seinen Hängegleitern hat er die Entwicklung des Flugzeugs vorbereitet.

Das Schmerzmittel **Acetylsalicylsäure,** verbreitet unter dem Markennamen **Aspirin,** wird 1897 in Deutschland entwickelt. Damit beginnt der Siegeszug der synthetischen Arzneimittel.

ALLTAG & VERSCHIEDENES

In Athen werden 1896 die ersten **Olympischen Spiele** der Neuzeit ausgetragen. 241 ausschließlich männliche Athleten in neun Disziplinen nehmen teil. Der vorgesehene Wettkampf im Segeln muss abgesagt werden, weil keine geeigneten Boote zur Verfügung stehen.

Die 60-jährige österreichische **Kaiserin Elisabeth** wird 1898 von dem italienischen Anarchisten **Luigi Lucheni** (25) in Genf mit einer Feile erstochen. Die wegen ihrer Schönheit und ihrer Liebenswürdigkeit populäre »Sisi« (oder »Sissi«) ist ein eher zufälliges Opfer ihres Mörders, der aus Hass gegen Obrigkeit und Monarchie handelt.

1900–1999

Das 20. Jahrhundert: Aufbruch zu verhängnisvollen Kriegen

Panzer, Bomben, Feuerstürme: Fast zehn Jahre lang herrscht Krieg in Europa, von 1914 bis 1918 sowie von 1939 bis 1945. Nach unendlichem Leid und 65 Millionen Toten, die die beiden Weltkriege fordern, reicht es den Menschen: Sie sehnen sich nach Frieden, Wohlstand und privatem Glück.

Da in der Nachkriegszeit die Auseinandersetzungen zwischen Ost und West, zwischen Kapitalismus und Sozialismus, nicht mit Waffen, sondern nur als „kalter Krieg" geführt werden, geht dieser Wunsch für viele in Erfüllung. Am Ende geschieht dies nach westlichem Vorbild, denn der sozialistische Ostblock löst sich auf.

Medizinischer Fortschritt und umwälzende Erfindungen eröffnen der Menschheit ganz neue Möglichkeiten. Die Lebenserwartung steigt ebenso wie die Mobilität, Reisen in ferne Länder werden selbstverständlich.

Auch diejenigen, die von den Errungenschaften der modernen Zivilisation nicht profitieren, sind jederzeit im Bild: Gedruckte Medien, das Fernsehen und später das Internet machen die Welt zum globalen Dorf, in dem kaum ein Winkel unentdeckt bleibt.

Der Musiker Yehudi Menuhin (1916 – 1999) fasste das 20. Jahrhundert so zusammen: Es habe die größten Hoffnungen hervorgerufen, die die Menschheit sich je erträumte, aber auch alle Illusionen und Ideale zerstört.

POLITIK & WIRTSCHAFT

»Stärke zeigen!« Unter dieses Motto könnte man die internationale Politik der Jahrhundertwende stellen. Das **Deutsche Reich** will seine **Kriegsflotte** auf mehr als 180 Schiffe ausbauen, um die Nordsee nicht den **Engländern** zu überlassen. Die sind ihrerseits nicht zimperlich, wenn es um ihre **Kolonien** geht, und zeigen in **Südafrika** nach anfänglichen Niederlagen Härte im **Burenkrieg:** Die Farmen der weißen Siedler werden niedergebrannt, ihre Frauen und Kinder kommen in KZs, wo Zehntausende an Hunger sterben.

Frankreich besetzt **Zentralafrika,** und gleich mehrere Länder (darunter die USA und Deutschland) schicken Soldaten nach **China,** um dort den **Boxeraufstand** niederzuschlagen. Die von den Europäern spöttisch »Boxer« genannten chinesischen Widerstandskämpfer wehren sich gegen die westlichen Kolonialmächte, seit deutsche Missionare buddhistische Tempel in katholische Kirchen umgewandelt hatten.

In den **USA** leben 76,3 Millionen Menschen (heute 315 Millionen). Im Deutschen Reich sind es 56,3 Millionen – die meisten in **Preußen** (34,5 Mio.). Auf Platz zwei folgt **Bayern** (6,2 Mio.), an dritter Stelle **Sachsen** (2,3 Mio.).

Als im August in Berlin **Wilhelm Liebknecht** (74) stirbt, kommen mehr als 100 000 Menschen zu seinem Begräbnis. Er war neben **August Bebel** (60), der eine Trauerrede hält, der erste Abgeordnete der **Sozialdemokraten** im Reichstag.

KUNST & KULTUR

Tosca, die Oper des 41-jährigen italienischen Komponisten **Giacomo Puccini,** wird in Rom uraufgeführt. Der ein Jahr ältere Engländer **Joseph Conrad** veröffentlicht seinen Roman *Lord Jim.* In Paris stirbt mit 46 Jahren sein Schriftstellerkollege **Oscar Wilde,** in Weimar der Philosoph **Friedrich Nietzsche** (55).

WISSENSCHAFT & TECHNIK

Die **Weltausstellung** in **Paris** begeistert 50 Millionen Besucher. Sieben Monate lang zeigen die Teilnehmerländer, was sie technisch und wirtschaftlich zu bieten haben. Ein Kraftwerk liefert Strom – für die opulente Beleuchtung, für die erste Rolltreppe, einen rollenden Bürgersteig und andere Attraktionen. Dazu gehören auch Kinofilme, bei denen Bild und Ton synchron abgespielt werden; der Ton kommt von Schallplatten.

In Friedrichshafen startet der erste **Zeppelin,** er ist 128 Meter lang. In **Wien,** wo **Frauen** jetzt **Medizin studieren** dürfen, stellt der Arzt **Sigmund Freud** (44) sein Werk *Die Traumdeutung* vor und begründet damit die **Psychoanalyse.** Der deutsche Physiker **Max Planck** (42) führt für kleinste Energiemengen den Begriff Quant ein; er begründet damit die moderne **Quantenphysik.**

ALLTAG & VERSCHIEDENES

In Deutschland haben die Kinder am 27. Januar schulfrei: **Kaiser Wilhelm II.** hat Geburtstag (er wird 41). Für immer von der Schule muss ein zehnjähriger Gymnasiast in Berlin – wegen **Majestätsbeleidigung.** Neu an preußischen Schulen ist das Unterrichtsfach sexuelle Aufklärung.

Im Schatten der Weltausstellung finden in **Paris** die **Olympischen Spiele** statt. Sie sind schlecht organisiert, die Weitspringer müssen ihre Sprunggruben selbst ausheben. Zu den Disziplinen zählen Hochsprung aus dem Stand und Tauziehen.

In Leipzig wird der **Deutsche Fußballbund (DFB)** gegründet. Zahlreiche europäische Fußballvereine entstehen: unter anderem Ajax Amsterdam, FC Bayern München und Borussia Mönchengladbach.

Der US-amerikanische Tennisspieler **Dwight Filley Davis** (21) stiftet einen 18 Kilo schweren Silberpokal. Das erste **Davis-Cup-Turnier** gewinnen die USA gegen England.

POLITIK & WIRTSCHAFT

Gleich zu Beginn des Jahres entsteht ein neuer Staat: **Australien.** Nachdem Großbritannien seinen australischen Kolonien weitgehende Freiheit gegeben hat, bilden nun die sechs Länder des südlichsten Kontinents (New South Wales, Queensland und vier andere) eine gemeinsame Regierung.

Da Australien zur britischen Staatengemeinschaft (Commonwealth) gehört, verlieren am 22. Januar auch die Australier ihr Staatsoberhaupt, als die 83-jährige **Königin Victoria** stirbt. Neben Arzt und Enkel ist der deutsche Kaiser **Wilhelm II.** (40) bei ihr. Er fühlt sich der britischen Königin so nahe, dass er seiner Armee im Deutschen Reich 14 Tage lang Staatstrauer verordnet. Queen Victoria hat mehr als 63 Jahre lang regiert und Großbritannien zum Weltreich gemacht. Das **viktorianische Zeitalter** steht aber auch für religiöse Engstirnigkeit, Prüderie und zunehmende Kluft zwischen Arm und Reich.

Norwegen führt am 25. Mai als erstes europäisches Land das **kommunale Wahlrecht** für **Frauen** ein. In den USA erschießt im September ein Anarchist den amerikanischen Präsidenten **William McKinley** (58). Er ist der dritte US-Präsident, der bei einem Attentat ums Leben kommt. Nachfolger wird Vizepräsident **Theodore Roosevelt** (42).

KUNST & KULTUR

Thomas Mann (26) veröffentlicht seinen ersten Roman, über den Aufstieg und Verfall einer Lübecker Kaufmannsfamilie: *Die Buddenbrooks* (⇨ 1929).

Eine Galerie in **Paris** zeigt Bilder des18-jährigen Malers **Pablo Picasso.** Niemand will sie kaufen, aber die Kritiker sind ganz angetan von dem jungen Künstler.

In Mailand stirbt der italienische Komponist **Giuseppe Verdi** (87). Nur 36 Jahre alt wird der französische Maler **Henri de Toulouse-Lautrec.**

WISSENSCHAFT & TECHNIK

Im Eis Sibiriens wird das erste vollständig erhaltene **Mammut** gefunden. Noch aufregender ist für die Weltöffentlichkeit die Entdeckung eines lebenden Tieres im afrikanischen Urwald: das **Okapi** aus der Familie der Giraffen.

Dem deutschstämmigen US-Amerikaner **Gustave Whitehead** (eigentlich Gustav Weißkopf) gelingt angeblich der **erste Motorflug** der Geschichte – es gibt allerdings keinen sicheren Nachweis hierfür.

In Elberfeld (heute Wuppertal) startet die **Schwebebahn;** die Konstruktion ist einzigartig. Das gilt auch für Münchens erstes **Hallenbad:** Das Müller'sche Volksbad ist das größte der Welt (Jugendstil-Bad, bis heute in Betrieb).

Am Jahresende sendet der italienische Ingenieur **Guglielmo Marconi** (27) drei kurze Morsesignale (den Buchstaben S) 3500 Kilometer weit über den Atlantik. Die **drahtlose Übertragung** ist der Beginn der Rundfunktechnik.

Der Österreicher **Karl Landsteiner** (33) entdeckt das sogenannte **AB0-System** der Blutgruppen.

In Schweden verleiht der König die ersten **Nobelpreise;** den Physik-Preis bekommt der Deutsche **Wilhelm Röntgen** (56).

ALLTAG & VERSCHIEDENES

In **Frankreich** erhalten Fahrzeuge, die schneller als 30 km/h fahren können, **Kfz-Kennzeichen.** Kritiker warnen: Sie sind hässlich, Fahrer werden ihre Autos abmelden. Doch Autofahren wird immer beliebter. In **London** entsteht das erste **Parkhaus.**

Ein Berliner Student gründet die **Wandervogel**-Vereinigung, die erste große **Jugendbewegung** Deutschlands. Zehntausende junge Großstädter wollen im Einklang mit der Natur wandern, singen und musizieren.

In der **Mode** sind schmale, schlanke Linien angesagt, mit eng geschnürten, langen Röcken. Vielen Frauen hilft ein **Korsett.**

POLITIK & WIRTSCHAFT

Noch immer ist es nicht selbstverständlich, dass jeder erwachsene Bürger das uneingeschränkte **Wahlrecht** besitzt. Anders als in **Australien,** wo Frauen in diesem Jahr sogar ins Parlament gewählt werden können, dürfen in den meisten europäischen Ländern (auch in Deutschland) die Frauen nicht einmal an die Wahlurnen gehen. Unter anderem deshalb rufen in **Belgien** die Sozialisten zu einem **Generalstreik** auf, bei dem es zu Kämpfen mit Polizei und Armee kommt. Doch die Regierung gibt nicht nach.

In **Zürich** fordern Textilarbeiter die Abschaffung der **Akkordarbeit.** Auch in **Russland** kommt es zu Unruhen: Arbeiter, Bauern und Studenten fordern demokratische Rechte. Der **Zar** reagiert mit Härte, er lässt Universitäten schließen und schickt protestierende Studenten in die **Verbannung** nach **Sibirien.**

Der **Burenkrieg** in **Südafrika** ist beendet. Die Briten haben gesiegt, sie übernehmen die umkämpften Gebiete als Kolonien und schließen ihre KZs.

In **China** erlauben die Besatzungsmächte der Kaiserwitwe **Cixi** (66), die Regierung zu übernehmen.

KUNST & KULTUR

Der italienische Tenor **Enrico Caruso** (29) begeistert mit seiner Stimme und unwiderstehlichen Ausstrahlung weltweit das Publikum und die Kritiker. Seine Schallplattenaufnahmen einer Arie (»Vesti la Giubba«) werden über eine Million Mal verkauft.

In Berlin entsteht im Januar die erste **Volkshochschule.** In Paris sind die Kinozuschauer überwältigt vom ersten **Science-Fiction-Film**: *Die Reise zum Mond* des Franzosen **Georges Méliès** (40). Er setzt raffinierte Tricktechnik ein, zum Beispiel Doppelbelichtungen.

Im Alter von 62 Jahren stirbt der Schriftsteller **Émile Zola.** Er gilt als bekanntester Vertreter des französischen Naturalismus.

WISSENSCHAFT & TECHNIK

In **Berlin** fährt im Frühjahr zum ersten Mal eine **U-Bahn.** Elektrische Straßenbahnen gibt es bereits, sie lösen jetzt die Pferdebahnen ab, die allmählich aus dem Stadtbild verschwinden. Beim Deutschen Patentamt meldet ein Tüftler eine Neuheit an, die für Autos wichtig ist: der **Tachometer.**

In **New York** entsteht ein 87 Meter hohes Gebäude, das am Schnittpunkt von Broadway und Fifth Avenue keilförmig zu einem spitzen Dreieck zuläuft und bald ein Wahrzeichen Manhattans ist: das **Flatiron Building** (Bügeleisen-Gebäude).

Eine noch größere Dimension besitzt ein technisches Werk, das im Dezember in Oberägypten südlich der Stadt **Assuan** eingeweiht wird: der größte **Staudamm** der Welt.

In den USA kommen kurz vor Weihnachten die ersten **elektrischen Kerzen** für Christbäume auf den Markt.

Im Alter von 80 Jahren stirbt im September in Berlin der Arzt **Rudolf Virchow.** Seine Erkenntnisse über die Entstehung und krankhafte Veränderung von Körperzellen beeinflussen die Medizin über mehr als 100 Jahre.

ALLTAG & VERSCHIEDENES

Auf der kleinen französischen Antilleninsel **Martinique** sterben mehr als 30 000 Menschen, als der **Vulkan Montagne Pelée** ausbricht. Er zerstört die neun Kilometer entfernt liegende Hauptstadt Saint-Pierre vollständig.

Der britische Schwimmer **John Arthur Jarvis** (30) siegt bei einem Wettkampf in Wien und verblüfft die Zuschauer mit einem neuen Stil: Er krault. Auf einen Namen für diese neuartige **Schwimmtechnik,** die aus Hawaii stammen soll, kann man sich noch nicht einigen – sie wird Crawl genannt, aber auch Hand-über-Hand-Stil.

In der **Schweiz** findet das erste **Skirennen** statt. In Berlin wird der **Deutsche Tennisbund** gegründet.

POLITIK & WIRTSCHAFT

Von Meinungsfreiheit ist Deutschland noch weit entfernt: Abgeordnete im preußischen Parlament kritisieren, dass **Theaterstücke** vor der Aufführung von einer **Zensur**-Behörde genehmigt werden müssen.

In Sachsen, wo viele Betriebe der Textilindustrie angesiedelt sind, **streiken Weber** für einen Zehn-Stunden-Tag – ohne Erfolg.

Obwohl es schon über 20 Jahre her ist, seit der russische Zar Alexander II. ermordet wurde, leiden die **Juden** in **Russland** noch immer unter den Folgen dieser Tat, für die sie gar nichts können: Sie werden unterdrückt und verfolgt, weil angeblich jüdische Anarchisten den Zar töteten. Juden dürfen sich in Russland nur in bestimmten Gegenden ansiedeln und nur festgelegte Berufe ergreifen. Bei Gewaltakten gegen sie sterben 49 von ihnen – die Regierung schaut weg, sie ist froh, dass die Ausschreitungen von Hunger und Misswirtschaft ablenken. Viele Juden wandern in die USA aus.

In **Indien** wird ein 61-Jähriger zum **Kaiser** gekrönt, der weder einen Turban trägt noch sonst irgendwie indisch aussieht. Er ist ja auch Brite: **König Edward VII.** Seine Regierung in London plant, ihre Truppen in der indischen Kolonie zu verstärken.

KUNST & KULTUR

Mit der Inszenierung des Stücks *Nachtasyl* des russischen Autors **Maxim Gorki** wird der 30-jährige Österreicher **Max Reinhardt** auf einen Schlag bekannt; er gilt als Begründer des modernen Regietheaters.

Einen Monat vor seinem 55. Geburtstag stirbt am 8. Mai auf einer Pazifikinsel der französische Maler **Paul Gauguin.** Seine Bilder, die unter anderem unbekleidete Südsee-Frauen zeigen, weisen mit ihrer farbigen Leuchtkraft auf die kommende Stilrichtung des **Expressionismus** hin.

WISSENSCHAFT & TECHNIK

Zwei neue Firmen in den USA verhelfen ihren Kunden zu Mobilität: **Harley-Davidson** produziert Motorräder, und die **Ford Motor Company** baut ihr erstes Automodell, das Modell A. Es hat 8 PS und erinnert optisch an eine Kutsche. Zu besserer Sicht verhilft die Amerikanerin **Mary Anderson,** die den **Scheibenwischer** erfindet; man muss ihn von Hand bedienen.

In Stuttgart wird der **ADAC** gegründet, zunächst als Deutsche Motorradfahrer-Vereinigung. Ebenfalls in Schwaben stellt der Mechaniker **Ernst Sachs** die erste **Freilaufnabe** für **Fahrräder** her: Radfahrer können jetzt im Leerlauf rollen und per Rücktritt bremsen.

Es ist nicht der erste **Motorflug** der Geschichte, aber der erste, bei dem der Pilot sein Fluggerät exakt steuert und wieder heil zur Landung bringt: Gleich vier Mal schaffen es die **Brüder Wright** (Wilbur und Orville) am 17. Dezember, ihren Doppeldecker Flyer I mit einem 12-PS-Motor in die Luft zu bekommen. Der längste dieser Flüge im US-Staat North Carolina dauert eine Minute; Wilbur Wright legt dabei 260 Meter zurück.

Die französischen Ehepartner **Pierre und Marie Curie** erhalten den Nobelpreis für Physik, für ihre Untersuchung der radioaktiven Strahlung.

ALLTAG & VERSCHIEDENES

In Deutschland, Österreich und der Schweiz tritt eine **Rechtschreibreform** in Kraft. Wörter mit »th« schreibt man jetzt meist ohne »h« (Tor statt Thor). Das »c« wird in vielen Fällen durch ein »k« ersetzt (Kurs statt Curs).

In Stuttgart beginnt die **erste Polizistin** ihren Dienst. Die deutschen **Turner** dagegen lehnen in einem Beschluss weibliche Mitglieder in ihren Reihen ab. Eine reine Männerveranstaltung ist auch die **Tour de France,** deren Startschuss am 1. Juli zum ersten Mal fällt.

POLITIK & WIRTSCHAFT

Krieg zwischen **Japan** und **Russland:** Er beginnt weder auf japanischem noch auf russischem Boden, sondern in **China:** Hier haben russische Truppen nach dem Sieg im Boxeraufstand (⇨ 1900) den Nordosten des Landes, die Mandschurei, besetzt. Doch Japan, ebenfalls Siegermacht in China, begehrt diese Region ebenfalls. Als Russland Verhandlungen ausweicht, überfallen japanische Torpedoboote im Februar russische Kriegsschiffe.

Der russische **Zar Nikolaus II.** ist ein Vetter des deutschen Kaisers; **Wilhelm II.** lässt an Russland Waffen und Kohle liefern. Das erbost die britische Regierung – sie droht dem Deutschen Reich mit Krieg.

Majestätsbeleidigung ist in Deutschland immer noch eine Straftat: Die Sozialdemokratin **Rosa Luxemburg** (34) tritt im August eine dreimonatige Haftstrafe an, weil sie **Kaiser Wilhelm II.** (45) Inkompetenz vorgeworfen hat.

In **Afrika** wehren sich die Einwohner mehrerer **Kolonien** gegen ihre Unterdrückung. Deutsche, britische und andere Kolonialherren gehen mit brutaler Gewalt gegen die schwarze Bevölkerung vor. Besonders schlimm treibt es der **belgische König Leopold II.**, der im zentralafrikanischen **Kongo** massenhaft Folter, Verstümmelungen und Hinrichtungen befiehlt.

KUNST & KULTUR

Jack London (28), der als US-amerikanischer Korrespondent über den Russisch-Japanischen Krieg berichtet, veröffentlicht seinen Roman *Der Seewolf* (später mehrfach verfilmt).

Am 1. Mai stirbt der 62-jährige tschechische Komponist **Antonín Dvořák.** Nur 44 Jahre alt wird der russische Schriftsteller **Anton Tschechow,** der am 15. Juli in Badenweiler an einer Lungenkrankheit stirbt. Erst ein halbes Jahr zuvor wurde sein Stück *Der Kirschgarten* in Moskau uraufgeführt.

WISSENSCHAFT & TECHNIK

Kaiser Wilhelm II. spricht eine Botschaft auf eine sogenannte **Edison-Walze.** Sie ist das erste erhaltene politische **Tondokument.** Seine Empfehlung ans Volk: »Hart sein im Schmerz« und »in allem das Gute suchen«.

Die **Brüder Wright** (⇨ 1903) können mit ihrem 16 PS starken Doppeldecker Flyer 2 nicht nur (wie bisher) geradeaus fliegen: Sie starten zum ersten **Rundflug.**

Der Drogist Max Riese meldet seine **Penaten-Creme** zum Patent an, und die Firma Schwarzkopf bringt das erste **Haarshampoo** auf den Markt.

Der russische Forscher **Iwan Pawlow** (55) erhält den Nobelpreis für Medizin. Er hat den **Pawlow'schen Reflex** entdeckt: Ein Hund, der mehrere Tage lang während des Fressens einen Glockenton hört, erzeugt später auch dann Speichel, wenn nur die Glocke ertönt, ohne dass es Futter für ihn gibt.

ALLTAG & VERSCHIEDENES

Im Oktober erscheint in Berlin die *B. Z. am Mittag* – die erste deutsche **Boulevardzeitung.** Ein halbes Jahr vorher veröffentlichte die britische Tageszeitung *Daily Illustrated Mirror* auf der Titelseite das erste **Farbfoto.**

Mode anno 1904: Die Röcke werden kürzer, sodass jetzt Knöchel und manchmal sogar Waden zu sehen sind. Der Vorliebe Kaiser Wilhelms II. für die Marine folgen Männer und Jungen, die **Matrosenanzüge** tragen.

Raue Sitten bei der zweiten **Tour de France**: Einige Fahrer nehmen unerlaubte Abkürzungen, und manchem wird ein Reifen zerstochen, ein Abführmittel oder sogar Gift ins Essen gemischt.

Das große **Kaufhaus Wertheim** in Berlin eröffnet im Dezember und fasziniert seine Besucher; bald wird es zum Vorbild für ähnliche Warenhäuser in anderen europäischen Städten.

POLITIK & WIRTSCHAFT

Friedlich und unbewaffnet demonstrieren im Januar in St. Petersburg Zehntausende Arbeiter. Sie wollen **Zar Nikolaus II.** (36) nur auf ihre desolate Lage aufmerksam machen; einige von ihnen tragen sogar Bilder des Herrschers mit sich. Doch der ruft das Militär. Mehrere hundert Demonstranten werden am **Petersburger Blutsonntag** erschossen. Im Oktober verspricht der Zar Versammlungsfreiheit und allgemeines Wahlrecht. Einen Monat später gewährt er **Finnland** die **Eigenständigkeit.** Bisher war das Land ein russisches Großfürstentum.

Finnlands Nachbarn **Schweden** und **Norwegen** werden seit 1814 von einem gemeinsamen König regiert. Doch nun beugt sich Schwedenkönig **Oskar II.** einer norwegischen Volksabstimmung: 368 000 Ja-Stimmen gegenüber kümmerlichen 184 Nein-Stimmen zwingen ihn abzudanken. Sein Nachfolger wird der dänische **Prinz Carl** (33), der als König den Namen **Haakon VII.** annimmt.

Japan hat fast alle Kämpfe gegen Russland gewonnen und siegt nun endgültig im Russisch-Japanischen Krieg. Ein Friedensvertrag, vermittelt vom US-Präsidenten **Theodore Roosevelt,** sieht vor, dass Russland sich aus China zurückzieht. **Japan** erhält Korea und wird zur **Großmacht.**

KUNST & KULTUR

Der Schausteller **Carl Krone** gründet den **Circus Krone** (heute Europas größter Zirkus). **Heinrich Mann** (34) veröffentlicht seinen Roman *Professor Unrat oder Das Ende eines Tyrannen* – die Geschichte eines Lehrers, der sich im Hafenlokal »Der blaue Engel« in eine Varietékünstlerin verliebt und Anarchist wird (1930 als *Der blaue Engel* mit Marlene Dietrich verfilmt; Welterfolg). In Dresden gründen **Ernst Ludwig Kirchner** und andere Maler des **Expressionismus** den Künstlerbund **Die Brücke.**

WISSENSCHAFT & TECHNIK

Der 26-jährige **Albert Einstein** veröffentlicht vier bedeutende Arbeiten, davon zwei zur **Speziellen Relativitätstheorie.** Der Physiker definiert Masse, Lichtgeschwindigkeit und Energie als physikalische Größen und bringt sie in Beziehung zueinander. Auch **Sigmund Freud** (49) ist produktiv: Der Wiener Arzt veröffentlicht seine Studien *Der Witz und seine Beziehung zum Unbewussten* sowie *Drei Abhandlungen zur Sexualtheorie.*

Sieben Jahre lang wurde in den Alpen gebohrt und gebuddelt – jetzt verbindet der 19,8 Kilometer lange **Simplon-Eisenbahntunnel** Italien mit der Schweiz (mehr als 70 Jahre lang Europas längster Gebirgstunnel).

Robert Koch (61) bekommt für seine Arbeiten auf dem Gebiet der **Tuberkulose** den Nobelpreis für Medizin. Den diesjährigen Friedensnobelpreis erhält **Bertha von Suttner** (62) für ihren pazifistischen Roman *Die Waffen nieder!* Die Österreicherin, die Krieg und die Unterdrückung von Frauen anprangert, wird damit weltberühmt. Dass es einen **Nobelpreis für den Erhalt des Friedens** gibt, ist ihr Verdienst: Einige Jahre zuvor hatte sie Alfred Nobel persönlich für diese Idee gewonnen.

ALLTAG & VERSCHIEDENES

Schon bei ihren ersten Auftritten in Pariser Varietés und Salons verdreht die 28-jährige Tänzerin **Mata Hari** nicht nur Männern den Kopf. Schnell wird sie berühmt. Auch wer die oft nahezu unbekleidet auftretende Künstlerin mit ihrem »Schlangentanz« und »indischen Tempeltänzen« nicht selbst erlebt, kennt sie – ihr Bild prangt auf Zigarettenschachteln, Postkarten und Keksdosen. Was keiner weiß: Sie ist Holländerin und heißt eigentlich Margaretha Zelle.

Weniger aufregend: In London wird der Fußballverein **FC Chelsea** gegründet.

POLITIK & WIRTSCHAFT

Deutschland rüstet auf: Nachdem in **England** das größte **Panzerschiff** der Welt vom Stapel läuft, beschließt der Deutsche Reichstag, ebenfalls große Kriegsschiffe zu bauen. Eine starke **deutsche Flotte** soll den Seehandel und die Kolonien Deutschlands bei einem Konflikt mit den Briten schützen. Auch Deutschlands Beziehungen zu **Frankreich** sind nicht die besten. Das Nachbarland hat mit den Briten Vereinbarungen über Marokko und andere Kolonien getroffen – das Deutsche Reich dagegen geht praktisch leer aus und ist isoliert.

KUNST & KULTUR

Drei Uraufführungen sorgen im Bürgertum für Gesprächsstoff. Im Januar kommt in Berlin **Gerhart Hauptmanns** Drama *Und Pippa tanzt!* auf die Bühne, in dem es um die Überlegenheit roher Kraft gegenüber zarter Schönheit geht. Ebenfalls in Berlin inszeniert **Max Reinhardt** (33) das Drama *Frühlings Erwachen* von **Frank Wedekind;** Thema sind die Pubertätsnöte von Schülern. In **George Bernhard Shaws** Drama *Der Arzt am Scheideweg* (London) steht ein Arzt vor der Frage, ob er einen Mann retten soll, dessen Frau er liebt.

In den USA rüttelt der Roman *Der Dschungel* von **Upton Sinclair** (28) die Öffentlichkeit auf: Er beschreibt die Zustände in den riesigen Schlachthöfen Chicagos. Kranke Tiere werden hier ebenso verarbeitet wie Arbeiter, die in einen Trog gestürzt sind.

In Melbourne hat der weltweit erste **abendfüllende Film** Premiere: *Die Geschichte der Kelly-Bande* zeigt Bilder aus dem australischen Alltag. Pferdegetrappel und andere Geräusche werden live hinter der Leinwand erzeugt.

Unter den Toten des Jahres: der norwegische Dramatiker **Henrik Ibsen** (78) und **Paul Cézanne** (67), einer der großen Maler des **Impressionismus.**

WISSENSCHAFT & TECHNIK

Nun fliegt auch in **Europa** das **erste Flugzeug:** Der Däne **Jacob Ellehammer** (35) kommt mit seinem Gerät (180 Kilogramm, 20 PS, Vierblatt-Propeller) gut 40 Meter weit.

Am 24. Dezember trauen Funker auf Schiffen im Atlantik vor der Ostküste Kanadas ihren Ohren nicht: statt der gewohnten Morsezeichen hören sie geisterhaft klingende Worte. Dem kanadischen Erfinder **Reginald Fessenden** (40) ist die drahtlose Übertragung einer menschlichen Stimme gelungen. Er liest in dieser **ersten Radiosendung** den verblüfften Zuhörern unter anderem die Weihnachtsgeschichte vor.

Der deutsche Neurologe **Alois Alzheimer** (42) diagnostiziert zum ersten Mal krankhafte Veränderungen des Gehirns: die später nach ihm benannte **Alzheimer-Krankheit.**

ALLTAG & VERSCHIEDENES

Am 18. April, morgens um Viertel nach fünf, erzittert die Erde in **San Francisco.** Die Backsteinhäuser der Stadt werden zerstört, moderne Stahlbauten und alte Holzhäuser bleiben meist stehen. Feuer bricht aus, doch die vom **Erdbeben** geborstenen Wasserleitungen sind leer. So wüten die Flammen vier Tage lang, ohne gelöscht zu werden. Der italienische Sänger **Enrico Caruso** (33) ist in der Stadt und berichtet später: »Vor dem Fenster sah ich große Gebäude wie Kartenhäuser zusammenstürzen.« Der Schriftsteller **Jack London** (30) schreibt für eine Zeitung von der Katastrophe: »San Francisco ist nicht mehr! Nur die Erinnerung und ein schmaler Rand von Wohnhäusern in den Außenbezirken sind übrig geblieben.« Rund 1000 Menschen verlieren ihr Leben.

Vier Monate später sterben bei einem **Erdbeben in Chile** zehnmal so viele. Aber Chile ist für die meisten Amerikaner und Europäer gedanklich viel weiter weg.

POLITIK & WIRTSCHAFT

Vier Monate lang verhandeln im niederländischen Den Haag die Vertreter von 44 Staaten bei der zweiten **Haager Friedenskonferenz.** England will die Begrenzung der Kriegsflotten auf die Tagesordnung setzen – Deutschland und Österreich-Ungarn lehnen ab, das Wettrüsten geht weiter. Es wird aber vereinbart, in Den Haag einen **Internationalen Schiedsgerichtshof** einzurichten.

Das mächtige Japan zwingt Koreas Kaiser zum Rücktritt; er hatte sich geweigert, ein Abkommen zu unterzeichnen und zudem eine Delegation zur Haager Friedenskonferenz geschickt, um sein Land aus der Abhängigkeit von Japan zu befreien.

Panik an der **Wall Street** in New York: Im Oktober stürzen die Aktienkurse ab, Sparer wollen an ihr Geld, mehrere kleine Banken gehen bankrott. Um Schlimmeres zu verhindern, setzt der **Bankier J. P. Morgan** (70) einen großen Teil seines eigenen Vermögens ein und überzeugt die Inhaber anderer Banken, ihm zu folgen.

KUNST & KULTUR

Pablo Picasso (25) schockiert mit seinem Bild *Les Demoiselles d'Avignon* (heute Museum of Modern Art, New York). Es sind weniger die fünf nackten Prostituierten, die für Aufregung sorgen – sie wirken unerotisch. Es ist die Art, wie der Künstler Formen schafft und gleichzeitig zerstört: eine perspektivisch verzerrte Nase, eine quadratisch-eckige Brust und dünne Striche als Lippen. Mit dem Bild bringt Picasso schlagartig die abstrakte und zugleich real wirkende Stilrichtung des **Kubismus** ins Bewusstsein der Öffentlichkeit.

Das **Kino** setzt seinen Siegeszug fort. In Düsseldorf erscheint die wöchentliche Zeitschrift *Der Kinematograph,* in Frankreich werden Filme kopiert und an Lichtspielhäuser verliehen.

Joseph Conrad (49) veröffentlicht den Roman *Der Geheimagent* – auf Englisch. Diese Sprache lernte der Sohn polnischer Eltern erst als Erwachsener.

WISSENSCHAFT & TECHNIK

»Hilf mir, es selbst zu tun«: Mit diesem von Kindern an ihre Erzieher gerichteten Leitsatz zur Selbstständigkeit eröffnet die Ärztin **Maria Montessori** (36) in Rom ihr erstes Kinderhaus. Es ist Vorläufer für Montessori-Kindergärten und -Schulen in vielen Ländern.

Der erste erfolgreiche Start mit einem **Hubschrauber** glückt einem Franzosen – entweder Paul Cornu oder einem der Brüder Louis und Jacques Breguet (das lässt sich heute nicht mehr klären). Mehr als ein kleiner Hüpfer ist dieser »Flug« noch nicht.

Geradezu etabliert ist inzwischen die **Autotechnik,** weshalb ein 12 000 Kilometer langes **Rennen** von Peking nach Paris veranstaltet wird. Von fünf gestarteten Fahrzeugen kommen zwei ans Ziel, das erste nach genau zwei Monaten.

ALLTAG & VERSCHIEDENES

Mehrere Firmen und **Marken** entstehen, die für Verbraucher noch Jahrzehnte später ein Begriff sind: **Edeka** (Einkaufsgemeinschaft deutscher Kolonialwarenhändler), der Ölkonzern **Shell,** das Waschmittel **Persil** und in Berlin das **Hotel Adlon** sowie das **KaDeWe** (Kaufhaus des Westens).

In Hamburg erleben Besucher in **Hagenbecks Tierpark** etwas noch nie Gesehenes: wilde Tiere, die nicht in Käfigen eingesperrt sind, sondern sich in Freigehegen bewegen.

Der britische General **Robert Baden-Powell** (50) zeigt einer Gruppe von Jungen in einem Camp, wie man in freier Natur überlebt – dazu gehört das Wissen, wie man ein Feuer macht und sich in der Dunkelheit orientiert. Die **Pfadfinder** sind geboren.

Ausladende **Hüte** kommen bei den Damen in Mode – oft sind sie mit Federn geschmückt oder, wie der französische Schriftsteller **Marcel Proust** (36) bemerkt, »von einem Vogelhaus oder einem Gemüsegarten bedeckt«.

POLITIK & WIRTSCHAFT

Noch immer dürfen Frauen in den meisten europäischen Ländern nicht wählen, noch immer gehen sie deshalb auf die Straße – und noch immer ändert sich nichts für sie. Auch nicht in **England,** wo im Londoner Hydepark 250 000 Menschen für das **Frauenwahlrecht** demonstrieren. Die britischen **Frauenrechtlerinnen** (Suffragetten) werden zunehmend radikaler und stören politische Veranstaltungen.

Das **Deutsche Reich** isoliert sich in der Weltpolitik immer mehr. Als die englische Zeitung *Daily Telegraph* Äußerungen von **Kaiser Wilhelm II.** (57) wiedergibt, die auch in Deutschland als arrogant empfunden werden, kommt es zu einer **Regierungskrise.** Der Kaiser kann seinen Rücktritt aber abwenden.

In **China** kommt ein **Kaiser** an die Macht, der im Vergleich zu seinem deutschen Kollegen unterschiedlicher nicht sein könnte – eine menschliche Marionette, die von Beratern und Betreuern geführt wird: **Pu Yi** ist erst zwei Jahre alt. Eunuchen und eine Amme ziehen ihn auf. Der Thronfolger wird maßlos verwöhnt und von allen nur mit »Kaiser« oder »Seine Majestät« angesprochen. Wärme und Zuneigung erlebt er nicht, und so entwickelt er sich in den folgenden Jahren zu einem kleinen Tyrannen, der seine Umgebung schikaniert.

KUNST & KULTUR

Gustav Klimt (46), der bedeutendste Vertreter des **Wiener Jugendstils,** malt sein bekanntes Bild *Der Kuss* in dem für ihn typischen dekorativ-mosaikartigen Stil.

Deutschlands größter Humorist stirbt im Alter von 75 Jahren: **Wilhelm Busch.** Der Dichter und Zeichner ist durch seine Verse und Figuren (*Max und Moritz, Die fromme Helene*) bekannt geworden und hat den Menschen einen Spiegel vorgehalten, indem er Scheinmoral und Spießigkeit aufgezeigt hat.

WISSENSCHAFT & TECHNIK

Es soll ein Auto für die Massen sein – und das wird es auch: Die **Ford Motor Company** bringt in den USA das **Modell T** auf den Markt (bis 1972 das meistverkaufte Auto der Welt). Das ebenso einfache wie robuste Gefährt hat 20 PS, zwei Vorwärtsgänge und einen Rückwärtsgang. Die Amerikaner nennen es liebevoll Tin Lizzie (Blechliesel).

Der erste **Zeichentrickfilm** Europas wird in Paris gezeigt. Der französische Fotograf und Illustrator **Émile Cohl** (51) hat ihn produziert, indem er 2000-mal Strichmännchen gezeichnet und mit einer aus den USA stammenden Technik einzeln aufgenommen hat. Der Film dauert zwei Minuten.

ALLTAG & VERSCHIEDENES

Zweimal schlägt die Natur in diesem Jahr auf ganz unterschiedliche Weise zu: Ein **Asteroid** dringt am 30. Juni in die Erdatmosphäre ein und explodiert über unbewohntem Gebiet in Sibirien (**Tunguska-Ereignis**). Er hinterlässt keinen Krater, knickt aber im Umkreis von 30 Kilometern mehr als 50 Millionen Bäume um.

Drei Tage vor dem Jahresende erschüttert ein **Erdbeben** den Süden **Italiens.** Die sizilianischen Städte Messina und Reggio Calabria werden weitgehend zerstört; mehr als 80 000 Menschen sterben.

Die **Olympischen Spiele** der Neuzeit waren bisher Anhängsel von Weltausstellungen. In diesem Jahr finden sie im Sommer zum ersten Mal eigenständig statt, in **London.**

In Italien wird der Fußballclub **Inter Mailand** gegründet. Zum ersten Mal spielt auch eine deutsche Fußball-Nationalmannschaft; sie verliert 3:5 gegen die Schweiz.

Dort gibt es jetzt die Schokoladenmarke **Toblerone;** in Deutschland erfindet Melitta Bentz den Kaffeefilter (Gründung der Firma **Melitta**), und **Maggi** produziert die ersten **Brühwürfel.**

POLITIK & WIRTSCHAFT

Nach einer Abstimmungsniederlage im Parlament tritt der deutsche Reichskanzler **Bernhard von Bülow** (60) zurück. Obwohl die Macht im Deutschen Reich nicht beim **Reichskanzler** (⇨ S. 58) liegt, sondern beim **Kaiser,** gelingt es von Bülow, bei **Wilhelm II.** die Ernennung seines Wunschnachfolgers durchzusetzen: **Theobald von Bethmann Hollweg** (52). Der neue Kanzler ist ebenso wie sein Vorgänger von der Gunst des Kaisers abhängig – nur der kann ihn ernennen oder entlassen, nicht das Parlament.

Die **Staatsverschuldung** des Deutschen Reichs nähert sich der Fünf-Milliarden-Mark-Grenze. Ein Ende ist nicht in Sicht, zumal Deutschland weiterhin große **Kriegsschiffe** baut. Die wirtschaftliche Entwicklung ist aber positiv, nicht zuletzt, weil viele Rüstungsgüter produziert werden.

KUNST & KULTUR

Der italienische Dichter **Filippo Tommaso Marinetti** veröffentlicht in der Pariser Zeitung *Le Figaro* ein »Manifest des Futurismus«. Er lobt darin die »Schönheit der Geschwindigkeit« und die Form von Rennautos. Der 33-Jährige will die Kunst revolutionieren: Der **Futurismus** soll sich von traditionellen Motiven abwenden und stattdessen das moderne Großstadtleben, Technik, Lärm und Bewegung darstellen. Dazu gehört auch die Verherrlichung von Kriegstechnik. Mehrere Maler und Bildhauer folgen dem Aufruf, der sich später auch auf die Literatur auswirkt (⇨ 1912).

Der Norweger **Edvard Munch** (45) malt sein bekanntes Bild *Der Schrei,* in dem sich Angst, Entsetzen und Einsamkeit ausdrücken (⇨ 2012).

Als erste Frau erhält die schwedische Schriftstellerin **Selma Lagerlöf** (61) den Nobelpreis für Literatur. Drei Jahre zuvor veröffentlichte sie ihren Welterfolg *Nils Holgersson.*

WISSENSCHAFT & TECHNIK

Schneller als Flugzeuge und Eisenbahn ist der Rennfahrer **Victor Hémery** (32), Werksfahrer bei Benz & Cie.: Ihm gelingt es als Erstem, die Marke von **200 km/h** zu durchbrechen – mit dem **Benz 200 PS,** dem sogenannten **Blitzen-Benz.**

Auch das britische Passagierschiff **Mauretania** stellt einen Geschwindigkeitsrekord auf: Es überquert den Atlantik in vier Tagen und 14 Stunden.

ALLTAG & VERSCHIEDENES

Der US-amerikanische Polarforscher **Robert Peary** (52) erreicht am 6. April den **Nordpol.** »Mein Traum und Ziel seit 20 Jahren«, schreibt er in sein Tagebuch. »Endlich mein!«

Der 37-jährige **Louis Blériot** überfliegt als Erster den **Ärmelkanal** – für die rund 34 Kilometer lange Strecke von Calais nach Dover braucht er 27 Minuten. Presse und Bevölkerung jubeln, der Franzose wird zum Nationalhelden. Überhaupt befindet sich die französische Fliegerei im Aufwind: Einem Piloten gelingt der erste **Nachtflug** der Geschichte, und die Schauspielerin **Raymonde de Laroche** (eigentlich Élise Roche) wagt den ersten **Alleinflug einer Frau** – vor den Augen ihres entsetzten Fluglehrers, der neben der Maschine steht und ihr nur ein paar erste Anweisungen geben will. Die tollkühne 23-Jährige fliegt etwa 300 Meter weit. Auch eine Flugschau findet in Frankreich statt – bei der es aber keiner Maschine gelingt, abzuheben; die empörten Zuschauer rebellieren.

Die erste **Fluggesellschaft** der Welt entsteht nicht in Frankreich, sondern in Frankfurt am Main: Die DELAG betreibt Luftschiffe.

Ein neuer Fußballverein wird gegründet, der Ballspielverein **Borussia Dortmund** (BVB), und die erste deutsche **Betriebssportgruppe** entsteht. Ihre Mitglieder arbeiten beim Lampenhersteller **Osram** in Berlin.

POLITIK & WIRTSCHAFT

Unruhige Zeiten. In Berlin wird vergeblich gegen das preußische **Dreiklassenwahlrecht** demonstriert – die Bürger wählen nicht direkt, sondern gehören einer Klasse an, die von Wahlmännern vertreten wird. Die kleine Klasse der Wohlhabenden stellt so viele Wahlmänner wie die riesige dritte Klasse der Geringverdiener.

Erfolgreicher enden **Streiks** der **Werftarbeiter:** Sie erreichen, dass ihre wöchentliche Arbeitszeit 55 Stunden beträgt (vorher 60), und Bauarbeiter müssen nur noch 9,5 Stunden täglich zu Eimer und Kelle greifen.

Während es in **Berlin** und **Paris** bei **Arbeitskämpfen** um Lohnerhöhungen zu Übergriffen der Polizei kommt, erlebt in **China** Kaiser **Pu Yi** (⇨ 1908) maßlose Verschwendung: 1000 Pfund Fleisch und 240 Stück Geflügel werden jeden Monat für ihn zubereitet, auch wenn der Vierjährige kaum etwas davon isst.

In **Brasilien** rebellieren Seeleute gegen das **Auspeitschen** als Mittel der Bestrafung, in **Portugal** muss **König Manuel II.** nach Aufständen das Land verlassen, das zur **Republik** wird. Er zieht nach England, wo Frauen weiterhin für das Wahlrecht demonstrieren.

KUNST & KULTUR

Ungewohnte farbige Flächen und Muster: Der in Bayern lebende russische Maler **Wassily Kandinsky** (43) verblüfft mit einem Aquarell, mit dem die **abstrakte Malerei** ihren Anfang nimmt.

Eine Handvoll unabhängiger US-amerikanischer Filmproduzenten lässt sich in **Hollywood** nieder, einem Vorort von Los Angeles (bald darauf eingemeindet). Hier scheint fast immer die Sonne, was Außenaufnahmen zu jeder Jahreszeit möglich macht.

Mit 74 Jahren stirbt **Mark Twain.** Der amerikanische Schriftsteller ist als Schöpfer der Figuren Tom Sawyer und Huckleberry Finn auch im Deutschen Reich beliebt.

WISSENSCHAFT & TECHNIK

Der Neuseeländer **Ernest Rutherford** (39) kommt nach verschiedenen Experimenten zu dem Ergebnis, dass ein Atom aus einer Hülle und einem **Atomkern** bestehen muss. Der Physiker hatte zuvor schon die radioaktive Strahlung in Alpha-, Beta- und Gammastrahlung unterteilt und für den radioaktiven Zerfall den Begriff **Halbwertszeit** geprägt.

ALLTAG & VERSCHIEDENES

Zwei Schrecken der Menschheit tauchen wieder auf: In **Russland** fordert eine **Cholera-Epidemie** mehrere zehntausend Tote, und in der **Mongolei** bricht die **Pest** aus.

Im Deutschen Reich ist die Marine bei der Bevölkerung so beliebt, dass Eltern ihre Kinder in **Matrosenanzüge** stecken. Auf einigen Spielplätzen stehen hölzerne Kriegsschiffe, auf denen die Kleinen herumklettern können.

In den Klassenzimmern der preußischen **Schulen** (Preußen ist das größte Land des Deutschen Reichs.) lernen meist um die 50 Jungen und Mädchen – auf dem Land sind es auch mal 60 oder mehr.

Der Münchner **Friedrich Schmidt** stellt das von ihm entwickelte Brettspiel **Mensch ärgere dich nicht** vor. Es geht zurück auf ein altes indisches Spiel mit dem Namen Pachisi. Als Schmidt das Spiel zu Beginn des Ersten Weltkriegs (⇨ 1914) in Serie produziert und 3000 Exemplare davon an deutsche Soldaten verschickt, die sich damit in Lazaretten die Zeit vertreiben, wird es immer beliebter und später zum populärsten deutschen Brettspiel. (1920 sind bereits eine Million Exemplare verkauft, bis heute über 70 Millionen.)

Die Französin **Raymonde de Laroche** (⇨ 1909) macht als erste Frau der Welt den **Pilotenschein** (nach rund 40 Männern). Die US-Amerikanerin **Carolyn Hale** springt 1,41 Meter hoch – der erste bekannte **Hochsprung**-Rekord einer Frau.

POLITIK & WIRTSCHAFT

Drei Jahre vor dem Weltkrieg (⇨ 1914) erklären die Regierungen von Großbritannien, Frankreich und Deutschland bei unterschiedlichen Gelegenheiten ihre Bereitschaft zum Frieden. Viele Menschen misstrauen den Beteuerungen.

Großbritannien bekommt einen neuen **König: George V.** (46); auch seine Frau Mary (44) wird gekrönt. Drei Millionen Menschen erleben in London die Feierlichkeiten mit, die sich über eine Woche erstrecken. Georges Vorgänger **Edward VII.** war im Vorjahr gestorben.

Nachdem **Portugal** eine neue Verfassung bekommt, gibt es in Europa neben den von Kaisern oder Königen gelenkten Monarchien jetzt vier **Republiken:** Frankreich, San Marino, die Schweiz und Portugal.

KUNST & KULTUR

Ein großer Erfolg ist die Oper *Der Rosenkavalier* in Dresden. **Hugo von Hofmannsthal** (36) hat diese »Komödie für Musik« geschrieben, deren Handlung um 1740 in Wien spielt; **Richard Strauss** (46) komponierte die Melodien.

Im Berliner Lessing-Theater wird **Gerhart Hauptmanns** Stück *Die Ratten* uraufgeführt. Schauplatz ist ein heruntergekommenes Berliner Mietshaus, für manche ein Symbol für den Verfall des Kaiserreichs: »Alles unterminiert, von Unjeziefer, von Ratten und Mäusen zerfressen!«, heißt es an einer Stelle.

Die Maler **Wassily Kandinsky** (44) und **Franz Marc** (31) gründen in München die expressionistische Künstlergemeinschaft **Der Blaue Reiter.** Sie heißt so, weil beide die Farbe Blau lieben, Kandinsky obendrein Reiter mag und Marc Pferde.

In Wien stirbt **Gustav Mahler** (50), der als erster moderner Komponist gilt. Innere Zerrissenheit (Vater misshandelte Mutter) prägte seine Musik und sein Leben, weshalb er sich bei **Sigmund Freud** zur Psychoanalyse auf die Couch legte.

WISSENSCHAFT & TECHNIK

Der erste Mensch am **Südpol:** Zusammen mit vier Begleitern erreicht der Norweger **Roald Amundsen** am 14. Dezember den südlichsten Punkt der Erde – vier Wochen vor seinem Konkurrenten, dem Briten **Robert Falcon Scott.** Der 39-jährige Sieger in diesem Wettlauf kommt mit robusten Schlittenhunden ans Ziel, während der unterlegene Scott (43) auf Pferde und Motorschlitten gesetzt hat; doch die Technik hält der Kälte nicht stand ebenso wie die Pferde, die getötet werden müssen.

In **Hamburg** wird nach vierjähriger Bauzeit der **Elbtunnel** fertiggestellt. Er ist knapp 450 Meter lang und der erste Tunnel der Welt, der über Fahrstühle zugänglich ist.

Zum zweiten Mal erhält die französische Wissenschaftlerin **Marie Curie** (77) den Nobelpreis (⇨ 1903); diesmal den für Chemie, weil sie die Elemente Radium und Polonium entdeckt hat.

ALLTAG & VERSCHIEDENES

Konrad Duden stirbt im Alter von 82 Jahren. 1880 hatte er das *Vollständige orthographische Wörterbuch der deutschen Sprache* veröffentlicht, das auf den preußischen Schreibregeln beruhte. Mit diesem Werk gab der Gymnasiallehrer den Anstoß für eine einheitliche deutsche **Rechtschreibung**.

100 Jahre **Turnen**: Zahlreiche Gedenkfeiern in Preußen erinnern daran, dass Friedrich Ludwig Jahn (»Turnvater Jahn«) 1811 in Berlin den ersten Turnplatz einrichtete. Turnen wird in den Schulen als wichtiges Unterrichtsfach betrachtet, weil es der »vormilitärischen Ertüchtigung« der Jugend dienen soll.

Der französische Modeschöpfer **Paul Poiret** (32) erfindet sehr enge Röcke, die bis zum Boden reichen. Das macht zwar eine schlanke Figur, ermöglicht aber nur Trippelschritte – und verschafft der neuen Mode den Namen »Humpelröcke«.

POLITIK & WIRTSCHAFT

Erneute **Aufrüstung** in Deutschland: Der Reichstag beschließt den Bau von 41 weiteren Kriegsschiffen. **Kaiser Wilhelm II.** (53) berät mit der militärischen Führungsspitze, ob und wie man einen **Krieg** gegen Russland, Frankreich und Großbritannien führen könne. Da passen friedliebende Menschen nicht ins Bild: Als ein preußischer Sanitätsarzt sich nach einer Beleidigung weigert, gegen seinen Kontrahenten zum Duell anzutreten, wird er aus dem Militärdienst entlassen.

In Südosteuropa verbünden sich Serbien, Montenegro, Bulgarien und Griechenland. Der **»Balkanbund«** beginnt einen **Krieg** gegen das **Osmanische Reich** mit dem Ziel, die Türken von der Balkanhalbinsel zu vertreiben.

Entspannter geht es im Norden Europas zu: **Schweden, Dänemark** und **Norwegen** beschließen, sich im Falle eines Krieges neutral zu verhalten.

Chinas **Kaiser Pu Yi** (⇨ 1908, 1910) verzichtet auf den Thron. Da er erst fünf Jahre alt ist, hat man seine Mutter hierzu überredet, die in seinem Namen handelt. **Sun Yat-sen** ruft die **Republik China** aus – das 2000 Jahre alte Kaiserreich existiert nicht mehr.

KUNST & KULTUR

An seinem 50. Geburtstag bekommt der deutsche Schriftsteller **Gerhart Hauptmann** die Nachricht, dass er den Nobelpreis für Literatur erhält. Kaiser Wilhelm II. gratuliert nicht, ihm ist der Autor zu sozialkritisch.

Im Alter von 70 Jahren stirbt der Schriftsteller **Karl May,** Schöpfer von Winnetou, Old Shatterhand und anderen bekannten Romanfiguren. Er stammte aus armen Verhältnissen, saß sieben Jahre wegen Diebstahls und Betrugs im Gefängnis und kam als Erfolgsautor zu Wohlstand – so konnte er zum ersten Mal in die fernen Länder reisen, die er zuvor in seinen Büchern beschrieben hatte.

WISSENSCHAFT & TECHNIK

Der Brite **Robert Falcon Scott** (43) erreicht Anfang Januar mit seiner Expedition den **Südpol** – doch der Norweger Amundsen (⇨ 1911) ist ihm einen Monat zuvorgekommen. Beim Rückmarsch zum Basislager kommen die fünf entkräfteten und demoralisierten Briten ums Leben. Auch Teams aus Australien, Japan und Deutschland sind auf dem Weg zum Südpol.

Die Kontinente der Erde bewegen sich und waren früher ganz woanders: Das erklärt der deutsche Geophysiker **Alfred Wegener** (31), als er seine Theorie der **Kontinentalverschiebung** vorstellt.

Bei Ausgrabungen in Ägypten entdeckt ein deutscher Archäologe die gut erhaltene Büste der Königin **Nofretete;** sie entstand um 1350 v. Chr.

Begehrte Weihnachtsgeschenke sind in diesem Jahr in Deutschland Schallplatten und **»photographische Apparate«,** zum Beispiel die Kleinkamera Makina. Eher Luxus ist der Staubsauger Lux I.

ALLTAG & VERSCHIEDENES

Bei ihrer Jungfernfahrt von Southampton (England) über den Atlantik rammt die 269 Meter lange **Titanic,** das größte und modernste Schiff der Welt, einen Eisberg und versinkt zwei Stunden und 40 Minuten später in der sternenklaren Nacht. Von den 2224 Menschen an Bord verlieren 1514 ihr Leben, nur 710 werden gerettet. Der Glaube an die moderne Technik ist schwer erschüttert.

Auf der Burg Altena im Sauerland öffnet die erste **Jugendherberge** der Welt. Drei Jahre zuvor war dem Lehrer **Richard Schirrmann** die Idee für diese Einrichtung gekommen, als er mit einer Gruppe Jugendlicher unterwegs in ein Unwetter kam und keine Unterkunft fand.

In Deutschland wird die erste **Luftpost** befördert: Der Doppeldecker »Gelber Hund« fliegt von Frankfurt nach Darmstadt, Worms und Mainz.

POLITIK & WIRTSCHAFT

Europa schlittert in die Katastrophe. Auf dem Balkan wird bereits gekämpft (Serbien, Bulgarien, Griechenland gegen die Türken), und weiter westlich stehen sich zwei hochgerüstete Lager gegenüber: das Deutsche Reich mit Österreich-Ungarn, auf der anderen Seite England, Frankreich und Russland, zu denen sich Italien gesellt. Deutschland beschließt, sein **Heer** zu vergrößern.

Eine versöhnliche Geste dagegen in den USA: Präsident **William H. Taft** (55) legt in New York den Grundstein für ein **Mahnmal,** das an die Vernichtung der **Indianer** erinnern soll. Vertreter von 33 Stämmen sind gekommen. Die Zahl der Ureinwohner in den USA ist auf über 300 000 gestiegen, 1870 gab es nur noch 50 000.

Bayern, nach Preußen das zweitgrößte Land im Deutschen Reich, hat vorübergehend **zwei Könige:** Der eine (**Otto I.**) bleibt trotz seiner Geisteskrankheit offiziell im Amt, der andere (**Ludwig III.**) regiert das Königreich tatsächlich.

Ebenso wie in Großbritannien demonstrieren Frauenrechtlerinnen jetzt auch in den USA für ihr Wahlrecht. Sie haben die **National Woman's Party** gegründet.

In **Australien** wird mit dem Bau der Hauptstadt **Canberra** begonnen, nach Plänen des US-Architekten **Walter Burley Griffin** (36).

KUNST & KULTUR

Kunstliebhaber in Deutschland bewundern **Pablo Picasso** und staunen über die Vielfalt seiner Bilder. Zunächst in einer großen **Ausstellung in München,** dann auch in Berlin, Dresden, Köln und anderen Städten sind die Werke des genialen 32-Jährigen zu sehen. Im kunstvernarrten Paris gibt es keine einzige Picasso-Ausstellung.

Im Hafen von **Kopenhagen** wird eine Skulptur des Künstlers **Edvard Eriksen** enthüllt: die **Kleine Meerjungfrau,** das spätere Wahrzeichen der Stadt.

WISSENSCHAFT & TECHNIK

Bei einer Notlandung in Karlsruhe wird ein **Zeppelin** zerstört. Es ist nicht der erste, der verunglückt, und längst nicht alle der zwei Dutzend bisher gebauten Exemplare sind noch unterwegs. Die 80 km/h schnellen »Zigarren« gelten vor allem bei Sturm als anfällig.

Der US-amerikanische Autohersteller **Ford** führt die **Fließbandarbeit** ein und kann so deutlich mehr Fahrzeuge zu geringeren Kosten produzieren.

Nach dreijähriger Bauzeit wird das 241 Meter hohe **Woolworth Building** in Manhattan mit einer großen Feier eingeweiht. Für die kommenden 17 Jahre ist es das höchste Gebäude der Welt. Ebenfalls in New York eröffnet die neue **Grand Central Station**, der größte Bahnhof der Welt.

Weitere technische Errungenschaften: **rostfreier Stahl**, die erste **Leica** (Fotoapparat) und das größte **Passagierschiff** der Welt. Der in Hamburg gebaute Dampfer Vaterland ist 277 Meter lang und damit acht Meter länger als die Titanic (⇨ 1912).

ALLTAG & VERSCHIEDENES

Hitzerekord: Im kalifornischen **Death Valley** wird im Juli eine Temperatur von 56,7 Grad Celsius gemessen – weltweit der höchste bis dahin bekannte Wert.

In Paris kam er auf die Welt, in Bayern machte er seine Erfindungen, und nun ertrinkt er mit 55 Jahren unter rätselhaften Umständen im britischen Ärmelkanal: der deutsche Ingenieur **Rudolf Diesel** (55). Der Konstrukteur des Dieselmotors sollte im September einen Vortrag in England halten – auf der Überfahrt mit einem Dampfer wird seine Kabine leer aufgefunden.

In der Weihnachtsausgabe der Zeitung *New York World* erscheint ein »Word-Cross Puzzle«: das erste **Kreuzworträtsel.** Ausgedacht hat es sich der Journalist **Arthur Wynne;** 30 Wörter sollen die Leser finden.

POLITIK & WIRTSCHAFT

Der **Erste Weltkrieg** beginnt (⇨ 1918). In seinem Verlauf werden sich 40 Staaten auf drei Kontinenten und allen Weltmeeren bekämpfen.

Ein kleiner Anlass genügt, um die Katastrophe auszulösen, die von den Teilnehmern zunächst nicht als solche angesehen wird, denn die meisten glauben an einen schnellen Sieg. **Franz Ferdinand** (50), Neffe des österreichischen Kaisers und als dessen Nachfolger vorgesehen, wird am 28. Juni mit seiner Frau Sophie (46) von einem serbischen Attentäter erschossen. Die Folgen: **Österreich-Ungarn** erklärt am 28. Juli **Serbien** den Krieg, von Deutschland gedrängt. Wenige Tage später beginnt das Deutsche Reich den Krieg gegen Russland und Frankreich. Auf dem Marsch nach Paris rücken deutsche Truppen ins neutrale Belgien ein – dieser Bruch des Völkerrechts zwingt Großbritannien zum Eingreifen, das Belgiens Neutralität garantiert hat. Italien (⇨ 1915) und die USA (⇨ 1917) halten sich vorerst zurück.

KUNST & KULTUR

In Italien werden die ersten **Filmschauspielerinnen** berühmt – verlockende Schönheiten wie **Lyda Borelli** (30) und **Francesca Bertini** (22). Deutsche Kinozuschauer lieben die Dänin **Asta Nielsen** (33) und Amerikaner ihre **Mary Pickford** (21), zierliche Unschuld mit blonden Ringellocken. Ihre Stimmen kennt niemand: Sie sind Stummfilm-Stars.

Wenige Wochen vor seinem 43. Geburtstag stirbt **Christian Morgenstern,** Schöpfer von hintergründig-witzigen Gedichten (*Galgenlieder, Palmström*). Zwei andere Deutsche fallen bei Kriegseinsätzen in Frankreich: **Hermann Löns** (48), dessen Heimatromane rund um die Lüneburger Heide viele Leser finden, und der Maler **August Macke** (27). Er war Mitglied der Künstlergruppe Der Blaue Reiter (⇨ 1911).

WISSENSCHAFT & TECHNIK

Im Sommer fährt das erste Schiff, ein US-amerikanischer Dampfer, durch den neu eröffneten **Panamakanal.** Drei Jahrzehnte lang war an der 82 Kilometer langen Verbindung zwischen dem Atlantischen Ozean und dem Pazifik gebaut worden.

Im Oktober schießt ein französischer Militärpilot bei Reims einen deutschen Doppeldecker ab – der erste **Luftkampf** der Geschichte.

ALLTAG & VERSCHIEDENES

Eine deutsche Durchschnittsfamilie gibt etwa 23 Mark im Monat für Lebensmittel aus. Der **Monatslohn** eines Fabrikarbeiters beträgt rund 145 Mark. Die Preise sind in den letzten Monaten und Jahren stärker gestiegen als die Löhne.

Zu Beginn des Krieges ist die **patriotische Begeisterung** in der deutschen Bevölkerung groß. Ausländisch klingende Markennamen, die bisher Weltoffenheit symbolisieren sollten, werden jetzt eingedeutscht. Zum Beispiel Zigarettenmarken: Aus Duke of Edinburgh wird Flaggengala, aus Gibson Girl wird Wimpel. Andere Länder verfahren ähnlich: In Russland wird der deutsch klingende Name der Stadt **Petersburg** in **Petrograd** geändert.

Das Internationale Olympische Komitee (**IOC**) zeigt bei einem Kongress in Paris zum ersten Mal eine **Flagge** mit den fünf **olympischen Ringen.** Jeder von ihnen steht für einen Erdteil.

Der zwei Jahre zuvor in Stockholm gegründete **Internationale Leichtathletikverband** (IAAF) veröffentlicht die erste Liste mit Weltrekorden – nur Männer sind aufgeführt, weil der Verband den Frauensport ablehnt.

Nur selten lässt sich exakt bestimmen, wann eine Tierart ausstirbt. Im Fall der **Wandertaube** weiß man es auf den Tag genau: Das letzte Exemplar (ein Weibchen mit dem Namen Martha) stirbt am 1. September im Zoo von Cincinnati, USA.

Verhängnisvolle Illusionen:

Deutschlands Weg in den Ersten Weltkrieg

Noch nie ging es Deutschland so gut. Die Wirtschaft der größten europäischen Industrienation boomt. Produkte mit der Bezeichnung »Made in Germany« haben einen hervorragenden Ruf, ebenso wie die Leistungen der deutschen Wissenschaft – Albert Einstein, Max Planck, Wilhelm Conrad Röntgen und Robert Koch genießen Weltruhm.

Natürlich gibt es auch im Sommer 1913 Familien, die in Armut leben. Aber die Säuglingssterblichkeit ist ebenso zurückgegangen wie die tägliche Arbeitszeit, die jetzt zehn Stunden beträgt. Dafür steigen die Ausgaben für Fleisch, Wein, Tabak und andere Konsumgüter. Wer denkt in einer so komfortablen Lage an Krieg?

Viele. Allen voran die Regierung. Seit Jahren liefert sich das Deutsche Reich mit Großbritannien ein Wettrüsten, bei dem vor allem die Flotten massiv vergrößert werden. Kaiser Wilhelm II. möchte ein Deutschland, das ebenso mächtig ist wie die anderen großen Staaten, mit Kolonien und deren Rohstoffen; er fühlt sich gegenüber Großbritannien und Frankreich benachteiligt. Verschiedene Krisen und Konflikte (Balkan, Marokko) geben der deutschen Regierung das Gefühl, von Feinden eingekreist zu sein.

Aber auch in der Bevölkerung erscheint ein Krieg nicht als Unheil. Im Gegenteil. Das Militär und mit ihm sympathisierende Bürger sehen sogar eine »Pflicht zum Krieg«. Paraden und Aufmärsche sind beliebte Attraktionen, Kinder tragen Matrosenanzüge, der Militarismus schleicht sich in den Alltag ein. Nicht nur Konservative begrüßen das. Auch Maler und Schriftsteller: Sie erhoffen sich einen Ausbruch aus der Enge der verknöcherten Gesellschaft des Kaiserreichs. Nur ein Krieg, glauben sie, könne Aufbruch, Veränderung und Erneuerung bringen.

Kriegsgegner sind vor allem die Sozialdemokraten. Aber auch unter ihnen schwindet der unbedingte Wille zum Frieden. So genügt schließlich ein einzelner Anlass, um das Pulverfass zur Explosion zu bringen.

Im Juni 1914 wird Franz Ferdinand, Neffe des österreichischen Kaisers und als dessen Nachfolger vorgesehen, gemeinsam mit seiner Frau in der Stadt Sarajewo von einem serbischen Nationalisten ermordet. Österreich-Ungarn erklärt daraufhin Serbien den Krieg. Deutschland stellt sich auf die Seite Österreichs, sieht sich bedroht und gibt eine Kriegserklärung an Russland und Frankreich ab. Diese beiden Länder erhalten Unterstützung von Großbritannien und anderen – bald kämpfen ein Dutzend Staaten gegen die sogenannten Mittelmächte; dies sind Deutschland, Österreich-Ungarn, Bulgarien und das Osmanische Reich (die spätere Türkei).

Anfangs begeistern sich überall in Europa Menschen für den Krieg. Sie glauben an einen schnellen Sieg. Mit dem, was tatsächlich folgt, rechnet niemand: erbitterte und langwierige Schlachten, verlustreiche Seegefechte, Bomben und Giftgasangriffe, Tote und Verwundete in den Schützengräben, Flucht und Hunger.

Im November 1918 muss das Deutsche Reich kapitulieren. Die Bilanz nach vier zermürbenden Kriegsjahren: Rund acht Millionen Soldaten sind ums Leben gekommen, 21 Millionen wurden verwundet. Die Zivilbevölkerung in Europa leidet unter Hunger und Seuchen.

Mit der militärischen Niederlage und dem Rücktritt von Kaiser Wilhelm II. (59) endet im Deutschen Reich nicht nur der Erste Weltkrieg, sondern auch die Monarchie. Deutschland wird zur Republik.

POLITIK & WIRTSCHAFT

Im zweiten Kriegsjahr stehen sich zwei große Allianzen gegenüber. Auf der einen Seite kämpfen die sogenannten **Mittelmächte** (Deutschland, Österreich-Ungarn), das **Osmanische Reich** (Vorgängerstaat der Türkei) sowie **Bulgarien.** Ihre Gegner sind die **Alliierten** (Russland, Frankreich, Großbritannien), zu denen nun auch **Italien** stößt – geködert mit dem Versprechen, nach einem Sieg zusätzliche Gebiete zu erhalten.

Im August erobern deutsche Truppen **Polen.** Das Osmanische Reich nutzt die Kriegswirren, um einen **Völkermord** an **Armeniern** zu begehen: Türkische Soldaten ermorden und vertreiben Hunderttausende Angehörige dieser christlichen Minderheit.

Da viele Männer zum Kriegsdienst eingezogen worden sind, fehlen in der Landwirtschaft Arbeitskräfte. Getreide wird knapp. Die deutsche Regierung ordnet **Massenschlachtungen** von Schweinen an, um Getreidefutter zu sparen. Aufgebrachte Landwirte protestieren gegen den »Schweinemord«. Verschärft wird die Krise durch die britische **Seeblockade,** die verhindert, dass ausländische Handelsschiffe Waren über die Nordsee nach Deutschland liefern.

Ein deutsches U-Boot versenkt das britische Passagierschiff **Lusitania.** Unter den fast 1200 Toten sind auch 128 US-Amerikaner, weshalb die deutsche Regierung befürchtet, die **USA** könnten ihre **Neutralität** aufgeben.

Als drei SPD-Politiker in der *Leipziger Volkszeitung* einen Aufruf gegen den Krieg verbreiten, wird die Zeitung für mehrere Tage verboten.

KUNST & KULTUR

Der US-Schauspieler **Charlie Chaplin** spielt in dem Stummfilm *The Tramp* die Rolle des sozial Deklassierten. Sein typischer Watschelgang macht den 26-jährigen Schauspieler schnell berühmt (⇨ 1919).

WISSENSCHAFT & TECHNIK

Zehn Jahre nach seiner Speziellen Relativitätstheorie (⇨ 1905) stellt **Albert Einstein** (36) die **Allgemeine Relativitätstheorie** vor. Sie sagt aus, dass nicht nur die Zeit relativ ist, sondern auch der Raum – er lässt sich dehnen oder krümmen. Es sind Massen, die das bewirken. Solche Massen, zum Beispiel Planeten, können auch Licht ablenken.

Deutsche **Luftschiffe** greifen England an und bombardieren Paris. Die überraschten Briten sind zunächst geschockt, doch dann stellt sich heraus, dass sich die großen und trägen Zeppeline leicht abschießen lassen. Deutschland reagiert darauf, indem es zwei- und viermotorige **Bomber** baut.

Zum ersten Mal in einem Krieg wird **Giftgas** eingesetzt. Zuerst von den Deutschen (im besetzten Belgien), dann auch von den Briten.

ALLTAG & VERSCHIEDENES

Zunehmend wird der deutsche Alltag vom Krieg bestimmt: Die Preise für Fleisch steigen, Brot und Fisch werden knapp, vor den Bäckereien und Lebensmittelgeschäften bilden sich lange Schlangen. Ein »**Kriegsbrot**«, dessen Roggenmehl mit Kartoffelmehl gestreckt wird, soll über die Engpässe hinweghelfen, was aber nur unvollkommen gelingt. Der Kölner Politiker **Konrad Adenauer** (⇨ 1949) erfindet ein »**Sparbrot**«, das unter anderem Maismehl enthält. Es wird frei verkauft, während man ansonsten Brot nur dann bekommt, wenn man sogenannte Brotkarten vorweisen kann. Und selbst mit diesen ersten **Lebensmittelmarken** gelingt das nicht immer.

Ein Liter Milch kostet in Deutschland im April 23 Pfennig, ein Pfund Kaffee 3,35 Mark.

Knapp 30 000 Tote fordert ein schweres **Erdbeben** in **Italien.** In Rom entgleisen Straßenbahnen, weiter östlich im Gebirge der Abruzzen werden ganze Dörfer vernichtet.

POLITIK & WIRTSCHAFT

Zehn Monate lang verteidigen sich in der **Schlacht von Verdun** französische Soldaten in ihren Schützengräben gegen deutsche Angreifer. Der zermürbende **Stellungskrieg** endet, als sich die Deutschen am 15. Dezember zurückziehen. Bilanz: mehr als 330 000 tote Soldaten auf der deutschen und über 360 000 auf französischer Seite.

Bei der einzigen großen **Seeschlacht** des Ersten Weltkriegs beschießen sich in der Nordsee nördlich von Dänemark (im **Skagerrak**) rund 150 britische und 112 deutsche Kriegsschiffe. Es gibt keinen Sieger, aber rund 9000 Tote.

Der deutsche Kaiser **Wilhelm II.** und Österreichs Kaiser **Franz Joseph I.** (der bald darauf im Wiener Schloss Schönbrunn stirbt) vereinbaren, dass das besetzte **Polen** ein eigenständiges **Königreich** wird. Die polnische Bevölkerung jubelt – doch Wilhelm will nur einen Puffer zu Russland bilden und die polnische Armee für sich gewinnen. Der deutsche **General Erich Ludendorff** lobt: »Der Pole ist ein guter Soldat.«

Deutschland verliert nach und nach seine **Kolonien.** Deutsch-Südwestafrika fällt an die Briten, Kamerun an England und Frankreich.

KUNST & KULTUR

Überraschend, witzig, Antikunst, ein »Narrenspiel aus dem Nichts«: All das ist eine neue europäische Kunst- und Literaturrichtung, die in Zürich entsteht und sich **Dadaismus** nennt. Eines ihrer Werke: ein Pinkelbecken.

Von einem französischen Granatsplitter im Auge getroffen, stirbt bei Verdun der 36-jährige Maler und Bildhauer **Franz Marc,** Gründungsmitglied der Gruppe **Der Blaue Reiter** (⇨ 1911). Aus eigenem Entschluss stirbt in Kalifornien der durch seine Abenteuerromane berühmt gewordene **Jack London** (⇨ 1904). Der 40-Jährige war dem Alkohol verfallen.

WISSENSCHAFT & TECHNIK

Die Briten bauen die ersten **Panzer** und nennen sie »tanks« – ein Tarnname, damit der Feind glaubt, es würden Wassertanks hergestellt. Die mit jeweils acht Mann besetzten Kettenfahrzeuge können über feindliche Schützengräben rollen.

Der deutsche Chirurg **Ferdinand Sauerbruch** (41) entwickelt eine künstliche Hand für kriegsverletzte Soldaten. Die Prothese besitzt Finger, die sich nach einer Amputation mit den vorhandenen Armmuskeln bewegen lassen.

ALLTAG & VERSCHIEDENES

Immer mehr Menschen hungern, trotz aller Versuche der deutschen Regierung, eine Verteilung von Lebensmitteln zu organisieren. Die **Versorgung** mit Butter, Eiern, Milch und Fleisch bricht zeitweise komplett zusammen. Eine schlechte **Kartoffelernte** macht alles noch schlimmer. Viele Familien ernähren sich fast ausschließlich von **Kohlrüben** (Steckrüben) – der Winter 1916/17 wird auch »Kohlrübenwinter« oder »Steckrübenwinter« genannt.

Die preußische Regierung (Preußen ist das mit Abstand größte Land im Deutschen Reich) begegnet dem zunehmenden Widerwillen in der Bevölkerung gegen den Krieg mit dem **Verbot** verschiedener **Theaterstücke.** Jugendliche dürfen keine **Tanzveranstaltungen** mehr besuchen, und Schulen sollen dafür sorgen, dass die Schüler den »Groll gegen die Nöte und Lasten des Krieges« nicht gegen die eigene Regierung, sondern gegen die feindlichen Engländer richten.

Als erstes Land der Welt führt das Deutsche Reich am 30. April die **Sommerzeit** ein.

Plakate in Deutschland rufen die Bevölkerung auf: »Sammelt **Obstkerne** zur Ölgewinnung«. Im Dezember müssen Theater und Gaststätten im Deutschen Reich schon um zehn Uhr abends schließen, um nicht wertvollen **Brennstoff** zu verheizen.

POLITIK & WIRTSCHAFT

Als in **Russland** Arbeiter streiken, will Zar **Nikolaus II.** Soldaten einsetzen, doch sie verbrüdern sich mit den Aufständischen. Betriebe und Garnisonen wählen Räte (**Sowjets**), der Zar tritt ab – Russland erlebt die **Februarrevolution.** Einige Monate später bildet der Revolutionär **Wladimir Iljitsch Lenin** während der **Oktoberrevolution** eine kommunistische Regierung. Die **Ukraine** und **Finnland,** bisher unter russischem Einfluss, erklären sich für unabhängig.

US-Präsident **Woodrow Wilson** ruft den Kongress zur Abstimmung auf: Eine überwältigende Mehrheit der Abgeordneten ist dafür, dass die Vereinigten Staaten in den Krieg eintreten – vor allem als Antwort auf deutsche U-Boot-Attacken, bei denen amerikanische Staatsbürger ums Leben kamen. Die **Kriegserklärung** an das Deutsche Reich erfolgt am 6. April.

Die Seeleute der **deutschen Flotte** sind vom Krieg zermürbt. Nach einer **Meuterei** in Wilhelmshaven werden zwei Heizer (35 und 25) zum Tod durch Erschießen verurteilt.

Die jahrelangen Proteste der **Frauenrechtlerinnen** in **England** (⇨ 1908) haben endlich Erfolg. Das Unterhaus beschließt: Frauen über 30 dürfen nun wählen.

KUNST & KULTUR

Schwänke und Lustspiele an deutschen Bühnen heben die Stimmung der vom Krieg mitgenommenen Bevölkerung wenigstens für ein paar Stunden an.

Kein Filmstar verdient mehr: **Charlie Chaplin** erhält für acht Filme eine Million Dollar.

Wenige Tage nach seinem 77. Geburtstag stirbt im November der französische Bildhauer **Auguste Rodin** (*Der Kuss*). Noch im selben Jahr entsteht in Paris ein Museum mit seinen Werken. 83 Jahre alt wird der französische Maler **Edgar Degas.** Bilder mit Pferderennen und Ballettszenen haben den Impressionisten berühmt gemacht.

WISSENSCHAFT & TECHNIK

In Südafrika entdeckt der Direktor des Observatoriums von Johannesburg den Stern **Proxima Centauri;** er ist der uns nächstgelegene Stern nach unserer Sonne und 4,3 Lichtjahre von ihr entfernt.

In den USA gelingt der erste drahtlose **Funksprechverkehr** zwischen einem Flugzeug und der Bodenstation.

ALLTAG & VERSCHIEDENES

Der »**Hungerwinter**« bringt für die Bevölkerung im Februar harte Einschnitte. Lebensmittel werden streng rationiert, jedem Bürger stehen pro Woche nur 50 Gramm Butter zu und pro Monat ein Ei. Schuhe kann man nur kaufen, wenn man als Ausgleich ein altes Paar hergibt. Schulen und andere öffentliche Gebäude werden bis Ende März geschlossen, Schaufenster müssen abends um acht Uhr die Beleuchtung ausschalten, weil auch der Strom knapp wird.

In den deutschen Großstädten wird die Bevölkerung aufgefordert, **keine Trauerkleidung** zu tragen, wenn Kriegsopfer zu beklagen sind – die Stimmung soll nicht noch schlechter werden, als sie ohnehin schon ist.

Im Oktober erschießt ein französisches Exekutionskommando nahe Paris die beliebte Nackttänzerin **Mata Hari** (⇨ 1905). Die Niederländerin, die in einflussreichen europäischen Kreisen verkehrte, soll für das Deutsche Reich spioniert haben.

Von **Mode** kann im vierten Kriegsjahr keine Rede sein: Immer mehr Menschen laufen zerlumpt herum. **Rohstoffe** sind knapp, weder Leder noch Baumwolle sind verfügbar. Textilhersteller versuchen, **Ersatzfasern** aus Brennnesseln und Schilf zu produzieren. Kupfermünzen werden als Rohstoff eingezogen, an ihrer Stelle bringt die deutsche Regierung **Münzen aus Aluminium** in Umlauf.

Den diesjährigen **Friedensnobelpreis** bekommt das **Internationale Rote Kreuz.**

POLITIK & WIRTSCHAFT

Gnadenloser Krieg auf dem Wasser und in der Luft: **Deutsche U-Boote** versenken Passagierschiffe aus England, Irland, Frankreich, Kanada und verschonen nicht einmal ein britisches Hospitalschiff; seine Rettungsboote werden gerammt, die Schiffbrüchigen beschossen.

Als im April der deutsche Kampfpilot **Manfred von Richthofen** (»Der rote Baron«) abgeschossen wird, verliert die Luftwaffe ihren Helden. Der 25-Jährige hat mindestens 80 Luftkämpfe gewonnen.

Nach Vorstößen von britischen und französischen Truppen muss das **Deutsche Reich** seine **Niederlage** eingestehen: Am 9. November tritt **Kaiser Wilhelm II.** (59) zurück; er fährt mit dem Auto nach Holland, wo er fortan leben wird. Der Sozialdemokrat **Philipp Scheidemann** (53) ruft auf einem Balkon des Berliner Reichstags stehend die deutsche **Republik** aus. Zwei Tage später schließen Deutschland und Frankreich ein **Waffenstillstandsabkommen** – der Erste Weltkrieg endet. Die Bilanz: rund acht Millionen Tote.

In Dutzenden deutschen Städten übernehmen während der **Novemberrevolution** Arbeiter und Soldaten die Macht (sie bilden sogenannte **Räte**), Könige und Herzöge werden abgesetzt. Am Jahresende entsteht die Kommunistische Partei Deutschlands (**KPD**); **Karl Liebknecht** (47) und **Rosa Luxemburg** (48) führen sie an.

Die Donaumonarchie Österreich-Ungarn löst sich auf. **Ungarn** wird eigenständig, **Polen** unabhängig, die **Tschechoslowakei** entsteht als neuer Staat.

KUNST & KULTUR

Unter den Toten des Jahres: der französische Komponist **Claude Debussy** (55), der österreichische Jugendstil-Maler **Gustav Klimt** (55) und sein 28-jähriger Schüler **Egon Schiele** sowie der deutsche Schriftsteller und Schauspieler **Frank Wedekind** (53).

WISSENSCHAFT & TECHNIK

Immer größere Bedeutung bekommen im letzten Kriegsjahr die **Flugzeuge.** Allein Frankreich baut mehr als 24 000 Militärmaschinen für den Luftkrieg.

Den Nobelpreis für Physik erhält **Max Planck** (60) für seine Quantentheorie. Der zehn Jahre ältere **Fritz Haber** bekommt den Chemie-Nobelpreis.

Die einzige Papageienart Nordamerikas verschwindet, als im Zoo von Cincinnati der letzte Karolinasittich stirbt.

ALLTAG & VERSCHIEDENES

An einen deutschen Sieg glaubt in den Monaten vor dem Kriegsende kaum noch jemand. Die **Hoffnungslosigkeit** ist überall zu spüren, auch unter den Soldaten. Im Osten des Deutschen Reichs verstecken sich junge Männer in Wäldern, um nicht eingezogen zu werden, an anderen Orten desertieren Soldaten und meutern Matrosen. Die Regierung plant, mit einer **Propaganda-Offensive** die Bevölkerung aufzumuntern; ihr soll eingeredet werden, dass das Deutsche Reich Frieden wolle und dass deutsche Arbeiter weltweit die besten Lebensbedingungen hätten.

Verbittert wird in Deutschland registriert, dass die britische Regierung ihre **Seeblockade** auch nach dem Kriegsende fortsetzt (bis zum Juli 1919) und damit den Transport von Handelsgütern über die Nordsee nach Deutschland verhindert.

In Preußen führen Schulen im **Sportunterricht** für Jungen die neue Disziplin **Fußball** ein.

Der Erste Weltkrieg endet mit hohen Verlusten – doch weitaus mehr Tote fordert eine **Grippe-Pandemie** (eine Epidemie, die Landesgrenzen überschreitet). In drei Wellen schlägt sie zu, im Frühjahr und im Herbst sowie noch einmal 1919. Am Ende sind es weltweit schätzungsweise **50 Millionen Tote,** die die **»Spanische Grippe«** gefordert hat, davon mehr als 15 Millionen in Indien.

POLITIK & WIRTSCHAFT

Neustart. Der Krieg ist vorbei, am 19. Januar finden in Deutschland die ersten demokratischen **Wahlen** statt: Auch Frauen dürfen wählen, und die Zahl der Abgeordneten im Parlament richtet sich allein nach der Zahl der Stimmen, die ihre Parteien bekommen. Stärkste Partei in der **Nationalversammlung** des Reichstags wird die SPD, die auch bei den folgenden Wahlen der einzelnen Länder (Preußen, Bayern, Sachsen) vorne liegt.

In Berlin werden die KPD-Führer **Karl Liebknecht** und **Rosa Luxemburg** ermordet.

Friedrich Ebert (48, SPD) wird **Reichspräsident.** Die neue Regierung will ein Signal setzen und wählt für ihre erste Sitzung die Goethe- und Schiller-Stadt Weimar aus. Doch die **Weimarer Republik** hat schwer zu tragen: Sie muss **Wiedergutmachung** zahlen und nicht nur Landgebiete (Elsass, Westpreußen, Posen) an die Sieger abgeben, sondern auch Handelsschiffe und Rohstoffe wie Kohle und Stromkabel. Österreich verliert **Südtirol** an Italien.

Das und mehr wird beschlossen im **Friedensvertrag von Versailles:** Für die Unterzeichnung am 28. Juni haben die Sieger bewusst dieselbe Stelle im **Spiegelsaal** des Prunkschlosses bei Paris ausgewählt, an der einst das Deutsche Reich ausgerufen wurde (⇨ 1871).

Damit die **deutsche Flotte** nicht ebenfalls in die Hände der Sieger fällt, versenkt sie sich selbst.

KUNST & KULTUR

Die US-Schauspieler Charles (»Charlie«) Chaplin, Douglas Fairbanks und Mary Pickford sowie der Regisseur David Wark Griffith wollen ihre Filme selbst vermarkten; sie gründen die Verleih- und Produktionsgesellschaft **United Artists**.

Mit 78 Jahren stirbt der französische Maler **Auguste Renoir,** ein berühmter Vertreter des Impressionismus.

WISSENSCHAFT & TECHNIK

Der Architekt **Walter Gropius** (35) gründet in Weimar das **Bauhaus,** eine Hochschule für Gestaltung. Künstler und Handwerker sollen hier Technik, Design und Kunst miteinander verbinden. Der klare, schnörkellose **Bauhaus-Stil** in der Architektur wird weltbekannt.

In der US-amerikanischen Stadt Detroit wird die weltweit erste elektrische **Verkehrsampel** aufgestellt.

Den britischen Flugpionieren **John William Alcock** und **Arthur Brown** gelingt der erste Flug über den **Atlantik;** mit ihrem Doppeldecker starten sie in Neufundland und erreichen nach 16 Stunden Irland (erster Alleinflug ⇨ 1927).

Bei einem Galopprennen in Berlin wird das erste **Zielfoto** geschossen.

ALLTAG & VERSCHIEDENES

Nur langsam kehrt in Deutschland die Normalität zurück. Die Kriegsgegner heben im Juli ihre Handelsbeschränkungen (Seeblockade, »Hungerblockade«) auf. Der Schiffsverkehr von Hamburg nach Amerika startet wieder, ebenso der Postverkehr nach Frankreich. Doch Mangelernährung hat zu einer hohen **Kindersterblichkeit** geführt. In Schweden sammeln Schüler sogar Geld für Not leidende deutsche Kinder.

Bürger aus dem Mittelstand, die den Krieg mitfinanziert hatten, indem sie dem Deutschen Reich **Anleihen** abkauften, müssen nun erleben, dass ihr Geld entwertet wird und ihre Ersparnisse schwinden. Die **Staatsverdrossenheit** wächst, kaum dass die neue Republik ins Leben getreten ist. Radikale Kräfte gewinnen an Einfluss (⇨ 1920).

Soziale Verbesserungen: Mehrere europäischen Länder (darunter Frankreich, Spanien, Schweden) führen den **Achtstundentag** ein. Preußen beschränkt die Zahl der Kinder in Schulklassen auf 40 (bei Erstklässlern 50).

POLITIK & WIRTSCHAFT

Die im **Friedensvertrag von Versailles** festgestellte **Kriegsschuld** des Deutschen Reichs mitsamt den auferlegten Strafen empört viele Deutsche. Rechtskonservative Kreise bezeichnen die Mitglieder der neuen Regierung als »Erfüllungsgehilfen«.

Die rechtsgerichtete Deutsche Arbeiterpartei (DAP) hält im Münchner Hofbräuhaus ihre erste große Versammlung ab. Ihr Propagandaleiter **Adolf Hitler** (31) stellt ein 25-Punkte-Programm vor, das als Hauptziel die Aufhebung des Versailler Vertrags enthält. Kurz darauf wird die DAP in Nationalsozialistische Deutsche Arbeiterpartei (**NSDAP**) umbenannt.

Ebenfalls rechtsradikal sind die Aufrührer, die im März mit dem **Kapp-Putsch** den neuen parlamentarisch-demokratischen Staat beseitigen wollen. Sie zwingen die Regierung zur Flucht aus Berlin, die daraufhin zum **Generalstreik** gegen die Putschisten aufruft. Mit Erfolg: Nach fünf Tagen endet der Putschversuch.

Bei den ersten **Reichstagswahlen** verlieren die republikanisch-demokratischen Parteien der Weimarer Koalition ihre Mehrheit. Linke und rechte Parteien profitieren.

In den **USA** werden das **Frauenwahlrecht** und die **Prohibition** eingeführt; landesweit darf kein Alkohol mehr hergestellt, verkauft oder konsumiert werden.

KUNST & KULTUR

»Schmutz- und Schundfilme« und politisch unwillkommene Filme führen im Deutschen Reich zur Wiedereinführung der **Filmzensur.** Für Diskussionen sorgt der expressionistische Streifen *Das Cabinet des Dr. Caligari* mit seiner albtraumhaften Atmosphäre, die durch verzerrte Architektur und harte Schatten erzeugt wird. In den USA erobern der Horrorfilm *Dr. Jekyll und Mr Hyde* und der Abenteuerfilm *Der letzte Mohikaner* die Kinoleinwand.

WISSENSCHAFT & TECHNIK

Der deutsche Wissenschaftler **Walther Nernst** (56) erhält für seine Arbeiten im Bereich der Thermochemie den Nobelpreis für Chemie. Der Wissenschaftler stellte den 3. Hauptsatz der Thermodynamik auf, der besagt, dass ein Körper niemals den absoluten Nullpunkt der Temperatur (minus 273,15 °C) erreichen kann.

Der neuseeländische Physiker **Ernest Rutherford** (⇨ 1910) gibt den positiv geladenen Teilchen, die in jedem Atomkern vorkommen, den Namen **Protonen.**

ALLTAG & VERSCHIEDENES

Unzufriedenheit, Wut und Verunsicherung im Deutschen Reich: Auch zwei Jahre nach Kriegsende sind Kleidung und Lebensmittel noch knapp. Erstmals gibt es wieder Schuhe zu kaufen.

Das preußische »**Krüppelfürsorgegesetz**« soll Behinderten eine staatliche Unterstützung zukommen lassen.

Durch die Eingemeindung von umliegenden Städten und Gemeinden (»**Groß-Berlin-Gesetz**«) erhöht sich die Einwohnerzahl der Reichshauptstadt auf vier Millionen. Sie wird damit zur drittgrößten Metropole der Welt (nach New York und London).

Die **NSDAP** kauft für 120 000 Mark die Wochenzeitung *Völkischer Beobachter* und nutzt das Blatt fortan für politische **Propaganda;** ab 1923 erscheint es täglich.

Vermutlich sind es Anarchisten, die in **New York City** am 16. September einen **Bombenanschlag** auf die **Wall Street** verüben. 40 Menschen sterben, schon am nächsten Tag nimmt die Börse ihren regulären Betrieb wieder auf.

Im US-amerikanischen Pittsburgh startet ein Radiosender das weltweit erste regelmäßige **Rundfunkprogramm.**

Nach französischem Vorbild lassen sich viele deutsche Frauen eine kurze Pagenfrisur schneiden: den »**Bubikopf**«.

POLITIK & WIRTSCHAFT

Weil sich das Deutsche Reich weigert, 226 Milliarden Goldmark an **Reparationen** zu zahlen (innerhalb von 42 Jahren), besetzen die Alliierten Teile des Ruhrgebiets und boykottieren den deutschen Markt. Die wirtschaftliche Lage verschlechtert sich, die Regierung druckt immer mehr Geldnoten, die **Inflation** wächst rasant.

In München hält die **NSDAP** ihre erste Großveranstaltung ab und protestiert gegen die Reparationsbedingungen. Der neue Vorsitzende **Adolf Hitler** (32) bildet die Kampforganisation **SA** (Sturmabteilung).

Bei einer Volksabstimmung in Salzburg sprechen sich 99,5 Prozent für einen Anschluss Österreichs ans Deutsche Reich aus, doch die Alliierten unterbinden das Vorhaben.

In China entsteht die **Kommunistische Partei.** Gründungsmitglied ist der 28-jährige Lehrer **Mao Zedong.**

Im April stirbt die letzte deutsche Kaiserin (und Königin Preußens), **Auguste Viktoria.** Die Ehefrau Wilhelms II. war als sozial engagierte Landesmutter beim Volk sehr beliebt.

KUNST & KULTUR

In den USA rührt Millionen Menschen in den Kinos die Stummfilm-Tragikomödie *The Kid* von und mit **Charlie Chaplin** (32). Er gibt in seinem ersten abendfüllenden Spielfilm Einblicke in seine eigene Kindheit. Auch die deutsche Literaturverfilmung *Hamlet* wird in den USA zum Kassenschlager, als erster deutscher Film nach dem Ersten Weltkrieg.

Zum ersten Mal liegen Frauen einem Filmstar zu Füßen, weil er so gut aussieht. Der 26-jährige Italiener **Rudolph Valentino** spielt in mehreren Hollywoodfilmen den unwiderstehlichen Herzensbrecher (⇨ 1926).

Unter den Toten des Jahres: der weltberühmte Operntenor **Enrico Caruso** (48) und der deutsche Schriftsteller **Ludwig Thoma** (54).

WISSENSCHAFT & TECHNIK

Der Pharmakologe **Otto Loewi** entdeckt, dass Nervenimpulse auf chemischem Weg weitergeleitet werden. (Sein britischer Kollege **Henry Dale** identifiziert später den ersten Nervenbotenstoff, Acetylcholin.)

Albert Einstein erhält für die Entdeckung des Gesetzes des fotoelektrischen Effekts den Nobelpreis für Physik.

Der kanadische Mediziner **Frederick Grant Banting** und sein Assistent **Charles H. Best** entdecken das Bauchspeicheldrüsen-Hormon **Insulin,** das fortan zur Behandlung zuckerkranker Menschen (Diabetiker) eingesetzt wird.

ALLTAG & VERSCHIEDENES

Die Deutschen sind von Ungewissheit und **Zukunftsangst** geplagt. Viele Lebensmittel sind nach wie vor knapp und werden durch die Inflation immer teurer. Die große **Wohnungsnot** zwingt Millionen Menschen in notdürftige Behausungen.

In Berlin wird die erste deutsche Autobahn eingeweiht: die **Avus** (Automobilverkehrs- und Übungsstraße). Die zweispurige, rund 20 Kilometer lange Strecke zwischen Funkturm und Wannsee soll als normaler Verkehrsweg, aber auch als Rennstrecke dienen.

Ein spektakulärer **Kunstraub** sorgt für Aufsehen: Das Rembrandt-Gemälde *Abziehendes Gewitter in Herbstlandschaft* im Wert von zwei Millionen Reichsmark wird aus der Hamburger Privatbank Heckscher gestohlen.

Tragischer Unfall: Bei einer **Explosion** im BASF-Stickstoffwerk bei **Ludwigshafen** werden über 500 Menschen getötet und Tausende verletzt. Durch die heftige Erschütterung stürzen sämtliche Häuser in der Umgebung ein – 7500 Menschen werden obdachlos.

Der italienische Sattlermeister **Guccio Gucci** (40) gründet in Florenz ein Geschäft für Lederwaren – das spätere Luxus-Modelabel **Gucci.**

POLITIK & WIRTSCHAFT

Annäherung zwischen **Deutschland** und **Russland:** Nach Verhandlungen, die im April mit dem **Vertrag von Rapallo** (bei Genua) enden, nehmen beide Staaten ihre 1918 abgebrochenen diplomatischen Beziehungen wieder auf und verzichten gegenseitig auf Reparationen.

Am 24. Juni wird Außenminister **Walther Rathenau** (54) von Nationalsozialisten ermordet. Der liberale Politiker ist in Berlin unterwegs, als aus einem überholenden Auto mit Maschinenpistolen auf ihn geschossen wird.

Hungersnot in **Russland:** Millionen Menschen sterben, weil es an Lebensmitteln und Wasser fehlt. Viele flüchten aus ihren Dörfern und verbreiten dabei Seuchen wie Typhus und Cholera. Die Kommunistische Partei Russlands wählt den Georgier **Josef Stalin** (43) zum Generalsekretär. Am 30. Dezember wird in Moskau die **UdSSR** (Union der Sozialistischen Sowjetrepubliken) gegründet. Zu dem neuen Staat mit 134 Millionen Einwohnern gehören die Republiken Russland, Weißrussland, die Ukraine und Transkaukasien.

In Italien droht Faschistenführer **Benito Mussolini** (39) mit Gewalt, falls ihm nicht die Regierung übergeben werde. 40 000 Mann in schwarzen Hemden stehen bereit zum **»Marsch auf Rom«.** Am 29. Oktober gibt König **Viktor Emanuel III.** (52) nach – Mussolini wird Ministerpräsident.

KUNST & KULTUR

Mit dem Stummfilm *Nosferatu – eine Symphonie des Grauens* verbreitet Regisseur **Friedrich W. Murnau** (33) Angst und Schrecken in deutschen Kinosälen.

In den USA lebt das Genre des Dokumentarfilms auf: *Nanuk, der Eskimo* vermittelt faszinierende Einblicke in das Leben der Inuit.

Mit seinem Roman *Ulysses* erwirbt sich der irische Schriftsteller **James Joyce** (40) den Ruf eines literarischen Genies.

WISSENSCHAFT & TECHNIK

Deutschen Ingenieuren gelingt die **Synchronisation** von Film und Ton. Tonfilme werden jetzt nicht nur zur Unterhaltung gedreht, sondern auch zur Volksbildung und Propaganda.

In London entsteht die **BBC** (British Broadcasting Corporation); sie nimmt als dritter kommerzieller Rundfunksender in Europa den Betrieb auf (nach dem russischen Sender Komintern und dem französischen Sender Radiola).

Der Amerikaner **Garrett Morgan** erfindet die automatische **Verkehrsampel.**

In Ägypten entdeckt der britische Forscher **Howard Carter** (49) im November das über 3250 Jahre alte Grab des Pharaos **Tutenchamun.**

ALLTAG & VERSCHIEDENES

Während die meisten Deutschen kaum genug zu essen haben, erlässt die Regierung ein Gesetz zur »Bekämpfung des Schlemmerunwesens«. Es soll einen übermäßigen Konsum von Speisen in Gaststätten verhindern.

Reichspräsident Friedrich Ebert erklärt **Das Lied der Deutschen** (Deutschlandlied) zur **Nationalhymne.** Es besteht aus dem 1841 von **Hoffmann von Fallersleben** geschriebenen Text und der von **Joseph Haydn** 1797 komponierten Melodie. Besonders beliebt ist die Zeile »Deutschland, Deutschland über alles«.

Der Unternehmer Hans Riegel erfindet die **Gummibärchen.** Mit seiner Firma **Haribo** (steht für »Hans Riegel, Bonn«) bringt er die Tanzbären (ab 1967: Goldbären) auf den Markt.

Das erste Parfum der Modedesignerin **Coco Chanel** kommt in den Handel: **Chanel No° 5.** Der Duft wird zum meistgekauften der Welt. Die Französin erschuf ihn nach eigenen Angaben 1921 »am fünften Tag des fünften Monats«.

Kein deutscher Fußballmeister: Hamburger SV und 1. FC Nürnberg spielen im Finale zwei Mal unentschieden.

POLITIK & WIRTSCHAFT

Die deutsche **Wirtschaftskrise** spitzt sich zu: Der Staat muss Kriegsanleihen an die eigene Bevölkerung zurückzahlen und Geld für Reparationen aufbringen. Immer wieder wird die Notenpresse angeworfen, was zur dramatischsten **Geldentwertung** der deutschen Geschichte führt. Als 4,2 Billionen Mark nur noch einem US-Dollar entsprechen, kommt es zur Währungsreform: Die **Rentenmark** wird eingeführt und zum Kurs von eins zu einer Billion Mark getauscht. Die staatlichen Kriegsschulden fallen so von 154 Milliarden Mark auf 15,4 Pfennig.

Adolf Hitler startet mit seinen Anhängern in München einen **Putschversuch,** um die Macht an sich zu reißen. Der Aufstand wird blutig niedergeschlagen, 16 Putschisten und vier Polizisten sterben. Die NSDAP wird daraufhin reichsweit verboten. Ebenso die KPD, die einen Umsturz nach russischem Vorbild versucht hat. Beim **Hamburger Aufstand** der kommunistischen Anhänger sterben hundert Menschen.

Am Schwarzen Meer ruft **Kemal Atatürk** (ca. 42) im Oktober die Republik **Türkei** aus. Hauptstadt wird Ankara.

KUNST & KULTUR

Auf den Kinoleinwänden der Welt dominiert trotz neuer Entwicklungen in der Tontechnik immer noch der schwarz-weiße Stummfilm. Erstmals widmen sich die Filmemacher der Bibel-Geschichte um Jesu Christi: In den USA entsteht der Monumentalfilm *Die zehn Gebote* von Cecil B. DeMille und im Deutschen Reich *I.N.R.I* von Robert Wiene, mit Stars wie **Werner Krauss** (39) und **Asta Nielsen** (42).

Der US-Amerikaner **Harold Lloyd** spielt in *Ausgerechnet Wolkenkratzer* einen Kleinstädter, der nach New York kommt. Komik, Akrobatik und eine Szene, in der der 30-Jährige am Zeiger einer Hochhausuhr hängt, machen den Stummfilm zum Klassiker.

WISSENSCHAFT & TECHNIK

»Achtung, Achtung! Hier ist das Voxhaus Berlin auf Welle 400« – mit diesen Worten beginnt in der Reichshauptstadt die erste deutsche **Radiosendung.**

Auf deutschen Straßen sind die ersten **Lastwagen** mit **Dieselmotor** unterwegs.

Im Deutschen Museum in München wird das weltweit erste **Projektionsplanetarium** vorgestellt, entwickelt und gebaut von der Firma Zeiss.

Der österreichische Tiefenpsychologe **Sigmund Freud** stellt sein Strukturmodell der **Psyche** vor: Er teilt sie ein in das bewusste Ich, das Es (den Trieb) und das Über-Ich (Gewissen).

Dem US-amerikanischen Astronomen **Edwin Hubble** (33) gelingt am kalifornischen Mount-Wilson-Observatorium der Beweis, dass außerhalb unserer Galaxie, der Milchstraße, weitere Himmelskörper existieren.

ALLTAG & VERSCHIEDENES

Das **Geld** der Deutschen verliert täglich an Wert: Ein Brot, für das sie am Montag noch 720 Millionen Mark bezahlen, kostet am Mittwoch 4,5 Milliarden Mark. Wertlose Geldscheine werden in Schubkarren transportiert und als Heizmaterial verwendet.

In **Berlin-Tempelhof** eröffnet einer der ersten deutschen Verkehrsflughäfen (⇨ 2008: Schließung).

In Los Angeles wirbt eine Maklerfirma mit dem Schriftzug *Hollywoodlands* für Immobilien. Von den 15 Meter hohen Buchstaben bleibt ab 1949 das bekannte **Hollywood**-Wahrzeichen erhalten. Hier entstehen die Filmproduktionsfirmen Warner Brothers Pictures und Disney Brothers Cartoon Studio.

In New York erscheint das neue Nachrichtenmagazin *Time.*

Nach einer Bauzeit von genau 300 Tagen wird im April in London das **Wembley-Stadion** eröffnet.

POLITIK & WIRTSCHAFT

Mit dem **Dawes-Plan** helfen die Siegermächte dem besiegten Deutschland: Internationale Anleihen bringen Geld in die Staatskasse, und die Zahlung der Reparationen richtet sich künftig nach der wirtschaftlichen Stärke. Die »**Goldenen Zwanziger**« haben begonnen.

Der nach seinem Putschversuch (⇨ 1923) verurteilte **Adolf Hitler** (35) wird auf Bewährung freigelassen. Als Ersatzorganisation für die verbotene NSDAP entsteht die **Großdeutsche Volksgemeinschaft.** Unter Führung der KPD wird der **Rotfrontkämpferbund** gegründet. Die Sozialdemokraten bilden daraufhin das **Reichsbanner Schwarz-Rot-Gold** für republiktreue Frontkämpfer. Bei den Reichstagswahlen liegen rechte und linke Parteien vorn.

Als offizielles Zahlungsmittel der Deutschen wird die **Reichsmark** eingeführt und 1:1 gegen die Rentenmark getauscht.

Wladimir Iljitsch Lenin (53), Parteiführer der Kommunistischen Partei Russlands, stirbt am 21. Januar. Damit ist der Weg für die politische Karriere **Josef Stalins** (45) frei.

KUNST & KULTUR

Der deutsche Regisseur **Fritz Lang** lockt mit seinem Zweiteiler *Die Nibelungen* (*Siegfried, Kriemhilds Rache*) Massen von Zuschauern ins Kino. Die orange Einfärbung (»Viragierung«) des schwarz-weißen Stummfilms macht die Handlung besonders lebendig.

Einen großen Erfolg kann auch **Thomas Mann** (49) mit seinem Roman *Der Zauberberg* feiern.

Als »Experiment der modernen Musik« wird in New York das Stück *Rhapsody in Blue* uraufgeführt. Der 25-jährige Komponist **George Gershwin** sitzt selbst am Klavier, begleitet von einem Jazzorchester. Das Publikum ist begeistert.

Im Alter von 40 Jahren stirbt am 3. Juni in einem österreichischen Sanatorium der schwerkranke Dichter **Franz Kafka.**

WISSENSCHAFT & TECHNIK

Weltweite luftige Rekorde versetzen die Menschen ins Staunen: Als erstes deutsches Luftschiff fliegt der **Zeppelin** LZ 126 über den Atlantik und landet in New York. Im Erzgebirge eröffnet die **Fichtelberg-Schwebebahn,** die erste deutsche Luftseilbahn.

Während der Pilot **Raoul Pescara** in Frankreich mit seinem **Hubschrauber** 736 Meter weit fliegt (Weltrekord), feiern die Amerikaner die erste **Weltumrundung** per Flugzeug: Zwei der vier gestarteten Douglas World Cruiser erreichen nach 157 Tagen (in Etappen) und 44 000 km Flugstrecke den Zielort Seattle.

In Rüsselsheim baut **Opel** den **Laubfrosch:** das erste deutsche Auto am Fließband – und das erste, das zuverlässig ist.

Ein medizinischer Fortschritt gelingt dem deutschen Neurologen **Hans Berger,** der erstmals ein **Elektroenzephalogramm (EEG)** des Menschen erstellt.

ALLTAG & VERSCHIEDENES

Die wirtschaftliche Stabilisierung zeigt auch beim Volk Wirkung: Nach Jahren des Kriegs, Hungers und der Inflation entsteht eine neue Lust zu leben. Die Menschen können es sich wieder leisten auszugehen; bei Musik und Tanz gefallen sie sich in Glitzer und Glamour.

Festlich wird auch die erste **Kölner Messe** von Oberbürgermeister **Konrad Adenauer** eröffnet. Rund 3000 Aussteller bieten Technik und Textilien aus aller Welt an – der Besucherandrang ist riesig. Auf der ersten **Funkausstellung** in **Berlin** zieht es die Menschen vor allem zu den Radiogeräten.

Die Hannoveraner können wieder ruhig schlafen: Massenmörder **Fritz Haarmann** (45) ist gefasst. Nach seinem Geständnis, 27 junge Männer ermordet zu haben, wird der Triebtäter zum Tode verurteilt.

Neuer Trend in Frankreich: der **Kurzhaarschnitt,** mit nahezu ausrasiertem Nacken.

POLITIK & WIRTSCHAFT

Kaum auf freiem Fuß (⇨ 1924), sorgt **Adolf Hitler** (35) für die Neugründung der **NSDAP.** Zusätzlich ruft er die **SS** (Schutzstaffel) ins Leben – vorerst als persönliche Leibwache. Hitler legt die österreichische Staatsbürgerschaft ab und veröffentlicht sein Buch *Mein Kampf,* das er in der Haft geschrieben hat.

Nach dem überraschenden Tod des Reichspräsidenten **Friedrich Ebert** (54) finden vorzeitige Neuwahlen statt. Es siegt der Anti-Republikaner **Paul von Hindenburg** (77) – das einzige deutsche Staatsoberhaupt, das jemals direkt vom Volk gewählt wurde.

Zur Friedenssicherung in Europa unterzeichnen die wichtigsten Staatsoberhäupter die **Verträge von Locarno.** Daraufhin endet die britische Besetzung des Rheinlandes, und die bestehende deutsche Westgrenze wird von allen Nationen anerkannt.

KUNST & KULTUR

Mit seiner Western-Parodie *Goldrausch* (*The Gold Rush*) begeistert **Charlie Chaplin** (36) die Zuschauer – und rührt sie mit einer Szene, in der er als hungernder Landstreicher seine Schuhe essen muss. Die wurden für die Dreharbeiten aus Lakritz angefertigt.

Mit seinem als Meisterwerk gefeierten Revolutionsfilm *Panzerkreuzer Potemkin* über einen Matrosenaufstand erlangt Regisseur **Sergej Eisenstein** (27) weltweite Bekanntheit.

In Deutschland sorgt der »Kulturfilm« *Wege zur Kraft und Schönheit* für Gesprächsstoff. Der unerotische FKK-Streifen wird trotz weitreichender Kritik als »volksbildend« ausgezeichnet und lässt die Kassen klingeln.

Egon Erwin Kisch (40) veröffentlicht seinen Reportagenband *Der rasende Reporter* – den Titel trägt er bald darauf als persönlichen Beinamen.

Ein Jahr nach dem Tod von **Franz Kafka** erscheint sein unvollendeter Roman *Der Prozess.*

WISSENSCHAFT & TECHNIK

Ein im Weimarer Stadtteil Ehringsdorf gefundenes Skelett verspricht neue Erkenntnisse über die menschliche Abstammungsgeschichte. Der **Ehringsdorfer Urmensch,** eine 20- bis 30-jährige Frau, lebte in der Altsteinzeit.

In der **Sahara** finden Archäologen versteinerte **Muscheln,** die beweisen, dass die Wüste einst der Boden eines Urmeeres war.

In Deutschland gibt es die erste Kleinbildkamera (35 Millimeter) zu kaufen. Die von **Oskar Barnack** (46) erfundene **Leica** wird von der Firma **Leitz** hergestellt.

Durch ein neu entwickeltes elektrisches Aufnahmeverfahren (mit Mikrofon und Verstärker) erlebt die **Schallplatte** ihren eigentlichen Durchbruch. Innerhalb kürzester Zeit erscheint eine riesige Auswahl neuer Platten auf dem Markt, die mit besonderer Klangqualität bestechen.

ALLTAG & VERSCHIEDENES

Laut einer **Volkszählung** leben in Deutschland 62,5 Millionen Menschen. Unter ihnen ist das betont lässige und freizügige Lebensgefühl der »goldenen« Zwanzigerjahre weit verbreitet.

Immer mehr **Frauen** gehen inzwischen **arbeiten,** besonders häufig als Sekretärinnen und Verkäuferinnen. Es gilt als sozialer Aufstieg, einen **Dienstleistungsberuf** zu erlernen.

In den Briefkästen der Deutschen landen erstmals **Werbeprospekte,** offiziell als Postwurfsendungen bezeichnet. Auch die Leser der *Berliner Illustrirten Zeitung* entdecken etwas Neues: das erste **Kreuzworträtsel** in Deutschland.

Nachdem sich seine süßen Tanzbären (⇨ 1922) seit drei Jahren großer Beliebtheit erfreuen, bringt **Haribo**-Chef Hans Riegel (32) erstmals auch Leckereien aus **Lakritz** auf den Markt.

Beim Wohnungsbauprojekt Neues Frankfurt entsteht ein Vorläufer der heutigen **Einbauküche,** die sogenannte Frankfurter Küche.

POLITIK & WIRTSCHAFT

Anerkennung für das Deutsche Reich: In Genf (Schweiz) wird es in den **Völkerbund** aufgenommen, eine internationale Organisation zur Friedenssicherung. Mit der Sowjetunion schließt es den »**Berliner Vertrag**«, der die wirtschaftliche und militärische Zusammenarbeit der beiden Staaten vorantreiben soll. Der deutsche Außenminister **Gustav Stresemann** (48) erhält den Friedensnobelpreis.

Die NSDAP hält ihren ersten Parteitag nach der Neugründung (⇨ 1925) ab. **Joseph Goebbels** (29) soll als Gauleiter von Berlin-Brandenburg das »rote Berlin« für die Nationalsozialisten gewinnen. **Adolf Hitler** (37) wird parteiintern bereits als Führer bezeichnet und mit dem Hitlergruß geehrt.

Schon einen Schritt weiter ist der italienische Ministerpräsident **Benito Mussolini** (43), der sich mit Vollmachten eines Diktators ausstattet und öffentlich als »Duce« (Führer) titulieren lässt. Er überlebt mehrere Attentate.

In der **Türkei** werden der **Harem** und die **Polygamie** abgeschafft.

KUNST & KULTUR

Obwohl er schon einen Hollywood-Vertrag in der Tasche hat, dreht Regisseur **Friedrich Wilhelm Murnau** (37) einen letzten Film in Deutschland: *Faust – eine deutsche Volkssage.* Gespannt verfolgen die Zuschauer, wie der Gelehrte Doktor Faust einen Pakt mit dem Teufel Mephisto schließt.

Der frühe Tod des großen Stummfilmstars **Rudolph Valentino** (31) stürzt seine weiblichen Fans weltweit in Trauer und Verzweiflung – viele nehmen sich sogar das Leben. Der temperamentvolle Leinwand-Verführer geht als eines der ersten männlichen Sexsymbole in die Filmgeschichte ein.

Rainer Maria Rilke (51), einer der bedeutendsten Dichter deutscher Sprache, stirbt am Jahresende an Leukämie.

WISSENSCHAFT & TECHNIK

In den USA gelingt dem Forscher **Robert Goddard** (43) der erste Start einer **Flüssigkeitsrakete.** Sie fliegt jedoch gerade einmal 2,5 Sekunden und erreicht dabei eine Höhe von 14 Metern und eine Weite von 50 Metern.

Als nachweislich erster Mensch überfliegt der Italiener **Umberto Nobile** (41) den Nordpol in seinem Luftschiff **Norge.** Unter den Expeditionsteilnehmern ist auch der norwegische Polarforscher **Roald Amundsen** (53).

ALLTAG & VERSCHIEDENES

Die Berliner feiern die Eröffnung des **Funkturms**. Die 138 Meter hohe Stahlkonstruktion ist der erste und damit auch höchste Sende- und Aussichtsturm im Deutschen Reich. In der angrenzenden Messehalle findet zum ersten Mal die **Grüne Woche** statt.

Die größte deutsche Messe eröffnet jedoch in Düsseldorf: Die **Große Ausstellung für Gesundheit, soziale Fürsorge und Leibesübungen** (GeSoLei) soll die Bürger zu einem gesunden Lebensstil anhalten. Rund 7,5 Millionen Besucher kommen.

Viele europäische Hauptstädte kopieren inzwischen die amerikanische Alltagskultur, besonders in puncto Unterhaltung. So wird der **Charleston** zum beliebtesten Modetanz der Deutschen und zum Sinnbild der wilden Zwanziger.

Während die Frauen sonst eher zweckbestimmt gekleidet sind, zeigen sie sich zum Ausgehen oft freizügig in kurzen Röcken. Die französische Modeschöpferin **Coco Chanel** (43) stellt im Oktober in der Zeitschrift *Vogue* das **»kleine Schwarze«** vor: »Dieses schlichte Kleid wird eine Art von Uniform für alle Frauen mit Geschmack werden.«

Für weltweite Schlagzeilen sorgt die US-amerikanische Schwimmerin **Gertrude Ederle** (19), als sie den **Ärmelkanal** in nur 14,5 Stunden durchschwimmt. Sie geht als erste Frau in die Sportgeschichte ein.

POLITIK & WIRTSCHAFT

Bei der Regierungsbildung in der **Weimarer Republik** gewinnen zum ersten Mal die deutsch-nationalen Parteien die Oberhand. Im Ausland wird dieser **Rechtstrend** mit Besorgnis gesehen. Im Inland gibt es für die Bürger soziale Verbesserungen: Der Deutsche Reichstag führt eine **Arbeitslosenversicherung** und ein **Mutterschutzgesetz** ein.

In der **Sowjetunion** wird KP-Chef **Josef Stalin** (48) zum Alleinherrscher, indem er seine politischen Gegner entmachtet. Außerdem beginnt die UdSSR mit der Ausarbeitung des ersten **Fünfjahresplans**. Er soll die Wirtschaft vorantreiben und zentral kontrollieren.

KUNST & KULTUR

»Say, Ma, listen to this ...« – das sind die ersten Worte, die im Oktober von einer Kinoleinwand zu hören sind und beim Publikum einen Beifallssturm auslösen. Gesprochen werden sie vom Broadway-Sänger **Al Jolson** (41), der die Hauptrolle in *The Jazz Singer* spielt – dem ersten abendfüllenden **Tonfilm.**

Wegen der hohen Kosten dominieren aber weiterhin Stummfilme, zum Beispiel der erste deutsche Science-Fiction-Film: *Metropolis* von **Fritz Lang** (36). Er handelt von einer Zukunftswelt, die ein Herrscher mit Hilfe riesiger Maschinen kontrolliert. Trotz eindrucksvoller technischer Effekte lockt der sieben Millionen Mark teure Streifen nur wenige Zuschauer an.

Der deutsche Schriftsteller **Hermann Hesse** (50) veröffentlicht seinen Roman *Der Steppenwolf* über die Lebenskrise und Selbstfindung eines 50-jährigen Intellektuellen.

Als einer der ersten Musikwettbewerbe weltweit findet in Warschau der **Internationale Chopin-Wettbewerb** statt. Er soll jungen, begabten Pianisten als Sprungbrett in die besten Konzerthäuser der Welt dienen.

WISSENSCHAFT & TECHNIK

Am Jahresbeginn treffen sich in Berlin zum einzigen Mal **Albert Einstein** (47) und der 70-jährige **Sigmund Freud** (⇨ 1932). Der Psychoanalytiker schreibt später über den Physiker: »Er versteht von Psychologie so viel wie ich über Physik, und so haben wir uns sehr gut gesprochen.«

Der amerikanische Pilot **Charles Lindbergh** (25) fliegt im Mai mit seinem Eindecker The Spirit of St. Louis als erster Mensch allein nonstop über den Atlantik, von New York nach Paris. Nach 33,5 Stunden erreicht er erschöpft sein Ziel.

Dem russischen Mediziner **Iwan Pawlow** (77) gelingt der Beweis, dass auch bei Tieren der **Placebo-Effekt** (Scheinwirkung) eintreten kann. Er spritzte einem Hund regelmäßig Morphium, woraufhin dieser sich übergab. Später ersetzte Pawlow das Morphium durch eine wirkungslose Kochsalzlösung, doch der Hund übergab sich weiterhin.

ALLTAG & VERSCHIEDENES

Die Jecken sind zurück: Erstmals seit 1914 gibt es in Köln wieder einen **Rosenmontagszug.**

Während in Hamburg im Frühsommer der Luxusdampfer **Cap Arcona** vom Stapel läuft, der als das eleganteste Schiff seiner Zeit gilt, wird in der Eifel unter großem Jubel die schwierigste, aber auch schönste Rennstrecke Europas eingeweiht: der **Nürburgring**.

Grund zum Feiern hat auch Profiboxer **Max Schmeling** (21), der sich im Juni als erster Deutscher den Europameistertitel im Halbschwergewicht erkämpft.

Das Schicksal von **Nicola Sacco** (36) und **Bartolomeo Vanzetti** (39) bewegt die Welt: Die italienischen Auswanderer werden in den USA wegen Raubmordes zum Tode verurteilt und trotz fehlender Beweise auf dem elektrischen Stuhl hingerichtet.

Bei zwei schweren **Erdbeben** in China und Japan sterben über 200 000 Menschen.

POLITIK & WIRTSCHAFT

Erstmals in der Geschichte wird ein Vertrag geschlossen, der den Krieg für völkerrechtswidrig erklärt: der **Briand-Kellogg-Pakt,** benannt nach den Außenministern Frankreichs und der USA. 15 Staaten, darunter auch das Deutsche Reich, unterzeichnen den **Friedensvertrag.**

Die **Industrieproduktion** und die **Löhne** in Deutschland haben wieder das Vorkriegsniveau erreicht, und das bei deutlich geringeren Wochenarbeitszeiten. Trotz der Reparationszahlungen ist der Reichshaushalt meist ausgeglichen.

Die **Türkei** macht einen weiteren Schritt in Richtung Verwestlichung, indem sie per Verfassungsänderung laizistisch wird, also Staat und Religion voneinander trennt.

In den USA kann der Republikaner **Herbert C. Hoover** (54) die Präsidentschaftswahlen für sich entscheiden.

KUNST & KULTUR

Weg von expressionistischen Wirklichkeitsverzerrungen, hin zu greifbaren Alltagsthemen – das ist das Motto der **Neuen Sachlichkeit,** die nun viele künstlerische Bereiche bestimmt. Ganz ungeschönt stellt auch **Bertolt Brecht** (30) in seiner *Dreigroschenoper* die dunkle, kriminelle Seite der Großstadt dar und verspottet die bürgerlich-kapitalistischen Vorstellungen. Die mitreißende, jazzige Musik von **Kurt Weill** (28) macht den Zuschauern Gänsehaut und das Stück zu einem globalen Erfolg.

Hollywoods neuer Star heißt **Mickey Mouse.** Mit seinem Auftritt in *Steamboat Willie,* einem der ersten vertonten Zeichentrickfilme, begeistert er Groß und Klein und beschert seinem Erfinder **Walt Disney** (27) den internationalen Durchbruch.

Der gelingt auch der schwedischen Schauspielerin **Greta Garbo** (23), die gleich in mehreren hochkarätigen Rollen glänzt und den Beinamen »die Göttliche« erhält.

WISSENSCHAFT & TECHNIK

Der Amerikaner **Philip Drinker** (33) erfindet das erste Beatmungsgerät. Beim ersten Einsatz im Children's Hospital in Boston rettet die »**Eiserne Lunge**« das Leben eines an Polio erkrankten Mädchens, das bereits ins Koma gefallen war.

Der britische Bakteriologe **Alexander Fleming** (47) bemerkt zufällig, dass Schimmelpilze eine seiner Bakterienkulturen zerstört haben. Das führt ihn später zur Entdeckung des **Penicillins**.

Dem schottischen Erfinder **John Logie Baird** (30) gelingt die erste Übertragung farbiger Fernsehbilder.

Das Luftschiff LZ 127 **Graf Zeppelin** startet in Friedrichshafen zu seinem ersten Transatlantikflug. Nach über 100 Stunden kreist die »fliegende Zigarre« über New York.

Auf der Berliner Avus stellt **Fritz von Opel** (29) mit dem raketengetriebenen Rennwagen RAK 2 einen neuen Geschwindigkeitsrekord auf (238 km/h).

ALLTAG & VERSCHIEDENES

Hunderttausende jubeln dem Droschkenkutscher **Gustav Hartmann** (69) während seiner Protestfahrt von Berlin nach Paris zu. Der »**Eiserne Gustav**« demonstriert gegen den zunehmenden Autobetrieb und den Untergang seines Berufsstandes.

Der US-Amerikaner **Richard Halliburton** (28) durchschwimmt als erster Mensch den Panamakanal und muss dafür bezahlen: Die Passage ist nur für Wasserfahrzeuge erlaubt, sodass er wie ein Schiff nach Tonnage vermessen und eingestuft wird. Ganze 36 US-Cent kostet ihn das Abenteuer.

Bei seiner zweiten Nordpol-Expedition stürzt der italienische Luftschiffpilot **Umberto Nobile** ab (⇨ 1926). Internationale Rettungsteams suchen ihn im Juni, darunter der Polarforscher **Roald Amundsen** (55), der seitdem verschollen ist. Nobile und ein Großteil seiner Besatzung werden lebend geborgen.

POLITIK & WIRTSCHAFT

Weil die **Reparationszahlungen** die deutsche Wirtschaft schwächen, werden sie mit dem **Young-Plan** neu geregelt: Er schreibt eine Herabsetzung der Jahresraten und eine Begrenzung der Gesamtzahlungen auf 112 Milliarden Reichsmark vor, verteilt über 59 Jahre.

Der plötzliche Tod von Reichsaußenminister **Gustav Stresemann** (51) stürzt die Menschen in Trauer, aber auch in Sorge über den weiteren politischen Kurs Deutschlands.

Der 25. Oktober geht als »**Schwarzer Freitag**« in die Geschichte ein: Die Börse an der New Yorker Wall Street ist zusammengebrochen. Nachdem Spekulationsgeschäfte die Aktienkurse in die Höhe getrieben hatten, folgt nun der rapide Absturz und eine **Weltwirtschaftskrise.**

Die **Vatikanstadt** wird zum eigenständigen **Staat,** in dem der Papst als Staatsoberhaupt regiert.

KUNST & KULTUR

Das bedeutendste Filmereignis des Jahres ist die erste **Oscar-Verleihung** in Hollywood. Mit einer 35 Zentimeter hohen goldenen Statuette sollen jährlich die besten filmischen Leistungen geehrt werden. Als »Bester Film« wird der Kriegsflieger-Film *Wings* ausgezeichnet, »Beste Hauptdarsteller« sind **Janet Gaynor** (22) und **Emil Jannings** (44).

Erich Maria Remarque (31) veröffentlicht seinen Antikriegsroman *Im Westen nichts Neues,* dessen Erstauflage schon durch die Vorbestellungen vergriffen ist. Ein Lese-Abenteuer für Kinder liefert **Erich Kästner** (30) mit *Emil und die Detektive.* **Thomas Mann** (44) erhält den Nobelpreis für Literatur.

Neue Helden und Abenteuer für Comic-Fans: **Popeye,** der kräftige Seemann mit einer Vorliebe für Spinat, wird ebenso schnell populär wie **Tarzan,** der Affenmensch. **Tim und Struppi** nehmen ihre Leser mit auf Weltreise.

WISSENSCHAFT & TECHNIK

Der deutsche Klinikarzt **Werner Forßmann** (25) schiebt sich durch den linken Arm einen Schlauch bis ins Herz und benutzt so als Erster einen **Herzkatheter.** Niemand erkennt die Bedeutung, Forßmann wird sogar entlassen.

Der österreichische Gynäkologe **Hermann Knaus** (36) veröffentlicht seine Erkenntnisse über den Menstruationszyklus.

Dem deutschen Turbinendampfer Bremen gelingt die schnellste Atlantiküberquerung; er braucht 4 Tage, 18 Stunden und 17 Minuten.

Mit der **Nord-Süd-Leitung,** einer Hochspannungstrasse, kann zum ersten Mal Strom von südlichen Wasserkraftwerken ins Ruhrgebiet geleitet werden.

Ende November überfliegt der US-Pilot **Richard Byrd** (31) mit einer dreimotorigen Maschine als erster Mensch den **Südpol.**

ALLTAG & VERSCHIEDENES

Blutbad am Valentinstag: Teilweise als Polizisten verkleidet, erschießen fünf Gangster sieben Mitglieder der North Side Gang in Chicago. Danach übernimmt das Chicago Outfit unter **Al Capone** (30) die Kontrolle des städtischen Alkohol- und Glücksspielgeschäfts.

Die Vereinigten Papierwerke in Nürnberg melden das Warenzeichen **Tempo** für die von ihnen hergestellten Taschentücher an. In der Bevölkerung wird der Markenname schon bald zum Synonym für Papiertaschentücher.

Als weltweit erste regelmäßige **Rundfunksendung** strahlt die Nordische Rundfunk AG das *Hamburger Hafenkonzert* aus. (Es wird noch heute am Sonntagmorgen im Radioprogramm des NDR übertragen.)

Der linksgerichtete Pazifist **Carl von Ossietzky** (29) wird »wegen Verrats militärischer Geheimnisse« zu 18 Monaten Haft verurteilt. In der von ihm herausgegebenen Zeitschrift *Die Weltbühne* hatte ein Artikel auf die verbotene Aufrüstung der Reichswehr aufmerksam gemacht (⇨ 1935).

Mit dem Börsencrash beginnt das Unheil:

Die Weltwirtschaftskrise

USA, 1928: ein Land im Konsumrausch. Nicht nur Wohlhabende, sondern auch Arbeiter können sich ein Auto leisten. Die ersten Fernsehgeräte kommen auf den Markt, sie kosten 75 Dollar und sind ebenso begehrt wie Waschmaschinen oder Kühlschränke. In den Metropolen glitzert verführerische Leuchtreklame. Die Wirtschaft boomt.

Das gilt auch für die Börse. Deren Kurse gehen seit Monaten nach oben, und jeder kennt Geschichten von Menschen, die mit Aktien viel Geld verdient haben. Wer kein hohes Einkommen hat, nimmt einen Kredit auf, um Aktien und teure Waren zu kaufen. 1919 betrug die Summe der Konsumentenkredite in den USA hundert Millionen Dollar, 1929 sind es über sieben Milliarden.

Die Nachfrage treibt die Kurse weiter nach oben. Der Dow-Jones-Index, der die Werte der großen US-Aktienunternehmen enthält, erreicht im September 1929 den Höchststand von 381 Punkten; fünf Jahre zuvor lag er noch bei 100.

Nur wenige Experten warnen vor dem Ende des Höhenfluges, die meisten bleiben euphorisch. »Es sieht so aus, als ob die Aktien ein dauerhaftes Hochplateau erreicht hätten«, verkündet ein Wirtschaftsprofessor am 16. Oktober 1929.

Doch dann sinken die Kurse. Die ersten Anleger reagieren nervös und verkaufen. Und allmählich dämmert es vielen, dass sie verlieren werden und ihre Kredite nicht zurückzahlen können. Am 24. Oktober 1929 bricht unter den Anlegern Panik aus: An der New Yorker Börse werden mehr als 16 Millionen Aktien abgestoßen. Innerhalb weniger Stunden sind die Aktien der US-Unternehmen elf Milliarden Dollar weniger wert als zuvor.

Mitte November steht der Dow Jones bei 180 Punkten. Doch der Tiefpunkt ist noch lange nicht erreicht – erst im Sommer 1932, als der Index bei 41 Punkten stoppt. Der Gesamtwert aller US-Aktien beträgt jetzt 19 Milliarden Dollar; im Oktober 1929 waren es noch 87 Milliarden.

Ein verhängnisvoller Teufelskreis setzt ein: US-Bürger, die sich verspekuliert haben, geben kaum Geld aus; die Industrie produziert deshalb weniger und entlässt Mitarbeiter. Die Arbeitslosenquote steigt von drei auf über 24 Prozent.

Zunächst hoffen europäische Banken und Aktienbörsen, dass US-Firmen ihr Geld jetzt bei ihnen anlegen. Doch Europa wird mit in den Strudel gerissen. Die Arbeitslosigkeit in der Schweiz verdoppelt sich bis 1931; im Deutschen Reich sind 1932 mehr als sechs Millionen Menschen ohne Beschäftigung.

Arbeitslosengeld gibt es nur 13 Monate lang (für Ältere 16 Monate). Vor den städtischen Fürsorgeeinrichtungen bilden sich lange Schlangen. Viele Menschen gehen angeln, bauen Gemüse an oder halten Kleintiere. In Ausflugslokalen wird oft nur noch Wasser getrunken und nichts gegessen. »Wenn der Deutsche zu arm geworden ist, um sich ein Bier zu kaufen«, schreibt ein US-Korrespondent, »dann ist er am Punkt der Verzweiflung angelangt.«

Im Sommer 1931 setzt ein Ansturm auf deutsche Banken ein, die daraufhin ihre Türen schließen – die Kunden wollen ihre Ersparnisse retten. Die Weltwirtschaftskrise hat die unbeschwerte Lebenslust der goldenen Zwanzigerjahre erstickt.

Wie wird es weitergehen? Radikale Politiker nutzen die Ratlosigkeit für ihre Parolen. Mit Erfolg: Bei den Wahlen 1932 erhält die rechte NSDAP mit ihrem Führer Adolf Hitler mehr als 30 Prozent der Stimmen und wird stärkste Partei.

POLITIK & WIRTSCHAFT

Zwei Jahre nach Kriegsende verlassen die letzten **Besatzungstruppen** das Deutsche Reich: Frankreich zieht seine Soldaten aus dem Rheinland ab. In ganz Deutschland feiert die Bevölkerung »**Befreiungsfeste**«.

Im ganzen Land gewinnen die Nationalsozialisten an Einfluss. Zum ersten Mal wird ein Politiker der **NSDAP** zum **Minister** gewählt: Thüringens Innenminister **Wilhelm Frick** (52). Bei der **Reichstagswahl** (82 % Wahlbeteiligung) wird die **NSDAP** mit 18,3 % der Stimmen zweitstärkste Partei; sie bekommt 107 Sitze (vorher: 12). Auch die **KPD** legt zu, von 23 auf 77 Sitze (13,1 %). Stärkste Partei bleibt die **SPD** mit 24,5 %. Als in Berlin der neu gewählte Reichstag zum ersten Mal zusammenkommt, erscheinen die Abgeordneten der Nazis in braunen Uniformen, obwohl deren Tragen an diesem Ort verboten ist.

Mahatma Gandhi, 60-jähriger Führer der indischen Unabhängigkeitsbewegung, ruft seine Anhänger zum gewaltlosen Protest gegen die britische Kolonialmacht auf. Sie besitzt das Monopol zur Salzgewinnung und kassiert eine Salzsteuer, weshalb Gandhi seinen »**Salzmarsch**« startet, dem viele Inder folgen. Nach weiteren Protestaktionen reagieren die Briten mit Härte und verhaften Tausende Anhänger Gandhis.

KUNST & KULTUR

Josef von Sternbergs Tonfilm *Der blaue Engel* macht die Schauspielerin **Marlene Dietrich** (28) über Nacht zum Weltstar. Sie spielt eine Varieté-Sängerin (»Ich bin die fesche Lola«), in einer Nebenrolle tritt **Hans Albers** (38) auf. Der Film entstand nach dem Roman *Professor Unrat* von **Heinrich Mann** (⇨ 1905). *Die drei von der Tankstelle,* ein Tonfilm mit **Heinz Rühmann, Lilian Harvey** und **Willy Fritsch,** begeistert das deutschsprachige Kinopublikum.

WISSENSCHAFT & TECHNIK

Der 24-jährige US-amerikanische Astronom **Clyde Tombaugh** entdeckt den **Pluto,** der in den folgenden 75 Jahren als neunter Planet unseres Sonnensystems gilt (⇨ 2006).

Die **Tiefkühlkost** ist erfunden: Der US-amerikanische Naturforscher **Clarence Birdseye** entwickelt eine Gefriertechnik, die es zehn Händlern in Springfield (Massachusetts) ermöglicht, ihren Kunden die noch ungewohnt dargebotenen Lebensmittel zu verkaufen.

ALLTAG & VERSCHIEDENES

Nach amerikanischem Vorbild findet in Europa die erste **Miss-Wahl** statt. Es gewinnt die griechische Miss Hellas. Nur in den USA gibt es dagegen Flugbegleiterinnen. Die erste **Stewardess** versorgt im Mai elf Passagiere einer Boeing 80A auf einem US-Kontinentalflug mit einem Imbiss.

Als die Düsseldorfer Polizei einen lange gesuchten Serientäter festnimmt, atmet die Bevölkerung erleichtert auf. Der 47-jährige Peter Kürten (»der Vampir von Düsseldorf«) hat neun Sexualmorde, mindestens 24 Brandstiftungen und mehrere Überfälle begangen. 1931 wird er mit dem Fallbeil hingerichtet.

Das erste **TV-Interview** der Fernsehgeschichte führt noch kein TV-Reporter, sondern ein britischer Zeitungsjournalist. Seine Fragen stellt er in Southampton der Schauspielerin **Peggy O'Neill.**

Bei der ersten **Fußball-Weltmeisterschaft** der Sportgeschichte gewinnt Gastgeber Uruguay mit 4:2 gegen Argentinien. 13 Mannschaften nehmen insgesamt an der WM teil.

Vor 80 000 Zuschauern im Stadion der New York Yankees wird der Deutsche **Max Schmeling** (24) als erster Nicht-Amerikaner Box-Weltmeister im Schwergewicht – nicht, weil er seinem Gegner **Jack Sharkey** überlegen ist, sondern weil der wegen eines Tiefschlags disqualifiziert wird.

POLITIK & WIRTSCHAFT

Wirtschaftskrise in Deutschland. Die Zahl der **Arbeitslosen** übersteigt im Sommer vier Millionen, am Jahresende 5,6 Millionen. Als im Juli eine angesehene Bank zahlungsunfähig wird, bilden sich lange Schlangen vor den anderen Banken und Sparkassen. Um deren Zusammenbruch zu verhindern, lässt die Regierung sie schließen, ebenso die Börsen.

Nach einer Gemeindewahl in **Spanien** glaubt der spanische König, dass es im Volk keine Mehrheit mehr für die Monarchie gibt, und zieht sich zurück. Spanien wird zur **Republik.**

Japanische Truppen marschieren in die Mandschurei (den nordöstlichsten Teil Chinas) ein und beginnen damit einen **Krieg** gegen **China.**

KUNST & KULTUR

Ein Landstreicher rettet einen betrunkenen Millionär, der sich umbringen will, wird von ihm beschenkt – aber am nächsten Morgen vor die Tür gesetzt. **Charlie Chaplins** Stummfilm *Lichter der Großstadt* (*City Lights*) erweicht in den USA und in Europa die Herzen der Zuschauer. Gruselig geht es dagegen zu in dem US-amerikanischen Tonfilm *Dracula* und in *Frankenstein,* in dem der Brite **Boris Karloff** (43) das vom Arzt Dr. Frankenstein geschaffene Monster verkörpert. In Deutschland läuft im Mai der erste Tonfilm des Regisseurs **Fritz Lang:** *M – Eine Stadt sucht einen Mörder.* Er macht den Schauspieler **Peter Lorre** (26) schlagartig berühmt.

Er ist noch nicht weltberühmt, aber in diesem Jahr erhält er seinen populären Namen: der »**Oscar**«. Die 35 Zentimeter große Statuette wird als Filmpreis von der Academy of Motion Picture Arts and Sciences in den USA verliehen und heißt offiziell »Academy Award«.

Im Alter von 69 Jahren stirbt der Wiener Autor **Arthur Schnitzler** (*Reigen, Traumnovelle*).

WISSENSCHAFT & TECHNIK

102 Stockwerke, 381 Meter hoch: In New York City wird das **Empire State Building** eingeweiht. Das neue Wahrzeichen der Stadt ist bis 1972 das höchste Haus der Welt. Es wurde in nur 13 Monaten gebaut – sieben Monate weniger als geplant und obendrein zu geringeren Kosten. Goldene Zeiten!

Vier Monate später, Ende August, landet das deutsche **Flugboot Dornier Do-X** in New York, das größte Flugzeug der Welt. Für das krisengeschüttelte Deutschland ist dieser Besuch ein Prestigegewinn.

Der australische Polarforscher **George Hubert Wilkins** (42) versucht mit seinem Tauchboot **Nautilus,** unter dem Eis an den **Nordpol** vorzustoßen. Er kommt bis zum Rand des Packeises, dann bricht er die Expedition ab.

Mit 84 Jahren stirbt in den USA **Thomas Alva Edison,** einer der größten Erfinder. Er entwickelte oder verbesserte unter anderem Phonograph, Glühbirne, Telefon und Fernschreiber.

ALLTAG & VERSCHIEDENES

Als am 18. August die einen Monat zuvor geschlossenen deutschen **Banken** wieder öffnen, bleibt der befürchtete Ansturm aus. Die Kunden dürfen nur ein paar Hundert Reichsmark abheben.

Zunehmend sind **Schlägertrupps** der **Nazis** unterwegs. In Berlin zerstören sie ein jüdisches Kaffeehaus; die Täter werden festgenommen und zu Gefängnisstrafen verurteilt.

Al Capone, berühmt-berüchtigter Gangsterboss, wird vor Gericht gestellt. Der 32-Jährige kontrolliert das organisierte Verbrechen in **Chicago** und ist an zahlreichen Bandenmorden beteiligt. Die sind ihm aber nicht nachzuweisen – ins Gefängnis muss er wegen Steuerhinterziehung.

Als erste Deutsche gewinnt die Tennisspielerin **Cilly Aussem** (22) ein Turnier in **Wimbledon;** sie besiegt die ebenfalls deutsche Spielerin **Hildegard Krahwinkel.**

POLITIK & WIRTSCHAFT

Deutschland geht es schlecht. Obwohl die Weltkriegssieger die deutschen Reparationszahlungen von 112 auf drei Milliarden Goldmark reduzieren, steigt die Zahl der Arbeitslosen vorübergehend auf über sechs Millionen; im Jahresdurchschnitt beträgt die **Arbeitslosenquote** 30 Prozent. In den USA und anderen europäischen Ländern ist die Lage kaum besser.

Zur Wahl des Reichspräsidenten tritt außer Amtsinhaber **Paul von Hindenburg** auch **Adolf Hitler** an. Der Freistaat Braunschweig hat ihn zum Regierungsrat ernannt; so ist der gebürtige Österreicher automatisch deutscher Staatsangehöriger und darf kandidieren. Hindenburg gewinnt die Wahl und bleibt im Amt.

Bei der **Reichstagswahl** am 31. Juli wird die **NSDAP** stärkste Partei (37,4 %), gefolgt von der SPD (21,6 %). Schon im November gibt es Neuwahlen; diesmal erzielt die NSDAP nur 33,1 %, bleibt aber stärkste Kraft im Parlament.

Immer häufiger kommt es zu **Übergriffen** von NS-Schlägertrupps und zu **Straßenschlachten,** bei denen meist Nazis gegen Linke kämpfen.

In **Italien** übernimmt Ministerpräsident **Benito Mussolini** auch das Amt des Innen- und des Außenministers.

KUNST & KULTUR

In **Venedig** findet das erste **internationale Filmfest** der Welt statt, und in US-Kinos ertönt ein Schrei, der Filmgeschichte machen wird: **Johnny Weissmuller** (27), mehrfacher Olympiasieger im Schwimmen, ist nun *Tarzan, der Affenmensch.*

Der sozialkritische Roman *Kleiner Mann, was nun?* von **Hans Fallada** (38) bewegt in Deutschland viele Leser. Das Berliner Theaterpublikum bejubelt den Schauspieler **Gustav Gründgens** (32) – er brilliert als Mephisto in Goethes *Faust.*

Mit 56 Jahren stirbt der Kriminalschriftsteller **Edgar Wallace.**

WISSENSCHAFT & TECHNIK

Zwei große Denker nehmen Verbindung auf: **Albert Einstein** schreibt einen Brief an **Sigmund Freud,** in dem er überlegt, wie man die Menschheit vom »Verhängnis des Krieges« befreien könne: Eine »überstaatliche Organisation« solle Konflikte friedlich regeln. Einstein glaubt aber, dass in den einzelnen Staaten das »Machtbedürfnis der jeweils herrschenden Schicht« gegen solche Bemühungen stehe. Freud antwortet, dass auch er sich zum Pazifismus bekenne und in Einstein einen Verbündeten sehe.

In Frankreich läuft das größte Schiff der Welt vom Stapel: die 313 Meter lange **Normandie.** Und in Deutschland fliegt die erste dreimotorige **Ju 52** von Junkers. In den folgenden 20 Jahren entstehen mehr als 4800 Exemplare der robusten »Tante Ju«.

Das erste **Autoradio** in einem deutschen Pkw ist so groß, dass es nicht ins Armaturenbrett passt: Das Röhrengerät von Blaupunkt wiegt 15 Kilo. Kaufpreis: 465 Mark – ein ganzes Auto kostet rund 1500 Mark.

Der 30 Jahre alte **Werner Heisenberg** erhält für seine Veröffentlichungen über die Quantenmechanik den Nobelpreis für Physik. Ein Kandidat für den Friedensnobelpreis findet sich nicht.

ALLTAG & VERSCHIEDENES

Ein Kriminalfall, der nicht nur die USA in Atem hält: Aus dem Haus des populären Atlantik-Fliegers Charles Lindbergh (⇨ 1927) entführen Kidnapper den 20 Monate alten Sohn des Piloten. Obwohl die Familie wie verlangt 50 000 Dollar Lösegeld bezahlt, wird das **Lindbergh-Baby** zwei Monate später tot aufgefunden.

Wer ein Hemd trägt, muss es über den Kopf ziehen und den Kragen mit Knöpfen daran befestigen. Der Londoner Herrenschneider **Cecil Gee** erfindet nun ein **Hemd zum Aufknöpfen** – der Kragen ist schon angenäht.

POLITIK & WIRTSCHAFT

Schicksalsjahr, Schreckensjahr. Als im Reichstag keine Mehrheiten zustande kommen, ernennt Reichspräsident **Paul von Hindenburg** am 30. Januar NSDAP-Chef **Adolf Hitler** zum **Reichskanzler.** Seine Regierung besteht nur aus Nationalsozialisten.

Vier Wochen später steht in Berlin das Parlamentsgebäude in Flammen; die Nazis behaupten, der **Reichstagsbrand** sei das Werk von Kommunisten – willkommener Anlass für eine **Notverordnung,** die Grundrechte außer Kraft setzt.

Bei den letzten freien Wahlen am 5. März erringt die NSDAP 43,9 Prozent – für Hitler nicht die erhoffte Mehrheit. Er erlässt am 23. März das **Ermächtigungsgesetz,** mit dem die Regierung Gesetze ohne das Parlament erlassen kann. Alle Abgeordneten bis auf die der SPD stimmen zu, die KPD darf nicht abstimmen.

Alle Parteien außer der NSDAP werden verboten. Mitglieder der KPD und SPD kommen in »Schutzhaft«, führende Politiker ins **Konzentrationslager;** das erste KZ entsteht in Dachau.

Länder, Gemeinden und Justiz werden »gleichgeschaltet«: Allein Hitler und seine Helfer bestimmen den Kurs – Deutschland ist **NS-Staat.**

KUNST & KULTUR

Was nicht zur NS-Ideologie passt, verliert die Existenzberechtigung – moderne Kunstwerke (**»entartete Kunst«**) ebenso wie die Bücher verfemter Schriftsteller. Bei einer öffentlichen **Bücherverbrennung** in Berlin werfen Nazis 20 000 Werke »undeutschen Geistes« in die Flammen.

In New York zeigt die **Radio City Music Hall** (6200 Plätze, größtes Kino der Welt) den Film *King Kong,* in dem der Riesenaffe Kong die blonde Ann (Fay Wray) auf das Empire State Building verschleppt. Die US-Schauspielerin **Mae West** (40) hat als Sexsymbol Erfolg: Im Film *Ich bin kein Engel* spielt sie neben dem Briten **Cary Grant** (29).

WISSENSCHAFT & TECHNIK

Im August wird auf der Funkausstellung in Berlin der erste **Volksempfänger** vorgestellt: ein preiswertes Rundfunkgerät, das es jeder deutschen Familie ermöglichen soll, zu Hause Radio und damit NS-Propaganda zu hören. Es wurde im Auftrag von Reichspropagandaleiter **Joseph Goebbels** (35) entwickelt, verschiedene Hersteller bauen es nach identischen Vorgaben. Sein Einheitspreis beträgt 76 Reichsmark.

In Hamburg läuft die Dreimastbark **Gorch Fock** vom Stapel, das neue Segelschulschiff der Reichsmarine.

ALLTAG & VERSCHIEDENES

»Deutsche! Wehrt Euch! Kauft nicht bei Juden!« Derlei Plakate prangen immer häufiger in den deutschen Städten, oft direkt auf den Schaufenstern von Läden mit jüdischen Inhabern. Unverhohlen ruft die NS-Regierung zum **Boykott** auf, der sich bald auch auf jüdische Ärzte und Anwälte erstreckt.

In dieser von Hass geprägten Atmosphäre kommt es zu Überfällen auf jüdische Geschäfte. Jüdische Lehrer, Ärzte und Juristen werden unter Androhung von Gewalt gedrängt, ihre Ämter aufzugeben, jüdische Künstler erhalten **Auftrittsverbote.**

Wer in einer der öffentlichen Volksbibliotheken ein Buch ausleihen will, sucht in der zweiten Jahreshälfte vergeblich nach bekannten Autoren wie Thomas und Heinrich Mann, Kurt Tucholsky, Arthur Schnitzler, Lion Feuchtwanger, Stefan Zweig oder Upton Sinclair. Sie gelten als »undeutsch« und sollen nicht mehr gelesen werden.

Die ersten Schriftsteller, Künstler, Wissenschaftler und Politiker verlassen ihre deutsche Heimat und **emigrieren** ins Ausland. Dort protestiert man mit ersten Aktionen gegen die NS-Herrschaft: »Boykottiert alle deutschen Waren« heißt es auf einem Plakat in London.

Die Demokratie schafft sich selber ab:

Deutschland als NS-Staat

Meinungsfreiheit: unterdrückt. Politische Parteien: verboten. Unliebsame Wissenschaftler, Künstler, Lehrer, Richter: aus ihren Ämtern gedrängt. Juden und Andersdenkende: boykottiert, drangsaliert, verfolgt, getötet. 1933 gelingt es Hitler innerhalb eines einzigen Jahres, in Deutschland eine nationalsozialistische Diktatur zu errichten. In einem Land, in dem noch im Herbst 1932 die Sozialdemokraten im Wahlkampf vor der Nazi-Herrschaft warnten: »An diesem System stirbt das Volk.« Nur wenige Wochen später gibt es keinen Wahlkampf mehr und keine Sozialdemokratie – allein Hitlers Partei NSDAP hat das Sagen.

Wie ist das möglich?

Diese Frage drängt sich umso mehr auf, wenn man das Ergebnis der Reichstagswahlen im November 1932 betrachtet: Die Nationalsozialistische Deutsche Arbeiterpartei (NSDAP) erhält nur 33,1 % der Stimmen – viel zu wenig, um allein zu regieren. Doch Hitler kommt nicht durch einen Putsch an die Macht. Er hat einflussreiche Helfer, die ihm die Regierungsgewalt schenken.

Allen voran Reichspräsident Paul von Hindenburg. Der 85-Jährige beauftragt am 30. Januar 1933 Adolf Hitler, eine Koalitionsregierung zu bilden. Hitler wird Reichskanzler, seine Minister gehören unterschiedlichen Parteien an oder sind parteilos. Nicht nur Hindenburg glaubt, den radikalen NSDAP-Führer unter Kontrolle zu haben: »Was wollen Sie denn?«, besänftigt der rechtskonservative Vizekanzler Franz von Papen einen Skeptiker, »in zwei Monaten haben wir Hitler in die Ecke gequetscht, dass er quietscht.«

Als am 27. Februar in Berlin das Reichstagsgebäude brennt, beschuldigt Hitler die Kommunisten, das Feuer gelegt zu haben. Schon einen Tag später erlässt die Regierung eine »Notverordnung zum Schutz von Volk und Staat« und am 24. März das Ermächtigungsgesetz – es setzt die Grundrechte außer Kraft und gibt Hitler freie Hand, politische Entscheidungen ohne das Parlament zu treffen. Die große Mehrheit der Abgeordneten stimmt dem Selbstmord ihrer eigenen Parteien zu. Nur die Sozialdemokraten sind geschlossen dagegen. 26 der 120 SPD-Abgeordneten können nicht abstimmen, weil sie inhaftiert oder geflohen sind. Die Stimmen der Kommunisten werden einfach nicht gezählt.

Hitlers Ziel ist es, ein »Drittes Reich« zu schaffen (nach den Kaisern im Mittelalter und dem deutschen Kaiserreich von 1871), in dem Deutschland als strahlende Macht die Weltherrschaft erringt. Eroberungen anderer Länder, vor allem im Osten, sollen dem deutschen Volk neuen »Lebensraum« geben. Gerechtfertigt wird dies mit der Rassenideologie, nach der die Deutschen als germanisches Volk allen anderen überlegen seien.

Schon bald nachdem Hitler an der Macht ist, jubelt ihm die Mehrheit der Deutschen zu. Nicht wegen seiner Rassentheorien, sondern weil er ihnen nach dem verlorenen Ersten Weltkrieg ein neues Selbstbewusstsein gibt und weil er Arbeitsplätze schafft. Die entstehen vor allem im Straßenbau und in der Rüstungsindustrie. 1933 werden für Rüstung 700 Millionen Reichsmark ausgegeben, sechs Jahre später sind es schon fast 26 Milliarden.

Dass die Staatsverschuldung steigt, spüren die einzelnen Bürger nicht. Dass sie wieder Arbeit haben, schon. Und dass Hitler Millionen Menschen in den Tod schickt, spüren sie erst Jahre später.

POLITIK & WIRTSCHAFT

Die NS-Regierung schafft **Arbeitsplätze.** Rüstung, Autobahnen, Landgewinnung an der Küste, Arbeitseinsätze in der Landwirtschaft und andere Projekte sorgen dafür, dass im April nur noch 2,8 Millionen Deutsche ohne Beschäftigung sind; im Vorjahr waren es sechs Millionen. Die **Staatsverschuldung** steigt entsprechend.

Als der 86-jährige **Reichspräsident von Hindenburg** stirbt, übernimmt der Reichskanzler und Vorsitzende der NSDAP **Adolf Hitler** (45) auch dieses Amt und lässt sich nun mit **»Führer«** anreden.

In der NS-Diktatur gibt es keine Opposition, bis auf mutige Angehörige der Kirche (**»Bekennende Kirche«**). Als sie eine gegen das NS-Regime gerichtete Schrift herausgeben, wird sie von der **Gestapo** (Geheime Staatspolizei) beschlagnahmt.

In China flieht der Kommunistenführer **Mao Zedong** mit Zehntausenden Soldaten seiner »Roten Armee« vor Regierungstruppen; der **»Lange Marsch«** (ca. 12 000 km) dauert ein Jahr und führt über Gebirge, durch Steppen und Sümpfe; viele sterben unterwegs. Zahlreiche Bauern kommen zum ersten Mal in Kontakt mit dem **Kommunismus.**

KUNST & KULTUR

Der Schriftsteller **Hans Fallada** (40) veröffentlicht seinen Roman *Wer einmal aus dem Blechnapf frisst,* in dem ein aus dem Gefängnis Entlassener versucht, in der Gesellschaft wieder Fuß zu fassen, und dabei auf Vorurteile stößt.

Der US-Autor **Henry Miller** (43) sorgt mit seinem autobiografischen Roman *Wendekreis des Krebses* für Aufsehen, weil er darin ungewohnt freizügig über Sex schreibt.

Verarmt und von den Nazis boykottiert stirbt der Dichter **Joachim Ringelnatz** (eigentlich Hans Bötticher) mit 51 Jahren. Er wurde bekannt durch humoristische Verse, zum Beispiel über den Matrosen *Kuttel Daddeldu.*

WISSENSCHAFT & TECHNIK

Knapp sechs Monate nach dem Verkaufsstart stehen im Februar in deutschen Haushalten schon 600 000 **Volksempfänger** (⇨ 1933). Die NS-Regierung entzieht **Albert Einstein** (55) die deutsche Staatsangehörigkeit. Der Nobelpreisträger war 1933, nachdem er von der Machtergreifung Hitlers erfahren hatte, von einem Besuch in den USA nicht nach Deutschland zurückgekehrt.

Mit 78 Jahren stirbt im April der Münchner Techniker **Oskar von Miller**, Mitbegründer der späteren Firma AEG und Initiator für den Bau des Deutschen Museums in München (1903 eröffnet).

ALLTAG & VERSCHIEDENES

Der NS-Staat hat alle fest im Griff: Die deutsche Bevölkerung schwankt zwischen Zustimmung und Angst vor Repressalien. Von Kindesbeinen an sollen die Bürger »nichts anderes als deutsch denken, deutsch fühlen, deutsch handeln«. Dafür, dass dies im Sinne des Staates geschieht, sorgt Propagandaminister **Joseph Goebbels** (36). Er überwacht die gleichgeschaltete Presse, den Rundfunk und den Inhalt aller Filme.

Gewerkschaften und Jugendverbände sind aufgelöst, nur die **katholische Jugend** lässt sich nicht vereinnahmen. Für Jungen ab zehn gibt es die Organisation **Jungvolk** (Mädchen: **Jungmädel**), 14- bis 18-Jährige können Mitglied der **Hitlerjugend (HJ)** oder beim **Bund Deutscher Mädel (BDM)** werden. Vormilitärische Ausbildung soll nach dem Willen der Machthaber eine Jugend »zäh wie Leder, hart wie Krupp-Stahl, flink wie Windhunde« formen.

Die NS-Freizeitorganisation **Kraft durch Freude (KdF)** bietet preiswerte Ausflüge, Reisen und Kulturveranstaltungen an, wodurch sie sehr populär wird.

Am 23. Juni finden im Deutschland zahlreiche von der NS-Regierung propagierte **Sonnwendfeiern** statt.

POLITIK & WIRTSCHAFT

Deutschland rüstet wieder auf, besitzt eine schlagkräftige **Luftwaffe** und führt die allgemeine **Wehrpflicht** ein – ein klarer Verstoß gegen den Versailler Vertrag (⇨ 1919).

Alle jungen Männer zwischen 18 und 25 Jahren werden in Deutschland zum **Reichsarbeitsdienst** eingezogen. Ein halbes Jahr lang müssen sie neues Ackerland kultivieren, Moore trockenlegen oder beim Bau von Autobahnen helfen. Der schlecht bezahlte »Ehrendienst am deutschen Volke« hilft, die Arbeitslosenquote zu senken.

Im September wird das »Gesetz zum Schutze des deutschen Blutes und der deutschen Ehre« erlassen. Es verbietet sexuelle Kontakte und Ehen zwischen Juden und Nichtjuden. Wer dagegen verstößt, macht sich der **»Rassenschande«** schuldig.

Italiens faschistischer Staatschef **Benito Mussolini** schickt Truppen nach Äthiopien – er will das Land als Kolonie und überfällt es allein aus diesem Grund.

KUNST & KULTUR

Presse und Rundfunk sind im Deutschen Reich **gleichgeschaltet.** Ein **Reichssendeleiter** bestimmt zum Beispiel im Oktober, dass im Radio keine »Nigger-Jazzmusik« gespielt werden darf.

In New York wird zum ersten Mal die Oper *Porgy and Bess* des Komponisten **George Gershwin** (37) aufgeführt. Sie schildert das Leben von Schwarzen in der US-amerikanischen Hafenstadt Charleston (South Carolina).

Der deutsche Schriftsteller, Journalist und Satiriker **Kurt Tucholsky** (45) nimmt sich im schwedischen Exil das Leben. Er schrieb gesellschaftskritische Glossen und Reportagen, in denen er Machtmissbrauch und Militarismus anprangerte. In seinem Roman *Schloss Gripsholm* erfährt ein junges Liebespaar, dass sein Urlaubsglück angesichts der politischen Realität nicht ungetrübt bleibt.

WISSENSCHAFT & TECHNIK

An jedem Montag, Mittwoch und Samstag wird abends in Berlin ein **Fernsehprogramm** ausgestrahlt – das ist weltweit einmalig. So gut wie kein Haushalt besitzt einen der teuren TV-Apparate, aber man kann die Filme, Wochenschau-Beiträge – und die ersten TV-Ansagerinnen – in öffentlichen Fernsehstuben anschauen.

In den USA kommen die weltweit ersten **Getränkedosen** in den Handel, sie enthalten **Dosenbier.**

Zum Patent angemeldet werden zwei andere US-Erfindungen: die **Parkuhr** und die erste **Kunstfaser.** Das vollkommen synthetisch hergestellte Material wird unter dem Namen **Nylon** zuerst in Zahnbürsten verwendet.

Ein weiteres chemisches Produkt entsteht in Deutschland, als die Firma Beiersdorf einen durchsichtigen Klebefilm in den Handel bringt. Zunächst ohne Erfolg – der stellt sich später unter dem Namen **Tesafilm** ein.

In den USA wird zum ersten Mal in einem Experiment bewiesen, dass ein **Lügendetektor** (Polygraph) erkennt, ob eine Versuchsperson die Unwahrheit sagt.

ALLTAG & VERSCHIEDENES

Schon Kinder werden in Deutschland politisch aufgehetzt: »Die Juden sind unser Unglück!« heißt es in einem Bilderbuch.

Ein sportlicher Riesenerfolg gelingt dem US-Amerikaner **Jesse Owens:** Innerhalb einer Dreiviertelstunde stellt der 21-Jährige in den USA **vier Weltrekorde** auf. Er gewinnt im 100-Yard-Lauf (91,44 m), springt 8,13 Meter weit, wird Sieger im Hürdenlauf über 220 Yards und ist der Schnellste über eine Strecke von 220 Yards (201 m), für die er 20,3 Sekunden braucht.

Am 19. Mai fällt in Paris Schnee – das gab es zuletzt vor mehr als 950 Jahren. Wenige Wochen später spielt das Wetter in China verrückt, rund 200 000 Menschen sterben bei einem Hochwasser.

POLITIK & WIRTSCHAFT

Hitler bereitet den **Krieg** vor. Der deutschen **Wehrmacht** und der Wirtschaft gibt er schriftlich klare Vorgaben: »1. Die deutsche Armee muss in vier Jahren einsatzfähig sein. 2. Die deutsche Wirtschaft muss in vier Jahren kriegsfähig sein.« Um die bestehenden Friedensverträge schert sich der NS-Führer nicht – er lässt 30 000 Soldaten ins entmilitarisierte Rheinland einmarschieren. Frankreich und England greifen nicht ein.

Und noch an einem anderen Ort werden deutsche Soldaten aktiv: In **Spanien** versuchen Faschisten unter ihrem Führer **Francisco Franco** (43) durch einen **Putsch** an die Macht zu kommen; Hitler schickt die **Legion Condor,** um im **Spanischen Bürgerkrieg** Franco und die Rechtsnationalen zu unterstützen.

KUNST & KULTUR

Charlie Chaplin trotzt zum letzten Mal dem Tonfilm: In dem gesellschaftskritischen, in Deutschland verbotenen Film *Moderne Zeiten* (*Modern Times*) spielt er einen Fabrikarbeiter und gibt nur ein paar Nonsense-Worte von sich. Ein Genuss für die Ohren sind dagegen die Musikfilme mit **Fred Astaire** (37) und **Ginger Rogers** (25). Das berühmteste Tanzpaar der Filmgeschichte erscheint in diesem Jahr gleich zweimal auf der Leinwand (*Swing Time* und *Die Matrosen kommen*).

Die 35-jährige US-amerikanische Schriftstellerin **Margaret Mitchell** veröffentlicht ihren einzigen Roman, der sie weltberühmt macht: *Vom Winde verweht.* Zahlreiche Frauen in den USA identifizieren sich in der **Wirtschaftskrise** mit der Hauptfigur Scarlett O'Hara aus den Südstaaten, die einen enormen Durchhaltewillen besitzt (Verfilmung ⇨ 1939).

Der 48-jährige US-Dramatiker **Eugene O'Neill** erhält für sein Stück *Trauer muss Elektra tragen* den Literaturnobelpreis.

WISSENSCHAFT & TECHNIK

Schiffe, Lokomotiven und Lkws fahren schon mit Dieselantrieben – nun kommt auch das erste Serienauto mit Dieselmotor auf den Markt: der Mercedes 260 D.

Eine Lokomotive der Deutschen Reichsbahn (Baureihe 05) stellt einen neuen Geschwindigkeitsrekord für **Dampfloks** auf: Sie erreicht ein Höchsttempo von 200,4 km/h.

ALLTAG & VERSCHIEDENES

Die Mitgliedschaft in der **Hitlerjugend** (⇨ 1934), bisher freiwillig, wird Pflicht.

Der deutsche Publizist und Pazifist **Carl von Ossietzky** (47) bekommt den **Friedensnobelpreis.** Er kann ihn nicht selbst entgegennehmen: Seit 1934 ist er im KZ inhaftiert.

Gleich zweimal ist das Deutsche Reich Gastgeber von sportlichen Großereignissen: Im Februar finden in **Garmisch-Partenkirchen** die **Olympischen Winterspiele** statt, im August blickt die Welt auf die **Olympischen Sommerspiele** in **Berlin.** Bei der Eröffnungsfeier in der Hauptstadt erheben nicht nur die deutschen Sportler den rechten Arm zum **Hitlergruß,** sondern auch die Teilnehmer aus Frankreich, Italien und Österreich. Deutschland wird bei den Wettkämpfen die erfolgreichste Nation vor den USA.

Ein weiterer deutscher Sporterfolg gelingt dem Schwergewichts-Boxer **Max Schmeling:** Überraschend besiegt der 30-Jährige im New Yorker Yankee-Stadion den bisher ungeschlagenen Amerikaner **Joe Louis** (22) durch K. o. in der 12. Runde. Das **Luftschiff Hindenburg** (⇨ 1937) bringt Schmeling in zweieinhalb Tagen nach Deutschland, wo er begeistert empfangen wird.

Der Österreicher **Sepp (»Bubi«) Bradl** erreicht in Jugoslawien beim **Skispringen** als Erster die 100-Meter-Marke; er springt 101 Meter weit.

Das US-Magazin *The Billboard* in New York veröffentlicht die weltweit erste **Hitparade.**

POLITIK & WIRTSCHAFT

Zum ersten Mal seit zehn Jahren gibt es im April in Deutschland weniger als eine Million **Arbeitslose.**

Im **Spanischen Bürgerkrieg** vertreiben die Truppen der rechten Nationalisten im Februar die republikanischen Regierungssoldaten aus der Stadt **Málaga;** auch Zehntausende Zivilisten fliehen, darunter 5000 Kinder. Sie werden von spanischen und deutschen Flugzeugen verfolgt. Bei dem Massaker sterben Tausende.

Deutsche Bomber zerstören die nordspanische Stadt **Guernica.**

KUNST & KULTUR

Aus Protest gegen die Zerstörung der spanischen Stadt malt **Pablo Picasso** das Bild *Guernica.* Im Großformat (3,5 mal 7,8 m) zeigt es Leid und Schrecken des Krieges.

In München eröffnet die NS-Ausstellung **»Entartete Kunst«** mit Werken »undeutscher« oder »artfremder« Maler und Bildhauer wie Paul Klee, Emil Nolde, Otto Dix, Ernst Barlach, Max Beckmann und Oskar Kokoschka. Die Werke sind anschließend auch in anderen Städten zu sehen; am Ende werden sie zerstört oder ins Ausland verkauft.

Großen Anklang findet das musikalische Werk *Carmina Burana* des Münchner Komponisten **Carl Orff** (41).

Viel gewagt und viel gewonnen: Der US-Regisseur, Zeichner und Produzent **Walt Disney** (36) zeigt seinen ersten abendfüllenden Film, *Schneewittchen und die sieben Zwerge.* Mehr als 500 Zeichner arbeiteten drei Jahre lang, die Kosten versechsfachten sich auf 1,5 Millionen Dollar – doch der Zeichentrickfilm spielt weltweit über acht Millionen Dollar ein.

Die in Deutschland am besten bezahlte Schauspielerin ist die in Schweden geborene **Zarah Leander** (30). Sie soll für den deutschen Film dem ebenfalls schwedischen Star **Greta Garbo** (32) Konkurrenz machen und die ausgewanderte **Marlene Dietrich** ersetzen.

WISSENSCHAFT & TECHNIK

San Francisco feiert im Mai eine Woche lang die Eröffnung der **Golden Gate Bridge.** Mit ihren 2700 Metern ist sie die längste Hängebrücke der Welt.

Drei Geschwindigkeits-Weltrekorde: Der deutsche Rennfahrer **Bernd Rosemeyer** (28) fährt auf einer öffentlichen Straße schneller als 400 km/h, der Engländer **George Eyston** übertrifft auf einem Salzsee im US-Staat Utah die Marke von 500 km/h, und der Brite **Malcolm Campbell** rast mit 208 km/h über den Lago Maggiore – Weltrekord für Motorboote.

ALLTAG & VERSCHIEDENES

Ein Besitzer eines US-amerikanischen Supermarkts montiert an einen Klappstuhl Räder und einen Korb und erfindet so den **Einkaufswagen.** Seine Kunden ignorieren das seltsame Ding zunächst – erst als der Händler bezahlte Testkäufer damit losschickt, wird sein Nutzen erkannt.

Nach zweijähriger Suche wird in einem Dorf in **Tibet** der neue **Dalai Lama** gefunden – ein zweijähriger Bauernsohn, der als die Reinkarnation seines Vorgängers gilt. Er wird in die Hauptstadt Lhasa gebracht, wo man ihn zum Mönch ausbildet.

Papst Pius XI. (80) beklagt in einem auf Deutsch verfassten Schreiben die Politik und die kirchenfeindliche Haltung des NS-Regimes. Die Enzyklika **»In brennender Sorge«** wird im März in allen katholischen Sonntagsgottesdiensten Deutschlands verlesen. Erst hinterher gelingt es der Regierung, die Verbreitung des Briefs zu verbieten.

Der Reichsbund deutscher Haus- und Grundbesitzer nimmt in Mietverträge **»Arierklauseln«** auf, um jüdische Mieter fernzuhalten.

Kurz vor seiner Landung in Lakehurst in der Nähe von New York explodiert der deutsche **Zeppelin Hindenburg** – der Luftschiff-Verkehr über den Atlantik wird eingestellt.

POLITIK & WIRTSCHAFT

Eine jubelnde Bevölkerung begrüßt im März deutsche Truppen beim Einmarsch in **Österreich,** das dem Deutschen Reich als **Ostmark** angegliedert wird. Obwohl der »Anschluss« gegen den Vertrag von Versailles verstößt, bleiben England und Frankreich passiv, um einen Krieg zu vermeiden. Im September stimmen sie zu, dass sudetendeutsche Gebiete der **Tschechoslowakei** ans Reich abgetreten werden.

Das Attentat eines 17-jährigen Juden auf einen deutschen Diplomaten in Paris ist für das NS-Regime ein willkommener Vorwand: Am 9. November werden jüdische Geschäfte verwüstet oder geplündert und rund 100 Synagogen in Brand gesetzt. Auch 29 Kaufhäuser gehen in Flammen auf. Da bei der Aktion zahlreiche Schaufenster aus Kristallglas zerbrechen, spricht Deutschland von der **»Reichskristallnacht«.** Die Juden selbst sollen die Schäden bezahlen. Wenige Tage später wird jüdischen Schülern der Besuch staatlicher Schulen verboten.

In **China** will die Regierung vorrückende Truppen Japans aufhalten, indem sie Deiche sprengt. Eine riesige Überschwemmung ist die Folge. Die Bevölkerung wird nicht gewarnt – mehr als eine halbe Million Menschen ertrinken.

KUNST & KULTUR

Als in den USA die erste Ausgabe des Magazins *Action Comic* mit verschiedenen **Comic Strips** erscheint, findet das Heft sofort reißenden Absatz: Die Leser begeistern sich für den Helden **Superman.** Die Figur war schon sechs Jahre zuvor von den Teenagern **Jerry Siegel** und **Joe Shuster** entwickelt worden, aber kein Verlag interessierte sich für sie.

Den Nobelpreis für Literatur bekommt die US-Schriftstellerin **Pearl S. Buck** (46). Als Tochter eines Missionars in China aufgewachsen, bringt sie ihren Lesern das fernöstliche Leben nahe.

WISSENSCHAFT & TECHNIK

Die **Queen Elizabeth,** größtes Passagierschiff der Welt, läuft in Irland vom Stapel (⇨ 1940). Schnellstes Schiff bleibt aber die ebenfalls britische **Queen Mary**; für die Atlantik-Überquerung braucht sie knapp vier Tage.

Eine südafrikanische Amateurbiologin entdeckt in einem Fischfang ein lebendes Fossil: den **Quastenflosser.** Bisher hatte man angenommen, alle Urfische seien mit den Sauriern vor 65 Millionen Jahren ausgestorben.

Der US-Amerikaner **Chester Carlson** stellt die erste **Fotokopie** her. Sein Verfahren nennt er Xerografie (»Trockenschrift«). Der erste Kopierer kommt aber erst zwölf Jahre später auf den Markt (⇨ 1950).

Der deutsche Physiker **Otto Hahn** veröffentlicht eine folgenreiche Erkenntnis: Atomkerne lassen sich spalten. Die **Kernspaltung** könnte der Energiegewinnung dienen – an den Bau einer Atombombe denkt noch niemand.

ALLTAG & VERSCHIEDENES

Viele Deutsche wollen ein eigenes Auto besitzen. Der KdF-Wagen (»Kraft durch Freude« ⇨ 1934) soll im neuen **Volkswagen**-Werk gebaut werden. Interessenten kaufen wöchentlich Sparmarken, bis sie die Kaufsumme von 999 Reichsmark abbezahlt haben. Doch als es so weit ist, werden Autos nur noch für den Krieg produziert (⇨ 1940, 1961).

In der Schweiz hat der Konzern Nestlé die Gefriertrocknung für Kaffee entwickelt und produziert **löslichen Kaffee** (*Nescafé*).

Bei einem Rekordversuch in seinem Rennwagen (Auto Union, heute Audi) kommt der 28-jährige **Bernd Rosemeyer** (⇨ 1937) ums Leben, als ihn auf der Autobahn eine Windböe erfasst. Er wird aus dem Fahrzeug geschleudert und ist sofort tot.

Die US-amerikanische Tennisspielerin **Helen Wills Moody** siegt in **Wimbledon** zum achten Mal im Damen-Einzel.

POLITIK & WIRTSCHAFT

Am 15. März marschieren **deutsche Truppen** in **Prag** ein. Hitler verkündet, er stelle »das tschechische Volk unter den Schutz des Deutschen Reiches«. Anders als ein Jahr zuvor in Österreich (⇨ 1938) werden die Soldaten nicht mit Jubel begrüßt, sondern mit Schweigen, wütenden Zurufen und erhobenen Fäusten.

Ende April kündigt die deutsche Regierung den **Nichtangriffspakt** mit Polen. Am 1. September stürmen SS-Männer in polnischen Uniformen den Rundfunksender Gleiwitz in Oberschlesien. Nach diesem fingierten Überfall verkündet Hitler in einer Rede: »Seit 5.45 Uhr wird jetzt zurückgeschossen.« Deutsche Truppen besetzen Polen, der **Zweite Weltkrieg** hat begonnen.

Zwei Tage später erklären **Großbritannien** und **Frankreich** dem Deutschen Reich den Krieg.

Auch **sowjetische Truppen** greifen Polen an (17. September). Hitler und der sowjetische Machthaber **Josef Stalin** haben sich in einem **Geheimvertrag** über die Aufteilung Osteuropas verständigt. Ende November marschiert die **Rote Armee** in **Finnland** ein. Helsinki wird bombardiert.

Der **Spanische Bürgerkrieg** endet mit dem Sieg der aufständischen Nationalisten unter Francisco Franco, dessen Soldaten Madrid einnehmen.

KUNST & KULTUR

Zum größten Kinoerfolg des Jahres – und einem der größten überhaupt – wird der Film *Vom Winde verweht* mit **Clark Gable** (38) und **Vivien Leigh** (25). Die Dreharbeiten verschlangen vier Millionen Dollar und verschlissen drei Regisseure. Dem stehen 80 Millionen Dollar an Einnahmen und acht »Oscars« gegenüber.

Die Amerikanerin **Judy Garland** wird über Nacht zum Filmstar: Im Musical *The Wizard of Oz* (deutsch: *Das zauberhafte Land*) singt sich die 17-Jährige in die Herzen der Zuschauer.

WISSENSCHAFT & TECHNIK

Fliegerei im Aufwind: Im Juni startet die US-Fluggesellschaft Pan American Airways (**PanAm**) die ersten **Linienflüge** von der Ostküste der USA nach Europa. Zwei Monate später hebt in der Nähe von Rostock das erste **Düsenflugzeug** der Welt ab, der Jäger Heinkel He 178.

Auf der **Berliner Funkausstellung** wird der **Einheits-Fernseh-Empfänger E 1** vorgestellt. In der Hauptstadt kann bereits ein Sender empfangen werden, weitere Sender in anderen Städten sollen folgen.

ALLTAG & VERSCHIEDENES

In Deutschland lebende **Juden** müssen Wertgegenstände, Führerscheine und Rundfunkgeräte abliefern, dürfen keine Kinos und Theater besuchen. Ziel der Regierung: Sie sollen auswandern, das Reich soll »judenfrei« werden.

Jede Deutsche, die Mutter wird, genießt staatliche Anerkennung, weil sie »dem Führer ein Kind schenkt«. Seit dem Muttertag am 21. Mai erhalten Frauen mit mindestens vier Kindern deshalb das »Ehrenkreuz der deutschen Mutter« (**Mutterkreuz**). Es verschafft ihnen Privilegien (vorrangige Behandlung in Behörden, Sitzplatz in Bahn und Bus).

Ab dem Herbst spüren alle, dass Krieg ist: Autofahrer brauchen zum Tanken **Bezugsscheine,** und jeder Deutsche ab 14 erhält eine **Kleiderkarte.** Auf ihr stehen 100 Punkte; der Kauf von Socken kostet 4 Punkte, ein Pullover 45, ein Anzug 60 Punkte.

Die überragende Skirennläuferin **Christl Cranz** (24) gewinnt drei alpine Wettbewerbe und wird zum 12. Mal Weltmeisterin seit 1934.

Christel Schulz (18) springt in Berlin 6,12 Meter weit und ist damit die Erste, die die 6-Meter-Marke erreicht.

Mit seinem Sieg auf dem Nürburgring gewinnt der Autorennfahrer **Rudolf (»Karratsch«) Caracciola** (38) zum 5. Mal den Großen Preis von Deutschland.

Unendliches Leid und Millionen Tote:

Der Zweite Weltkrieg

Anders als der Erste Weltkrieg, der von vielen Staaten gewollt war, ist für den Zweiten Weltkrieg allein Deutschland verantwortlich. Sein Urheber Adolf Hitler hat die Eroberungen anderer Länder langfristig geplant – doch er beteuert zunächst seinen Willen zum Frieden und verschweigt der Welt seine wahren Absichten. So gewinnt er Zeit für die Aufrüstung. Von 1933 bis 1939 steigen die Rüstungsausgaben im Deutschen Reich um das 37-Fache.

Schon bevor er 1933 an die Macht kommt, hat Hitler für sich beschlossen, Russland zu unterwerfen und Frankreich zu besetzen. Für das deutsche Volk, das er allen anderen Völkern als »überlegene Rasse« voranstellen will, soll in Osteuropa neuer »Lebensraum« erobert werden. 1938 verrät der Diktator: »Ich will den Krieg lieber mit 50 haben, als wenn ich 55 bin oder 60.« Im April 1939 wird Hitler 50 – fünf Monate später, am 1. September, marschieren deutsche Truppen in Polen ein.

Es ist ein Überfall ohne vorherige Kriegserklärung. Hitler plant, die polnische Armee in einem Blitzkrieg zu vernichten, um dann Krieg gegen Frankreich führen zu können. Sein Plan geht auf: Nach fünf Wochen ist der polnische Widerstand gebrochen, Deutschland und die Sowjetunion teilen sich Polen untereinander auf – so wie Hitler es vor dem Einmarsch heimlich mit dem sowjetischen Staatschef Josef Stalin vereinbart hat.

Dänemark, Norwegen, Belgien, Luxemburg und die Niederlande sind die nächsten Länder, die von der deutschen Wehrmacht besetzt werden. Mitte 1940 folgen Jugoslawien und Griechenland. Ein Problem ist für Hitler das starke Großbritannien: Er hätte es gerne als Verbündeten gewonnen, was aber nicht gelingt. Von einem Angriff auf den Inselstaat sieht Hitler vorerst ab.

Als Deutschlands Verbündeter Japan am 7. Dezember 1940 die US-Flotte in Pearl Harbor auf der Pazifikinsel Hawaii bombardiert, treten auch die USA in den Krieg ein – der so vom europäischen zum Weltkrieg wird.

Im Juni 1941 schickt Hitler seine Truppen in die Sowjetunion. Hier wendet sich das Blatt: Der Plan eines schnellen Sieges misslingt, allein bei Stalingrad sterben im eiskalten Januar 1943 fast eine viertel Million deutsche Soldaten.

51 Staaten hat sich Hitler zum Feind gemacht. Verluste im atlantischen U-Boot-Krieg, die Bombardierung deutscher Städte und die Landung alliierter Truppen in der von Deutschland besetzten Normandie am 6. Juni 1944 zwingen den von Größenwahn Besessenen schließlich in die Knie. Nach knapp sechs Jahren ist das Deutsche Reich militärisch und wirtschaftlich am Boden – und erklärt am 8. Mai 1945 die bedingungslose Kapitulation. Acht Tage vorher begeht Hitler Selbstmord.

Als US-Bomber im August 1945 Atombomben über den japanischen Städten Hiroshima und Nagasaki abwerfen, gibt auch Japan auf. Der Krieg ist zu Ende.

Die schreckliche Bilanz: rund 52 Millionen Tote, die Hälfte davon sind Zivilisten. Die meisten Opfer beklagt die Sowjetunion (20 Millionen), gefolgt von China (13 Millionen) und Polen (5,8 Millionen). Die Zahl der deutschen Opfer beträgt rund 5,5 Millionen; dazu kommen weitere 2,5 Millionen Menschen, die auf der Flucht oder nach ihrer Vertreibung starben. In den Konzentrations- und Vernichtungslagern wurden fast sechs Millionen Juden ermordet.

POLITIK & WIRTSCHAFT

Ohne Vorwarnung besetzt Deutschland im April **Dänemark** und **Norwegen,** einen Monat später die **Niederlande, Belgien** und **Luxemburg.** Am 14. Juni marschieren deutsche Soldaten in **Paris** ein, ohne auf Widerstand zu treffen. Am 22. Juni wird in einem deutsch-französischen Abkommen festgelegt: Der nördliche Teil Frankreichs einschließlich Paris steht unter deutscher Kontrolle, der südliche Teil wird von Marschall **Philippe Pétain** (84) regiert, einem Sympathisanten des Deutschen Reichs.

Als einziges europäisches Land widersteht **Großbritannien** Hitlers Siegeszug. Premierminister **Winston Churchill** (65) verkündet den entschlossenen Kampf gegen das Deutsche Reich.

Der Krieg zwischen Briten und Deutschen findet anfangs zur See statt; deutsche U-Boote versenken britische Kriegs- und Handelsschiffe. Im August fügen britische Jagdflugzeuge der deutschen Luftwaffe in der **Luftschlacht um England** eine schwere Niederlage zu. Einen Monat später startet Deutschland **Luftangriffe auf London,** bei denen auch der Buckingham-Palast getroffen wird. Im November zerstören 500 deutsche Bomber die britische Stadt **Coventry.** Die Briten antworten mit Luftangriffen auf Hamburg und Mannheim.

Deutschland, Italien und Japan bilden im September einen **Drei-Mächte-Pakt,** dem sich im November Ungarn, Rumänien und die Slowakei anschließen. **Italien** greift im Juni Frankreich an und im Oktober Griechenland.

KUNST & KULTUR

Im Kino fesselt *Rebecca* das Publikum; der erste Film, den der britische Regisseur **Alfred Hitchcock** (40) in Hollywood gedreht hat. Hier entsteht auch *Der große Diktator,* in dem **Charlie Chaplin** (51) den Diktator Hynkel spielt – eine Satire auf Hitler und den Nationalsozialismus.

WISSENSCHAFT & TECHNIK

Die **Queen Elizabeth,** mit 314 Meter Länge das größte Passagierschiff der Welt, startet 17 Monate nach ihrem Stapellauf in Irland zur ersten großen Fahrt. Sie hat einen grauen Tarnanstrich bekommen und soll als Truppentransporter dienen. Um sie vor Angriffen zu schützen, wenden die Briten einen Trick an: Hafenarbeiter in Southampton (Südengland) stapeln an den Kais Hunderte von Kisten, um vorzugaukeln, das Schiff solle beladen werden. Während deutsche Aufklärer und Bomber auf ihre Ankunft warten, ist sie längst unbemerkt auf den Atlantik gelangt und auf dem Weg nach New York.

Dort, in den USA, kommen im Mai die ersten **Nylonstrümpfe** auf den Markt.

ALLTAG & VERSCHIEDENES

Rund 300 000 Interessenten, die einen **KdF-Wagen** (⇨ 1938) kaufen wollen und hierfür im Voraus Geld abbezahlt haben, gehen leer aus: Das **Volkswagenwerk** nahe Fallersleben produziert jetzt nur für den Krieg und stellt für das Militär den »Kübelwagen« her.

In den Kinos der besetzten Stadt Paris werden nicht nur Filme, sondern auch Beiträge der deutschen **Wochenschau** gezeigt. Als dabei Schmährufe aus dem Publikum ertönen, drohen die Besatzer, alle Kinos zu schließen.

Die evangelische Kirche in Deutschland verurteilt das **Euthanasie-Programm** der NS-Regierung. Es sei untragbar, dass kranke Menschen »aus reiner Zweckmäßigkeit beseitigt werden«. Das Programm sieht vor, dass geistig Behinderte und unheilbar Kranke getötet werden, weil ihre Existenz »lebensunwertes Leben« sei.

Die diesjährige Tour de France und die Olympischen Spiele werden abgesagt. Im Deutschen Reich finden aber Fußballturniere, Galopprennen und andere nationale Sportveranstaltungen statt.

POLITIK & WIRTSCHAFT

SS-Führer **Heinrich Himmler** (40) lässt im März das **KZ Auschwitz** ausbauen – für 100 000 Häftlinge. Anfang September werden hier die ersten Opfer in **Gaskammern** mit dem Gift Zyklon B ermordet.

Im gleichen Monat beginnt im Deutschen Reich die totale Ächtung der Juden: Ab dem sechsten Lebensjahr muss jeder von ihnen einen sechszackigen **Judenstern** auf der Kleidung tragen – er besteht aus gelbem Stoff und trägt die schwarze Aufschrift *Jude.*

Im April erobern deutsche Truppen **Jugoslawien** und **Griechenland.** Aus Griechenland vertreiben sie auch britische Soldaten, die das Land beschützen sollten.

Am 22. Juni beginnt der deutsche **Überfall auf die Sowjetunion.** In der besetzten **Ukraine** beschließen SS-Führer, alle Juden der Stadt **Kiew** zu ermorden. Ende September werden rund 33 000 Juden zur Schlucht **Babi Jar** getrieben und erschossen.

Am 5. Dezember stoppt die **Rote Armee** die deutschen Truppen vor Moskau. Zwei Tage später greifen japanische Flugzeuge den US-Marinestützpunkt **Pearl Harbor** auf Hawaii an und zerstören große Teile der US-Pazifikflotte. Der Krieg hat nun auch die **USA** erreicht.

KUNST & KULTUR

Drehbuch, Regie, Hauptrolle: Der US-Amerikaner **Orson Welles** (25) präsentiert seinen Film *Citizen Kane.* Nach Ansicht vieler Kritiker ist es das beste Werk der Filmgeschichte.

Publikum und Kritiker in Zürich sind beeindruckt von **Bertolt Brechts** Stück *Mutter Courage und ihre Kinder,* in dem eine Händlerin versucht, am Krieg zu verdienen, und dabei zwei Söhne und eine Tochter verliert.

Gestorben: der irische Schriftsteller **James Joyce** (58, Hauptwerk: *Ulysses*) und die britische Schriftstellerin **Virginia Woolf** (59, Selbstmord nach Depressionen).

WISSENSCHAFT & TECHNIK

Ein Londoner Polizist hat sich beim Rasieren verletzt, und die infizierte Wunde hat zu einer Blutvergiftung geführt – nun wird er als weltweit erster Patient mit dem Antibiotikum **Penicillin** behandelt.

Die US-amerikanische Firma Eastman Kodak bringt eine neue Technik (*Monopack Technicolor*) auf den Markt, mit der **farbige Kinofilme** nicht mehr wie bisher aus zwei oder drei Einzelfilmen zusammengesetzt werden müssen: Alle drei Grundfarben lassen sich jetzt auf einen einzigen 35-mm-Film bannen.

Der deutsche Erfinder **Konrad Zuse** (31) baut in Berlin den ersten funktionsfähigen **Computer** der Welt, das Modell **Z3.**

ALLTAG & VERSCHIEDENES

Allmählich kommen den Deutschen Zweifel, wenn sie die Siegesmeldungen der Nazi-Propaganda hören: Im April starten britische Flugzeuge **Luftangriffe** auf Berlin, im Mai bombardieren sie Hamburg und Bremen, im August Berlin und Essen, im September Frankfurt am Main.

Wichtige **Nahrungsmittel** wie Fleisch, Brot, Eier, Butter, Milch und Zucker sind **rationiert.** Beim Kauf muss man eine **Lebensmittelkarte** vorzeigen, auf der angegeben ist, welche Höchstmengen man erwerben kann.

Schulklassen werden zum **Ernte-Einsatz** verpflichtet oder sammeln Kartoffelkäfer von den Feldern. Immer mehr Kinder und Jugendliche werden angesichts von **Nahrungsmangel** und **Bombenangriffen** in ländliche Gebiete evakuiert: Sie leben in Schullandheimen, Jugendherbergen oder Zeltlagern – fern von ihren Familien, oft monatelang.

Die deutsche Bevölkerung soll spenden: Altmetall für die Rüstungsbetriebe, Winterbekleidung für Soldaten. Und sie soll sparen. Mit dem Geld, das später zurückgezahlt werden soll, finanziert der Staat den Krieg (⇨ 1948).

POLITIK & WIRTSCHAFT

In Berlin beschließen hohe NS-Funktionäre im Januar die »**Endlösung** der europäischen Judenfrage«. Im Protokoll der **Wannseekonferenz** heißt es: Jüdische Männer und Frauen sollen »im Osten« in Arbeitskolonnen zum Straßenbau eingesetzt werden, »wobei zweifellos ein Großteil durch natürliche Verminderung ausfallen wird«. Wer überlebt, »wird entsprechend behandelt werden müssen«. Mehr als 350 000 Juden in den besetzten Ostgebieten sind schon ermordet worden.

Um die Moral der deutschen Bevölkerung zu brechen, starten die Briten **Luftangriffe** auf Wohnviertel in deutschen Städten – Ende März in Lübeck, Ende Mai in Köln, wo in eineinhalb Stunden mehr als 1400 Bomben fallen.

Die deutsche Marine beginnt im August eine neue **U-Boot-Offensive** und versenkt zahlreiche gegnerische Schiffe. Deutsche Luftangriffe auf Großbritannien haben unter der Zivilbevölkerung schon 47 000 Tote gefordert.

Japan erobert Singapur und die Philippinen. Japanische Flugzeuge bombardieren die indische Hafenstadt Kalkutta.

Ende November stoppt die **Rote Armee** den Siegeszug der Wehrmacht in der Sowjetunion: Bei **Stalingrad** schließt sie 250 000 deutsche Soldaten ein. Allmählich spüren die **Achsenmächte** (Deutschland, Italien, Japan) die zunehmende Stärke der **Alliierten** (Großbritannien, Sowjetunion, USA, Frankreich).

KUNST & KULTUR

Humphrey Bogart (42) spielt in *Casablanca* einen zynischen, aber edlen Helden, der seiner Exgeliebten (**Ingrid Bergman**, 27) und ihrem Mann im Krieg zur Flucht verhilft: US-Regisseur **Michael Curtiz** (53) hat einen Kultfilm gedreht.

In Brasilien nimmt sich der österreichische Schriftsteller **Stefan Zweig** (60) das Leben.

WISSENSCHAFT & TECHNIK

Am 3. Oktober gelingt deutschen Technikern in Peenemünde auf der Insel Usedom der weltweit erste erfolgreiche Start einer **Fernrakete.** Sie ist mit Flüssigtreibstoff gefüllt und fliegt mit einer Geschwindigkeit von 4800 km/h mehr als 80 Kilometer hoch.

Viel mehr als deutsche Raketen fürchtet die US-Regierung den Bau einer deutschen Atombombe. Um ihr zuvorzukommen, wird in Chicago das **Manhattan-Projekt** ins Leben gerufen – mit einem ersten Erfolg am Jahresende: Forschern unter der Leitung des 38-jährigen US-Physikers **J. Robert Oppenheimer** gelingt es, die erste **nukleare Kettenreaktion** in Gang zu setzen.

ALLTAG & VERSCHIEDENES

Auch wenn niemand verhungert: Die **Entbehrungen** in Deutschland nehmen zu, vor allem Fett wird knapp. Dass die Versorgungslage noch einigermaßen erträglich ist, liegt unter anderem daran, dass die besetzten Ostgebiete ausgebeutet werden – dort wird der Tod durch Verhungern in Kauf genommen oder ist von der NS-Regierung sogar gewollt.

Der **Deutsche Dienst** der britischen Rundfunkanstalt **BBC** berichtet am Jahresende über die Vernichtung der Juden: »Ganze Transportzüge wurden vergast.« Das 1938 gestartete Programm mit seinen objektiven Nachrichten ist eine Alternative zur Nazi-Propaganda. Doch den **»Feindsender«** zu empfangen, ist streng verboten, erste **Todesstrafen** sind schon vollstreckt worden. Dennoch sitzen Millionen Deutsche vor ihren Volksempfängern und kennen die Erkennungsmelodie der BBC, die aus vier Paukenschlägen besteht, dreimal kurz und einmal lang: Dom-dom-dom-dumm.

Eine klangvollere Melodie nimmt der amerikanische Sänger **Bing Crosby** (38) auf: Sein **»White Christmas«** wird weltweit zu einem der erfolgreichsten Songs.

POLITIK & WIRTSCHAFT

Ende Januar finden **Luftangriffe** auf Deutschland zum ersten Mal auch **tagsüber** statt: US-Flugzeuge starten in England und bombardieren Wilhelmshaven. Drei Tage später sowie im Juli fallen Bomben auf Hamburg, im August auf Wien und Mailand.

Am 18. Februar ruft Propagandaminister **Joseph Goebbels** im Berliner Sportpalast das deutsche Volk zum **»totalen Krieg«** auf.

Nicht nur die Alliierten machen Hitlers NS-Regierung zu schaffen, auch im eigenen Land formieren sich die Gegner. Am Tag der Goebbels-Rede werden die Geschwister **Hans** und **Sophie Scholl** (24, 21) verhaftet, als sie Flugblätter der **Widerstandsgruppe Weiße Rose** von einer Brüstung in der Münchner Universität werfen. Vier Tage später werden sie zusammen mit ihrem Freund **Christoph Probst** (23) hingerichtet. Im März scheitern zwei Bombenattentate auf Hitler, im April werden in Köln 55 **Edelweißpiraten** verhaftet – Schüler und Lehrlinge aus dem Raum Rhein/Ruhr, die gegen die Nazis kämpfen.

In Polen, wo Juden unter erbärmlichen Bedingungen in Ghettos zusammengepfercht sind, kommt es im April im **Warschauer Ghetto** zu einem **Aufstand.** Er wird nach drei Wochen niedergeschlagen.

Als im Mai mehr als 30 deutsche U-Boote verlorengehen, bricht Admiral **Karl Dönitz** den **U-Boot-Krieg** im Atlantik ab. Deutsche Soldaten kapitulieren auch in Afrika. Im Juli landen alliierte Truppen auf Sizilien und erobern später das italienische Festland. Italiens Staatschef **Mussolini** wird entmachtet.

KUNST & KULTUR

Der beliebte Schauspieler **Hans Albers** (51) spielt die Hauptrolle im Film *Münchhausen,* der mit großem Aufwand (Farbe, Tricktechnik) zum 25-jährigen Jubiläum der staatlichen deutschen Filmgesellschaft **Ufa** entsteht.

WISSENSCHAFT & TECHNIK

Die Wende im U-Boot-Krieg verdanken die Alliierten einer neu entwickelten **Radar- und Sonar-Technik.** Mit ihr können sie feindliche Schiffe auch nachts und bei schlechtem Wetter orten.

Um herauszufinden, wie Brand- und Sprengbomben in Berlin einen **Feuersturm** entfachen können (so wie schon in Hamburg, Remscheid, Wuppertal, Kassel und Leipzig), lässt die britische Regierung in England Berliner Mietshäuser nachbauen. Sie sind mit typisch deutschen Möbeln und Gardinen ausgestattet und sollen mit Bomben in Brand gesetzt werden.

ALLTAG & VERSCHIEDENES

Regulärer Schulunterricht findet in Deutschland kaum noch statt: Immer mehr Schüler und Lehrlinge werden als **Flakhelfer** ausgebildet; sie sollen an der Flugabwehr-Kanone (Flak) Soldaten ersetzen, die an die Front abkommandiert wurden.

Mitten in Berlin gibt es Flächen, auf denen Getreide und Kohl angebaut wird. Tausende verlassen die Hauptstadt, um den zunehmenden Bombenangriffen zu entgehen. An den von der NS-Regierung beschworenen »**Endsieg**« glauben immer weniger Deutsche.

»Alles nach oben!«, heißt es meistens, wenn die Sirenen Entwarnung geben, wenn wieder ein Luftangriff überstanden ist und die Menschen aus ihren Kellern kommen können.

Viele Frauen tragen die Haare hochgebunden, oft mit einem Tuch umwickelt – die »**Entwarnungsfrisur**« (alles nach oben) gehört zu den wenigen Moden in diesem Jahr. Ansonsten gibt es kaum Mittel, um das eigene Aussehen zu beeinflussen. Ein warmer Mantel und warme Schuhe zählen mehr als jedes schicke Kleid. Zudem kann jede Deutsche zwischen 17 und 45 Jahren froh sein, wenn sie nicht zur **Reichsverteidigung** eingezogen wird – eine neue Verordnung lässt das zu.

POLITIK & WIRTSCHAFT

Im Januar startet die deutsche Luftwaffe einen Großangriff auf britische Städte. Es wird der letzte sein. Fast alle weiteren militärischen Erfolge werden nun von den **Alliierten** erzielt: Im Juni befreien sie **Rom** unter dem Jubel der Bevölkerung, am 25. August **Paris** und am 21. Oktober sogar die erste Großstadt auf deutschem Boden: **Aachen.**

Die größte und entscheidende militärische Aktion aber beginnt am 4. Juni in der **Normandie:** Rund 6000 Schiffe landen an der nordwestlichen Küste Frankreichs und setzen innerhalb von zehn Tagen mehr als 600 000 US-amerikanische, kanadische und britische Soldaten ab. Tausende Bomber unterstützen die **Invasion** aus der Luft.

Am 20. Juli deponiert der 36-jährige Offizier **Claus Graf Schenk von Stauffenberg** in Hitlers Hauptquartier Wolfsschanze in Ostpreußen eine Bombe. Sie explodiert zwar, aber der Reichskanzler überlebt das **Attentat** fast unverletzt. Noch am späten Abend werden Stauffenberg und mehrere seiner Helfer erschossen.

Auch Generalfeldmarschall **Erwin Rommel**, als Leiter des deutschen Afrikakorps berühmt geworden (»Wüstenfuchs«), hat sich dem **Widerstand** angeschlossen. Als Hitler davon erfährt, zwingt er den 52-Jährigen zum Selbstmord.

KUNST & KULTUR

Die Feuerzangenbowle mit dem 41-jährigen **Heinz Rühmann** als Schüler Johannes Pfeiffer (»mit drei f«) amüsiert das vom Krieg zermürbte Kinopublikum. Die zeitlose Qualität des Films sorgt auch in späteren Jahren für viele Zuschauer.

Die 19-jährige US-Schauspielerin **Lauren Bacall** gibt an der Seite ihres Kollegen **Humphrey Bogart** (44) ihr Filmdebüt in der Liebesgeschichte *Haben und Nichthaben*. Kurz nach den Dreharbeiten heiraten die beiden.

WISSENSCHAFT & TECHNIK

Obwohl die deutsche **Rakete V 2** (Vergeltungswaffe 2) mehrfache Schallgeschwindigkeit erreicht und vom gegnerischen Radar nicht geortet werden kann, bleibt die erhoffte Wirkung der »Wunderwaffe« aus.

Zum ersten Mal seit 1939 werden wieder **Nobelpreise** verliehen, einige auch rückwirkend. Den **Friedensnobelpreis** erhält (wie auch schon ⇨ 1917) das **Internationale Komitee vom Roten Kreuz.**

ALLTAG & VERSCHIEDENES

In Polen, Frankreich, der Sowjetunion und anderen Ländern geschieht Unfassbares: Männer, Frauen und Jugendliche werden am helllichten Tag auf offener Straße gefangen genommen und nach Deutschland gebracht, wo sie als »Fremdarbeiter« die fehlenden deutschen Männer ersetzen müssen, meist in der Rüstungsindustrie. Sie werden miserabel behandelt, allein bei der Herstellung der V-2-Rakete sterben 12 000 **Zwangsarbeiter.** Auch deutsche Frauen werden zur Arbeit in Rüstungsfirmen verpflichtet, meist mehr als 70 Stunden pro Woche, aber unter deutlich besseren Bedingungen.

Sport- und Kulturveranstaltungen im Deutschen Reich werden verboten, kriegsunwichtige Betriebe geschlossen. Reichskanzler Adolf Hitler mobilisiert das **letzte Aufgebot:** Männliche Greise, Kinder und Kranke, insgesamt rund eine Million, werden als **»Volkssturm«** mit Waffen und Panzerfäusten ausgerüstet, um das unaufhörliche Vorrücken der Alliierten zu stoppen.

Nach wochenlanger Bombardierung ihrer Stadt sind mehr als 1,5 Millionen Berliner obdachlos.

In **Amsterdam** verhaftet die Gestapo die 15-jährige **Anne Frank;** das jüdische Mädchen hatte sich mit seiner Familie zwei Jahre lang in einem Hinterhaus versteckt und dort ein **Tagebuch** geführt, das später literarischen Weltruhm erlangen wird (⇨ 1945).

POLITIK & WIRTSCHAFT

Deutschlands Niederlage rückt näher. Ende Januar befreit die Rote Armee 5000 Überlebende im Vernichtungslager Auschwitz, später marschiert sie mit 2,5 Millionen Soldaten in Berlin ein. Schwere **Luftangriffe** zerstören im Februar die Innenstadt von **Dresden.** Im April kapitulieren 300 000 deutsche Soldaten im Ruhrgebiet.

Als Reichskanzler **Adolf Hitler** (56) erkennt, dass seine Lage aussichtslos ist, erschießt er sich am 30. April im »Führerbunker« unter der Berliner Reichskanzlei. Zwei Tage zuvor war **Benito Mussolini** (61) von italienischen **Partisanen** getötet worden.

Nach der **bedingungslosen Kapitulation** der deutschen Truppen ist der Krieg am **8. Mai** in Europa beendet – aber Japan gibt noch nicht auf. Am 18. Juli sterben 10 000 Menschen bei Luftangriffen in **Tokio,** am 6. August wirft ein US-Bomber eine **Atombombe** auf die Stadt **Hiroshima,** drei Tage später fällt eine weitere auf **Nagasaki.** Am **2. September** kapituliert Japan, der **Zweite Weltkrieg** ist **vorbei.**

Deutschland wird in vier **Besatzungszonen** eingeteilt (britisch im Norden, sowjetisch im Osten, französisch im Westen, amerikanisch im Süden), in denen die **Siegermächte Militärregierungen** bilden. Am 17. Juli beschließen Großbritannien, die USA und die Sowjetunion im **Potsdamer Abkommen:** Deutschland wird entwaffnet (**Entmilitarisierung**), führende Nazis kommen vor Gericht (**Entnazifizierung**).

Am 20. November beginnt der **Nürnberger Prozess** gegen 24 NS-Politiker.

KUNST & KULTUR

Mit 77 Jahren stirbt die Künstlerin **Käthe Kollwitz.** Ihre Radierungen und Holzschnitte zeigten soziale Not (*Ein Weberaufstand, Der Krieg*).

Schon Ende Mai treffen sich die **Berliner Philharmoniker** zu ihrem ersten Konzert.

WISSENSCHAFT & TECHNIK

Der Brite **Alexander Fleming** (64), Entdecker des Penicillins, erhält den Medizin-Nobelpreis. Der in Wien geborene **Wolfgang Pauli** (45) bekommt den Nobelpreis für Physik.

ALLTAG & VERSCHIEDENES

Am 12. März stirbt **Anne Frank** (⇨ 1944) im KZ Bergen-Belsen. Als Einziger der Familie überlebt ihr Vater; er wird im KZ Auschwitz von der Roten Armee befreit.

Die Erleichterung, dass der Krieg vorbei ist, mischt sich bei vielen Menschen mit Zukunftssorgen. Schon die Gegenwart ist ein Desaster: zerbombte Städte, ausgebrannte Ruinen, eine Unmenge von Schutt. Allein in Berlin sind 70 000 Häuser zerstört oder schwer beschädigt. Da sich Millionen deutscher Männer in **Kriegsgefangenschaft** befinden oder im Krieg gefallen sind, müssen die Frauen (»**Trümmerfrauen**«) die Straßen leer räumen. Sie sammeln Steine mit Schaufeln oder bloßen Händen und bilden **Eimerketten.**

In den deutschen Städten ist rund ein Drittel allen Wohnraums vernichtet, vereinzelt sogar mehr (Würzburg: über 70 Prozent). Viele Menschen leben in Häusern ohne Dach oder Außenwände.

Die **Wohnungsnot** wird noch größer, als aus dem Osten Millionen deutsche **Vertriebene** eintreffen, die zum Verlassen ihrer Heimat gezwungen worden sind. Die **Flüchtlinge** kommen in Kellern, Fabrikhallen, Baracken und Scheunen unter. Aus Ziegelsteinen entstehen primitive Kochstellen, Wasser wird mit Eimern aus Brunnen geholt, an jeder Straßenecke finden **Tauschgeschäfte** statt.

Auch ein Hauch von Normalität ist hier und da schon zu spüren: Am 3. Juni, vier Wochen nach der deutschen Kapitulation, findet im Berliner Stadtteil Moabit ein Fußballspiel statt, bei dem Einheimische gegen eine Auswahl der Roten Armee antreten.

POLITIK & WIRTSCHAFT

Nach den Schrecken des Krieges sind viele Regierungen entschlossen, die Weichen für eine friedlichere Welt zu stellen. Am 10. Januar tagt in London die erste Vollversammlung der neu gegründeten **UNO** (Abkürzung für **Vereinte Nationen**). Ihr wichtigstes Organ ist der **Sicherheitsrat,** der bei internationalen Krisen und Konflikten vermitteln soll. Neben fünf ständigen Mitgliedsländern (USA, Sowjetunion, China, Großbritannien, Frankreich) gibt es weitere sechs, die wechseln.

Winston Churchill (71), ehemaliger Premierminister Großbritanniens (inzwischen abgewählt), hält im März in den USA eine Rede, in der er den Machthunger der kommunistischen Sowjetunion in Osteuropa beklagt – ein von ihr errichteter **»Eiserner Vorhang«** zerteile Europa in Ost und West.

Im von der Sowjetunion kontrollierten Ostsektor Deutschlands vereinigen sich SPD und KPD zur **SED** (Sozialistische Einheitspartei Deutschlands). Im Westen sprechen sich 70 Prozent der SPD-Mitglieder gegen die Fusion aus. Ebenfalls im Osten wird der sozialistische Jugendverband »Freie Deutsche Jugend« (**FDJ**) gegründet; Vorsitzender ist **Erich Honecker** (33).

KUNST & KULTUR

Der erste deutsche **Nachkriegsfilm** macht die Schauspielerin **Hildegard Knef** (20) bekannt: *Die Mörder sind unter uns* (Regie: **Wolfgang Staudte**) ist ein **»Trümmerfilm«**, der in den Ruinen des zerbombten Deutschlands spielt.

Im September findet im französischen **Cannes** zum ersten Mal das *Festival International du Film* statt, die **Internationalen Filmfestspiele,** bei denen eine Jury für die besten Werke die »Goldene Palme« vergibt.

Der deutsche Schriftsteller **Hermann Hesse** (69, *Der Steppenwolf*) erhält den Nobelpreis für Literatur.

WISSENSCHAFT & TECHNIK

Lebensfreude und Mobilität verspricht ein einfach zu bedienendes Fortbewegungsmittel: die **Vespa.** Der von der italienischen Firma Piaggio gebaute **Motorroller** wird zunächst nur in Italien verkauft (1950 auch in Deutschland).

Am 30. Juni zünden die USA bei einem überirdischen **Atomtest** über dem **Bikini-Atoll** im Südpazifik eine Atombombe.

In den USA wird der erste **vollelektronische Computer** vorgestellt, er heißt ENIAC. Anders als der Computer Z 3 von Zuse (⇨ 1941) arbeitet er nicht mit Relais-Technik, sondern mit Elektronenröhren.

ALLTAG & VERSCHIEDENES

Knapp sechs Millionen **Flüchtlinge** leben in den Westzonen Deutschlands, mehr als dreieinhalb Millionen im Osten. Viele Menschen, auch Einheimische, hungern. Geld und Essensmarken helfen kaum – die verlässlichste Währung sind **Zigaretten.** Sie stammen meist von US-Soldaten, und wer welche besitzt, bekommt dafür Waren aller Art. Im Juni schickt die private US-Hilfsorganisation »**Care**« Pakete mit Lebensmitteln nach Deutschland, zunächst in die amerikanische Zone. Knapp ist auch Brennstoff, weshalb viele Deutsche von Güterzügen **Kohlen** stehlen.

Aus Russland kehren im Juli die ersten 3000 deutschen **Kriegsgefangenen** heim. Mehr als zehn Millionen Angehörige der Wehrmacht befinden sich noch in verschiedenen Ländern in Gefangenschaft.

Der französische Ingenieur **Louis Réard** stellt in einem Pariser Schwimmbad den aus drei Stoffdreiecken bestehenden **Bikini** vor (benannt nach dem Bikini-Atoll). Da sich kein Mannequin traut, ihn anzuziehen, wird er von einer Nackttänzerin präsentiert. Sein Schöpfer verkündet: »Er ist so klein, dass er alles über die Trägerin enthüllt, bis auf den Geburtsnamen ihrer Mutter.«

POLITIK & WIRTSCHAFT

Zahlreiche Menschen in Europa haben zu wenig zu essen, und ein kalter Winter lässt am Jahresbeginn viele frieren. In Großbritannien führt Mangel an Brennstoff dazu, dass Industriebetriebe nicht mehr arbeiten können.

US-Außenminister **George C. Marshall** (66) will allen europäischen Ländern finanziell helfen, auch dem besiegten Deutschland, denn nur ein wirtschaftlich erstarktes Europa kann mit den USA Handel treiben. Während Osteuropa den **Marshall-Plan** unter dem Druck der Sowjetunion ablehnt, ist die Unterstützung im Westen willkommen. »Berlin baut auf – mit Hilfe des Marshall-Plans«, heißt es auf einem Plakat.

Einen ersten Aufschwung verspricht auch die neue **Hannover-Messe:** Ende August zeigen bereits rund 1300 deutsche Firmen, was sie herstellen und exportieren können; sie gehören unter anderem der Textil- und Maschinenbau-Branche an.

US-Präsident **Harry S. Truman** (62) verkündet, dass die USA alle Länder unterstützen werden, die sich für die Freiheit (und gegen den Kommunismus) entscheiden. Die »**Truman-Doktrin**« macht allen deutlich: Die USA und die Sowjetunion, vor zwei Jahren noch Verbündete, sind zu Gegnern geworden. **Britisch-Indien** wird unabhängig und in zwei Staaten aufgeteilt: **Indien** und das mehrheitlich muslimische **Pakistan.** Hindus und Moslems in beiden Ländern liefern sich blutige Kämpfe, Hunderttausende sterben.

KUNST & KULTUR

Politisch engagierte deutschsprachige Schriftsteller treffen sich zu Lesungen und Diskussionen. Die **Gruppe 47** will junge Autoren fördern und die Demokratie festigen.

In New York wird das Theaterstück *Endstation Sehnsucht* des US-Dramatikers **Tennessee Williams** (36) uraufgeführt; es wird ein Welterfolg (Verfilmung ⇨ 1951).

WISSENSCHAFT & TECHNIK

Der 24-jährige US-Testpilot **Chuck Yeager** durchbricht mit einem Raketenflugzeug als erster Mensch die **Schallmauer.** Ebenfalls in den USA stellen drei Forscher im Dezember den ersten **Transistor** vor. Er wird die Herstellung von Radios und Computern revolutionieren: Die neue **Halbleitertechnik** nimmt viel weniger Platz ein als die bisher verwendeten Röhren, sie ist schneller und verbraucht weniger Strom.

ALLTAG & VERSCHIEDENES

Am 4. Januar erscheint in Hamburg die erste Ausgabe des Nachrichtenmagazins *Der Spiegel.* Extrem kalte Temperaturen lassen im Februar die **Niagarafälle** in den USA zu Eis erstarren. Auch Europa spürt die Kälte: In Deutschland müssen Industriebetriebe vorübergehend schließen, Tausende Menschen erleiden Erfrierungen.

Nach 23-jähriger Pause findet im März wieder der traditionelle **Karneval in Venedig** statt. Er war von der faschistischen Regierung Mussolinis verboten worden.

In deutschen Städten florieren **Tauschbörsen,** bei denen Waren aller Art ihre Besitzer wechseln – zum Beispiel ein Teppich gegen einen Mantel. Der Kurs der **Zigarettenwährung** (⇨ 1946): zehn Zigaretten, »Amis« genannt, entsprechen 80 bis 100 Reichsmark (Kaufwert heute ca. 300 Euro). Sogar das Aufsammeln von Zigarettenkippen lohnt sich: Für etwa 30 Stück bekommt man ein Ei. Wenn man Glück hat. Denn Nahrungsmittel sind knapp – die meisten Deutschen müssen mit 1000 Kalorien am Tag auskommen.

Üppige, schwingende Röcke und eine schmale, figurbetonte Taille: Anstelle der im Krieg knappen Stoffe setzt der 42-jährige Modeschöpfer **Christian Dior** großzügig auf Fülle. Mit seinem »New Look« macht er **Paris** wieder zur Hauptstadt der Mode und löst damit New York ab.

POLITIK & WIRTSCHAFT

Sein Prinzip war die Gewaltlosigkeit, doch **Mahatma Gandhi** (78), Führer der indischen Unabhängigkeitsbewegung, wird von einem fanatischen Hindu ermordet. Zur rituellen Feuerbestattung kommen mehr als eine Million Inder.

Nach dem Beschluss der Vereinten Nationen, **Palästina** in einen jüdischen und einen arabischen Bereich zu teilen, wird am 14. Mai der **Staat Israel** gegründet. Schon am folgenden Tag greifen ihn arabische Nachbarstaaten an, die seine Existenz als völkerrechtswidrig betrachten. Israel gelingt es, sich zu verteidigen.

Währungsreform in Deutschland. Jeder Bürger im Westen erhält ab dem 20. Juni für 40 Reichsmark 40 **Deutsche Mark** (DM). Wer darüber hinaus Bargeld in alter Währung besitzt, kann es im Verhältnis von 100 zu 5 umtauschen, für Bank- und Sparguthaben gilt ein besserer Kurs.

Obwohl **Berlin** in Ostdeutschland liegt, wird die Hauptstadt nicht allein von der Sowjetunion kontrolliert, sondern von allen vier Siegermächten. Um ihren Alleinanspruch zu unterstreichen, verhängt die UdSSR eine **Blockade** Westberlins, bei der auch Eisenbahnverbindungen unterbrochen und die Stromzufuhr gekappt werden. Am 26. Juni bilden die USA eine **Luftbrücke:** Flugzeuge bringen Pakete mit Lebensmitteln und anderen Waren in die isolierte Stadt. Bald fliegen mehr als 580 »Rosinenbomber« der West-Alliierten täglich im Dreiminutentakt nach Berlin-Tempelhof. Am Jahresende landet die 100 000. Maschine.

KUNST & KULTUR

Der amerikanisch-britische Autor **T. S. Eliot** (60) wird für seine Gedichte, Dramen und Essays mit dem Literatur-Nobelpreis geehrt.

New York feiert das Musical *Kiss me Kate* des US-amerikanischen Komponisten **Cole Porter** (57).

WISSENSCHAFT & TECHNIK

Für Aufsehen sorgt der US-amerikanische Sexualforscher **Alfred Charles Kinsey.** Er hat das sexuelle Verhalten des Mannes erforscht und verrät unter anderem, dass Masturbation und Prostituierten-Kontakte weit verbreitet sind. Seinem ersten *Kinsey Report* folgt 1953 ein zweiter über die Sexualität der Frau.

Sensationell ist auch das, was ein anderer US-Amerikaner vorstellt: **Edwin Herbert Land** hat eine **Sofortbild-Kamera** entwickelt, die innerhalb einer Minute ein Schwarzweißfoto produziert. Die Firma **Polaroid** verkauft sie für knapp 90 Dollar.

Noch eine Neuheit aus den USA: **Peter Goldmark,** ein Elektroingenieur der US-Plattenfirma **CBS,** stellt am 21. Juni in New York die erste **Langspielplatte** vor – mit besserem Klang und längerer Spieldauer als die Schellackplatte.

ALLTAG & VERSCHIEDENES

Alle wollen das neue Geld: Am Tag der Währungsreform bilden sich an den Umtauschstellen in Westdeutschland lange Schlangen. Kaum ist die **D-Mark** da, werden in zahlreichen Geschäften die zuvor leeren Regale mit Waren gefüllt. Die gab es vorher nur auf dem **Schwarzmarkt** und nicht für Banknoten, denen kaum jemand vertraute.

Bei den ersten **Olympischen Winterspielen** nach dem Krieg in St. Moritz sind keine Teilnehmer aus Deutschland und Japan zugelassen – Sportler aus den ehemals mit diesen Staaten verbündeten Ländern Österreich und Italien dagegen schon. Das Gleiche gilt für die **Olympischen Sommerspiele** in London.

Im New Yorker Yankee-Stadion verteidigt der US-Boxer **Joe Louis** (30) zum 25. Mal seinen Titel als Weltmeister im Schwergewicht.

Der 1. FC Nürnberg besiegt den 1. FC Kaiserslautern mit 2:1 und wird erster westdeutscher **Fußballmeister** nach dem Krieg.

POLITIK & WIRTSCHAFT

Rückkehr in die Freiheit: Als die Sowjetunion am 12. Mai die Blockade Berlins aufhebt, begrüßt die Bevölkerung jubelnd die in die Stadt rollenden Lastautos. Rund um die Uhr bringen sie Waren, und die leeren Schaufenster füllen sich wieder.

Am 23. Mai wird das **Grundgesetz** der **Bundesrepublik Deutschland** verkündet. »Vorläufige Hauptstadt« des neuen Staates auf dem Gebiet der Westzonen ist **Bonn.**

Am 14. August findet die erste freie deutsche Wahl seit 1932 statt. Anschließend ziehen zehn Parteien in den Deutschen **Bundestag** ein; stärkste ist die CDU, sie stellt den **Bundeskanzler:** den 73-jährigen **Konrad Adenauer.** Die neue Regierung braucht bei vielen Entscheidungen die Zustimmung der westlichen Besatzungsmächte. **Bundespräsident** wird der 65-jähige **Theodor Heuss** (FDP).

In der Ostzone wird die **DDR** (Deutsche Demokratische Republik) gegründet. Sie hat ihre eigene Währung, die Ostmark. Die Grenze zwischen Ost und West ist frei passierbar.

US-Präsident **Harry S. Truman** gibt am 23. September bekannt, dass die **Sowjetunion** im Besitz der **Atombombe** sei. Acht Tage später proklamiert Chinas KP-Chef **Mao Zedong** die kommunistische **Volksrepublik China.**

Am Jahresende entlassen die Niederlande ihre Kolonie **Indonesien** in die Unabhängigkeit.

KUNST & KULTUR

Mit letzter Kraft beendet der schwerkranke englische Schriftsteller **George Orwell** (46) seinen Roman *1984.* Er beschreibt darin einen Überwachungsstaat, der als »Großer Bruder« die Menschen kontrolliert (»Big Brother is watching you«). Das Buch wird sofort ein Bestseller.

Acht verschiedene Rollen spielt **Alec Guinness** in dem Film *Adel verpflichtet;* sie machen den 35-jährigen Briten weltberühmt.

WISSENSCHAFT & TECHNIK

Ende Juli startet das erste nichtmilitärische **Düsenflugzeug** zum Jungfernflug: die britische Comet 1.

Der Däne **Öle Kirk Christiansen** stellt zusammen mit seinem Sohn Godfred die ersten **Plastiksteine** her, die sich zusammenstecken lassen. Aus dem Firmennamen Leg Godt (spiel gut) entsteht die Bezeichnung **Lego,** unter der die bunten Steinchen weltbekannt werden.

Nachdem der US-Amerikaner **Frank McNamara** in einem New Yorker Restaurant festgestellt hat, dass er versehentlich ohne Geld gekommen ist, gründet er die weltweit erste **Kreditkarten**-Firma, **Diners Club.**

Der deutsche Ingenieur **Adolf Rambold** konstruiert eine Maschine, die es der Firma **Teekanne** ermöglicht, die weltweit ersten **Teebeutel** auf den Markt zu bringen.

Nach der Langspielplatte (⇨ 1948) kommt jetzt auch die kleinere **Single** in den Handel.

ALLTAG & VERSCHIEDENES

Das Bedürfnis der Deutschen nach Ablenkung von den Sorgen und Nöten des Alltags ist groß, und so feiert **Köln** im Februar den ersten **Karneval** nach dem Krieg – auch wenn der Rosenmontagszug an Ruinen und Trümmern vorbeiführt. Rund 800 000 Menschen schauen zu.

Wer in Berlin mit der Straßenbahn von West nach Ost fährt (oder umgekehrt), muss an der Grenze eine zweite Fahrkarte kaufen – und mit Geld der anderen deutschen Währung bezahlen (**Ostmark** oder **Westmark**). Die Berliner tauschen untereinander zehn Ostmark gegen 1,50 D-Mark (West).

Das Kinderbuch *Pippi Langstrumpf* der schwedischen Autorin **Astrid Lindgren** erscheint zum ersten Mal auf Deutsch.

Bei einem Flugzeugabsturz kommt die komplette Mannschaft des **FC Turin** ums Leben; die 25 Fußballspieler und Betreuer waren auf der Rückreise von einem Spiel in Portugal.

POLITIK & WIRTSCHAFT

Die Gegensätze zwischen Ost und West, zwischen den einstigen Verbündeten USA und UdSSR, verschärfen sich. Auf Initiative des republikanischen Senators **Joseph McCarthy** sucht in den USA ein »Ausschuss gegen unamerikanische Umtriebe« nach Kommunisten, die dem Staat schaden. In einem Klima des Misstrauens werden »linke« Politiker, Schauspieler und Künstler denunziert; Beweise gegen sie finden sich nur selten.

Der Kommunismus zeigt sich machthungrig: Am 25. Juni marschieren nordkoreanische Soldaten ins benachbarte Südkorea ein; der **Koreakrieg** beginnt. Vier Monate später besetzen chinesische Truppen **Tibet;** das Land war 1911 von China unabhängig geworden.

In **Südafrika** wird ein Siedlungsprogramm beschlossen, das die **Apartheid** festigt: Schwarze und Weiße müssen in getrennten Wohngebieten leben. Zur Politik der Rassentrennung gehört auch, dass Schwarze weder wählen noch politisch aktiv sein dürfen.

Die Versorgung der Bundesrepublik mit Lebensmitteln hat sich deutlich verbessert, aber die Arbeitslosigkeit steigt – auf über zwei Millionen.

KUNST & KULTUR

Heimatschnulzen wie der Farbfilm *Das Schwarzwaldmädel* entführen das westdeutsche Kinopublikum in eine heile Welt ohne Kriegsruinen. Die Komödie *Das doppelte Lottchen* (Drehbuch: **Erich Kästner**) rührt die Zuschauer, während der in Wien gedrehte Thriller *Der dritte Mann* mit dem 34-jährigen **Orson Welles** sie international in Atem hält.

Literatur wird preiswert: Der Rowohlt-Verlag bringt die ersten deutschen **Taschenbücher** auf den Markt. Die Reihe rororo wird im Rotationsdruck hergestellt (Rowohlt Rotations Romane) und bietet den Lesern bekannte Werke. Band 1: *Kleiner Mann – was nun?* von Hans Fallada.

WISSENSCHAFT & TECHNIK

Passend zum Wiederaufbau erfindet der schwäbische Tüftler **Arthur Fischer** den **Plastikdübel.**

Der Bremer Autohersteller **Borgward** stellt den **Lloyd 300** vor, einen Kleinwagen, der mit einem Preis von 3334 DM für viele Deutsche erschwinglich ist. Seine Karosserie besteht aus Sperrholz, weshalb der Volksmund dichtet: »Wer den Tod nicht scheut, fährt Lloyd.« Da das 10-PS-Auto innen mit einem an Heftpflaster erinnernden Kunststoff beklebt ist, bekommt es den Spitznamen »Leukoplastbomber«.

Die ersten **UKW-Radios** kommen auf den Markt; gegenüber der bisher verbreiteten rauschenden Mittelwelle bieten sie einen deutlich besseren Klang. Der Nordwestdeutsche Rundfunk (NWDR) und der Süddeutsche Rundfunk bringen erste Sendungen auf den neuen Frequenzen. Hersteller der Röhrengeräte mit den braunen Holzgehäusen sind unter anderem Grundig, Philips, Loewe-Opta und Saba.

ALLTAG & VERSCHIEDENES

Westdeutschland schafft die Lebensmittelkarten ab. Mehr als zehn Jahre lang gab es viele Nahrungsmittel nur gegen diese Bezugsscheine. Sie sind nun überflüssig, die Läden bieten genug Auswahl. Besonders groß ist sie im Berliner Kaufhaus **KaDeWe,** das im Sommer wiedereröffnet – Besucherströme bestaunen das neue Symbol des Konsums.

Ein Zeichen der wiedererwachten Lebensfreude ist auch die erste Wahl der »**Miss Germany**« in Baden-Baden. Die 24-jährige Siegerin kommt aus Berlin.

Bei ihrem ersten Nachkriegs-Länderspiel tritt die **Deutsche Fußball-Nationalmannschaft** am 22. November gegen die Schweiz an und gewinnt mit 1:0 – auf den Tag genau acht Jahre nach ihrem letzten Spiel. Bundestrainer der Elf des Deutschen Fußball-Bundes (DFB) ist der 53-jährige **Sepp Herberger.**

POLITIK & WIRTSCHAFT

Wirtschaftlicher Aufschwung in Deutschland. Die DDR will mit ihrem **Fünfjahresplan** zeigen, dass die **Planwirtschaft** dem westlichen Kapitalismus überlegen ist. Symbol hierfür wird ein neu gebautes Stahlwerk, das **Eisenhüttenkombinat Ost.**

Während in Ostdeutschland die staatlich festgelegten Preise für verschiedene Waren mehrfach gesenkt werden, steigen sie im Westen – schneller als die Löhne. Die **Inflationsrate** beträgt 8 Prozent. Da unter anderem Kaffee und Tabak in den westlichen Nachbarländern billiger sind, wird in Grenzregionen das **Schmuggeln** zum Volkssport. Auch Kinder machen mit.

Die USA zünden in der Wüste von Nevada innerhalb von einer Woche viermal eine oberirdische **Atombombe.** Zuschauer mit Schutzbrillen beobachten die Explosionen, deren greller Blitz noch in 800 Kilometern Entfernung zu sehen ist.

KUNST & KULTUR

Das Kinojahr in der Bundesrepublik beginnt mit einem Skandal: Weil **Hildegard Knef** im Film *Die Sünderin* für einen Moment splitternackt zu sehen ist, kommt es zu Straßenprotesten, die von der katholischen Kirche forciert werden. Der Film selbst ist belanglos – aber der Wirbel um ihn zieht Millionen Zuschauer an und macht Hollywood auf die 25-jährige Knef aufmerksam.

30 000 Statisten und acht Millionen Dollar Kosten: Das Monumentalwerk *Quo Vadis?* mit **Peter Ustinov** (29) als Kaiser Nero stellt vom Aufwand her alle bisherigen Kinoproduktionen in den Schatten.

Der Film *Endstation Sehnsucht* macht den US-Schauspieler **Marlon Brando** (27) berühmt; an seiner Seite spielt die Engländerin **Vivien Leigh** (37).

Der US-Autor **J. D. Salinger** (32) veröffentlicht seinen Roman *Der Fänger im Roggen;* er wird zum Welterfolg und Kultbuch.

WISSENSCHAFT & TECHNIK

Anfang April setzen Ärzte in den USA bei einer Operation zum ersten Mal eine **Herz-Lungen-Maschine** ein; sie ersetzt vorübergehend die Funktionen von Herz und Lunge. Sie kann damit mehr als die »eiserne Lunge«, die nur die Atmung aufrechterhält.

Ebenfalls im April öffnet die **Internationale Automobilausstellung** in Frankfurt am Main ihre Tore, es ist die erste **IAA** nach dem Krieg. 570 000 Besucher kommen – auch wenn sich viele noch kein Auto leisten können, ist das Interesse groß.

Im Juli startet in den USA das **Farbfernsehen** – mit einer bunten Show des privaten Senders CBS.

ALLTAG & VERSCHIEDENES

Als im Februar der **Schah von Persien** die deutschstämmige Prinzessin **Soraya** heiratet, steht die internationale Klatschpresse kopf. Das Kleid der 18-Jährigen hat eine zehn Meter lange Schleppe, in die Goldkörner und 6000 Diamanten eingewoben sind. Reza Pahlavi (31) trägt bei der Märchenhochzeit in Teheran eine Gala-Uniform mit goldenen Schulterklappen.

Fast 600 Buchverlage präsentieren im September auf der **Frankfurter Buchmesse** ihre Neuerscheinungen. Gebundene Bücher sind teuer, sie kosten mindestens zehn Mark; der Stundenlohn eines Metallfacharbeiters liegt unter 1,50 Mark.

Joe Louis (37), als Schwergewichtsboxer zur Legende geworden, wird im New Yorker Madison Square Garden von **Rocky Marciano** (28) in der achten Runde k. o. geschlagen. Louis beendet damit seine Laufbahn – nach 68 Siegen und nur drei Niederlagen.

Deutscher Fußballmeister wird der **1. FC Kaiserslautern** mit seinem überragenden Spieler **Fritz Walter** (30).

Nachdem man **Schuhe** nach dem Krieg fast nur in Tauschzentralen bekam, sind nun in Schuhgeschäften die ersten neuen Modelle erhältlich.

POLITIK & WIRTSCHAFT

Eine Queen für Großbritannien: Nach dem Tod von König **George VI.** (56) am 6. Februar wird seine 25-jährige Tochter zur Nachfolgerin erklärt – **Elizabeth II.**

Die Sowjetunion schlägt im März die deutsche **Wiedervereinigung** vor. Bedingung: Deutschland müsse neutral bleiben. Großbritannien, Frankreich und die USA lehnen ab – sie wollen die Bundesrepublik in die **NATO** (nordatlantisches Verteidigungsbündnis) und in die neue Europäische Verteidigungsgemeinschaft (EVG) einbinden. Das bedeutet: **Wiederbewaffnung.** Ihr stimmt nach heftigen Debatten und Demonstrationen auch der Deutsche Bundestag zu. In Essen wird bei den Protesten ein junger Kommunist von der Polizei erschossen.

Auch in **Buenos Aires** gehen Menschen auf die Straße: Hunderttausende Argentinier folgen im Juli dem Sarg von **Eva Perón,** vom Volk »**Evita**« genannt. Die 33-jährige Schauspielerin und Sängerin setzte sich als Frau des Präsidenten **Juan Domingo Perón** für die Armen und das Frauenwahlrecht ein; sie starb an Leukämie. An ihrer Bahre warten 700 000 Menschen bis zu 15 Stunden lang.

Im Herbst tritt ein Abkommen in Kraft, das Zahlungen zur »**Wiedergutmachung**« an Israel vorsieht – unter anderem für Kosten, die entstanden, als das Land Flüchtlinge aufnahm. Die DDR lehnt solche Zahlungen ab: Als »antifaschistischer Staat« sei sie für NS-Taten nicht verantwortlich.

KUNST & KULTUR

In seinem Buch *Der alte Mann und das Meer* beschreibt US-Autor **Ernest Hemingway** (53) den vergeblichen Versuch eines kubanischen Fischers, den Fang seines Lebens an Land zu bringen (⇨ 1954, 1961).

Einer der erfolgreichsten **Western** kommt ins Kino: *High Noon (Zwölf Uhr mittags)* mit **Gary Cooper** (51) und **Grace Kelly** (22).

WISSENSCHAFT & TECHNIK

In **Dortmund** öffnet die neue **Westfalenhalle** ihre Türen. Die größte Veranstaltungsarena Europas kommt dank einer freitragenden Dachkonstruktion ohne störende Innenpfeiler aus.

Die Stadt **London** verabschiedet sich im Sommer von ihrer letzten Straßenbahn – anstelle dieses Verkehrsmittels rollen nun rote **Doppeldecker-Busse.**

Besucher eines Kinos in New York setzen sich im Herbst ungewohnte Brillen auf und staunen über den ersten **3-D-Film.**

ALLTAG & VERSCHIEDENES

Mehrere internationale Fluggesellschaften bieten ab Mai verbilligte Sitzplätze in der neuen **Touristenklasse** (Economy) an. Solche Flüge sind für die meisten Deutschen noch unerschwinglich, ebenso wie der Kauf eines Autos. Ein Pkw der Mittelklasse wie der Ford Taunus 12M (38 PS, 110 km/h) kostet rund 7400 DM.

Der Nordwestdeutsche Rundfunk (NWDR) sendet Weihnachten das erste regelmäßige **Fernsehprogramm** – darunter die *Tagesschau,* die vorerst dreimal wöchentlich gezeigt wird. In der Bundesrepublik sind weniger als 5000 Fernseher in Betrieb, die meisten davon in Gaststätten; in der DDR gibt es nicht einmal 100 Geräte.

In **Oslo** finden im Februar die ersten **Olympischen Spiele** nach dem Krieg mit deutscher Beteiligung statt – die Wintersportler der DDR dürfen allerdings nicht teilnehmen.

Bei den **Olympischen Sommerspielen** in **Helsinki** gewinnt der Tscheche **Emil Zátopek** dreimal Gold: im 5000-Meter-Lauf, im 10 000-Meter-Lauf und im Marathon. Als »tschechische Lokomotive« ist der 29-Jährige in seiner Heimat ein Volksheld.

Den **Friedensnobelpreis** erhält der elsässische Arzt **Albert Schweitzer** (77), der mit seinem Urwaldhospital im afrikanischen Lambarene der einheimischen Bevölkerung hilft.

POLITIK & WIRTSCHAFT

Anfang März stirbt der sowjetische Staats- und Parteichef **Josef Stalin** (73) nach einem Schlaganfall. Obwohl er während seiner 26-jährigen Herrschaft in verschiedenen »Säuberungsaktionen« Hunderttausende Gegner töten ließ, wird er von vielen als Besieger Hitlers verehrt. Die DDR-Regierung ordnet sogar Staatstrauer an. In einer Schweigeminute ruht in allen Betrieben die Arbeit, auf den Straßen stoppt der Verkehr. In Frankreich werden Fahnen auf halbmast gesetzt.

Viele Menschen in Ost und West hoffen, dass mit Stalins Tod der **Kalte Krieg** einer Politik der Entspannung weicht. Die Erwartungen richten sich auf Stalins Nachfolger **Nikita Chruschtschow** (58) und den neuen US-Präsidenten **Dwight D. Eisenhower** (62).

Während sich die Lebensbedingungen in der Bundesrepublik weiter verbessern, gibt es in Ostdeutschland **Versorgungsprobleme.** Tausende DDR-Bürger verlassen ihr Land. Im Frühsommer verkündet die Regierung eine Erhöhung der Arbeitsnormen um zehn Prozent, woraufhin am 16. Juni Bauarbeiter in Ostberlin streiken und auf die Straße gehen. Demonstranten in anderen Städten der DDR schließen sich an, stürmen Rathäuser, fordern den Rücktritt der SED-Regierung und freie Wahlen. Am 17. und 18. Juni beenden **sowjetische Truppen** mit Panzern den **Aufstand.** Es gibt Tote. Bundeskanzler Adenauer bezeichnet sie in einer Rede als »Märtyrer der Freiheit«.

KUNST & KULTUR

Während **Marilyn Monroe** (27) in den Filmen *Blondinen bevorzugt* und *Wie angelt man sich einen Millionär?* mit ihrem Image als Sexgöttin spielt, wird die in Brüssel geborene US-Schauspielerin **Audrey Hepburn** (24) über Nacht mit einem anderen Image berühmt: In *Ein Herz und eine Krone* verkörpert sie mädchenhafte Anmut.

WISSENSCHAFT & TECHNIK

Das **Fernsehen** macht den US-amerikanischen Kinos Konkurrenz. Hollywood reagiert, indem es dem Publikum mit dem neuen Cinemascope-Verfahren Filme im **Breitwand-Format** zeigt.

In der Bundesrepublik, wo das Fernsehen noch in den Anfängen steckt, findet im März die erste **Live-Übertragung** eines **Fußball-Länderspiels** statt; die Zuschauer warten allerdings vergeblich darauf, dass zwischen Deutschland und Österreich ein Tor fällt.

Der 500 000. **VW-Käfer** läuft vom Band. Bei einer großen Feier werden fünf der Erfolgsmodelle unter der Wolfsburger Belegschaft verlost.

ALLTAG & VERSCHIEDENES

Der 33-jährige Neuseeländer **Edmund Hillary** und der Sherpa **Tenzing Norgay** sind die ersten Menschen, die den höchsten Gipfel der Erde erklimmen – den mehr als 8800 Meter hohen **Mount Everest** in Nepal.

Dem Höhenrekord folgt ein Tiefenrekord: Der Schweizer **Auguste Piccard** (69) und sein Sohn **Jacques** (31) sinken im Mittelmeer mit einem Tauchgerät 3150 Meter hinab.

Am 2. Juni feiert Großbritannien die **Krönungszeremonie** von Königin **Elizabeth II.,** die seit über einem Jahr im Amt ist. TV-Zuschauer in aller Welt sind dabei.

In den USA erscheint die erste Ausgabe des Männermagazins *Playboy;* sie kostet 50 Cent, auf dem Cover zeigt die lachende Schauspielerin **Marilyn Monroe** ihre (verhüllten) Kurven.

In der Bundesrepublik geht es wirtschaftlich bergauf, aber nicht einmal jeder zehnte Haushalt besitzt einen Kühlschrank oder eine Waschmaschine. Auch Fernseher sind noch Luxusartikel, sie kosten etwa 1100 DM. Für 4200 Mark bekommt man einen VW-Käfer, für 2375 Mark den neuen **Messerschmitt-Kabinenroller.** In dem winzigen Gefährt haben zwei Personen hintereinander Platz.

POLITIK & WIRTSCHAFT

Ost und West leben seit neun Jahren im Frieden – und zugleich im **Kalten Krieg.** US-Außenminister **John Foster Dulles** (65) erklärt im Januar, jeden Angriff auf einen NATO-Staat mit »massiver Vergeltung« mittels Atomwaffen zu beantworten.

Neues **NATO-Mitglied** soll die **Bundesrepublik** werden. Sie besitzt zwar noch keine eigene Armee, aber NATO-Truppen halten Manöver auf ihrem Gebiet ab. Dass schon wieder Panzer und Soldaten auf deutschem Boden unterwegs sind, wird vielerorts mit gemischten Gefühlen betrachtet.

Nicht nur zum Schein, sondern tatsächlich in Kämpfe verwickelt ist Frankreich. Im Mai muss es nach Verlusten in dem strategisch wichtigen Ort **Dien Bien Phu** seine einstige Kolonie **Vietnam** aufgeben; der Norden des Landes wird kommunistisch. Im Herbst schlagen französische Fallschirmspringer einen Aufstand in **Algerien** nieder, wo Nationalisten für die Unabhängigkeit kämpfen.

Seit dem WM-Sieg am 4. Juli (⇨ Alltag) befindet sich die Bundesrepublik im Freudentaumel. Doch eine verstörende Nachricht wirft einen Schatten auf die Stimmung: **Otto John,** Präsident des Verfassungsschutzes, hat sich nach Ostberlin abgesetzt. Dort erklärt er, dass in Westdeutschland ehemalige Nationalsozialisten zu viel Einfluss hätten.

KUNST & KULTUR

Mit zwei Filmen fesselt Regisseur **Alfred Hitchcock** die Kinozuschauer; in beiden spielt die 24-jährige **Grace Kelly** mit (*Bei Anruf Mord* und *Das Fenster zum Hof,* mit **James Stewart,** 46).

Von **Thomas Mann** (79) erscheint der Roman *Bekenntnisse des Hochstaplers Felix Krull.* Den Nobelpreis für Literatur bekommt **Ernest Hemingway** (55) für sein Buch *Der alte Mann und das Meer.* Der Autor hat im Januar zwei Flugzeugabstürze überlebt.

WISSENSCHAFT & TECHNIK

Die USA setzen auf Kernkraft. Im Januar läuft die Nautilus, das weltweit erste **Atom-U-Boot,** vom Stapel. Am 1. März folgt in der Südsee der Test einer neuartigen, extrem energiereichen **Wasserstoffbombe.** Da die Meteorologen den Wind unterschätzt haben, treibt die radioaktive Wolke weiter als berechnet und verseucht japanische Fischer.

ALLTAG & VERSCHIEDENES

In der Innenstadt von Duisburg wundern sich Autofahrer im Januar über **Parkuhren** – es sind die ersten in Deutschland.

4. Juli, letzter Tag der **Fußballweltmeisterschaft.** Favorit ist die Mannschaft von Ungarn – sie hat die von **Sepp Herberger** (57) trainierten Deutschen in der Vorrunde mit 8:3 besiegt und noch kein Spiel verloren. Im Endspiel in der Schweizer Hauptstadt führt Ungarn gegen die deutschen Außenseiter mit 2:0. Der Sieger scheint festzustehen, doch dann geschieht das »Wunder von Bern«: Deutschland gleicht aus zum 2:2, und in der 84. Minute schießt **Helmut Rahn** das Tor zum 3:2. **Deutschland** ist **Weltmeister!** Der Jubel erfasst die ganze Nation.

Schon in den Wochen vor dem Endspiel hat die Fußball-WM in der Bundesrepublik einen **Fernsehboom** ausgelöst. Hersteller wie Telefunken, Saba und Nordmende verkaufen auf einen Schlag sämtliche TV-Geräte, die sie auf Lager haben. Bald sind in Westdeutschland mehr als 40 000 Fernseher in Betrieb. Im Herbst sendet die ARD die **erste deutsche TV-Serie:** *Unsere Nachbarn heute Abend: Familie Schölermann.*

Der Pariser Modeschöpfer **Christian Dior** (49) überrascht im Herbst mit einem neuen Stil, der eng geschnittenen H-Linie: Hochgepresste Brüste und eine unbetonte Hüfte lassen Frauen nach Ansicht von Kritikern »wie Bohnenstangen« aussehen.

POLITIK & WIRTSCHAFT

Die Weichen sind gestellt: Die Bundesrepublik wird in die **NATO** und die DDR in den neu gegründeten **Warschauer Pakt** aufgenommen. Dem östlichen Verteidigungsbündnis gehören acht Länder an, darunter die Sowjetunion, Polen und Ungarn. Beide Teile Deutschlands erhalten ihre Selbstständigkeit weitgehend zurück.

Das gilt auch für **Österreich,** wo die Alliierten ihre Truppen abziehen. »Österreich endlich frei!«, titelt eine Wiener Zeitung im Mai. Die Republik erklärt ihre **Neutralität.**

Keinem Verteidigungsbündnis gehören auch jene **blockfreien Staaten** an, deren Regierungschefs eine Zusammenarbeit beschließen: unter anderem **Jawaharlal Nehru** (Indien), **Gamal Abdel Nasser** (Ägypten) und **Josip Broz Tito** (Jugoslawien).

Anfang September reist Bundeskanzler **Adenauer** (79) nach **Moskau,** wo er nach zähen Verhandlungen die Freilassung der letzten deutschen **Kriegsgefangenen** erreicht. Nur dreieinhalb Wochen später sind alle 9628 **Spätheimkehrer** in Deutschland.

KUNST & KULTUR

Nach dem Tod des Dirigenten **Wilhelm Furtwängler** im Vorjahr leitet der Salzburger **Herbert von Karajan** (47) die **Berliner Philharmoniker.** Die USA-Tournee des Orchesters wird ein großer Erfolg.

Seine erste Tournee startet auch der 20-jährige US-Sänger **Elvis Presley.** Er begeistert die Jugend ebenso für den neuen Musikstil **Rock 'n' Roll** wie der Musiker **Bill Haley** (27), dessen Stück »Rock around the Clock« zum Megahit wird.

Ein weiteres Jugendidol, der 24-jährige US-Schauspieler **James Dean,** kommt in Kalifornien bei einem Autounfall ums Leben (⇨ 1956).

Im Kino rühren **Romy Schneider** (17) und **Karlheinz Böhm** (27) in *Sissi* das Publikum. **Curd Jürgens** (42) spielt in *Des Teufels General* einen Helden spielt.

WISSENSCHAFT & TECHNIK

Während in Wolfsburg der millionste **VW-Käfer** vom Band rollt, wird in Bayern ein Auto produziert, das weniger als 2600 DM kostet: die **BMW Isetta.** Der Zweisitzer hat nur eine Tür – vorne. Der Erfolg rettet die Bayerischen Motorenwerke vor dem Konkurs. Noch besser verkauft sich ein anderer Kleinstwagen aus Bayern: Das **Goggomobil** des Herstellers **Glas** bietet für rund 3500 DM Platz für vier Personen.

ALLTAG & VERSCHIEDENES

Die ARD startet eine TV-Sendung, die die Zuschauer drei Jahrzehnte lang unterhalten wird: das Beruferaten »*Was bin ich?*« mit Gastgeber **Robert Lembke.**

Zwei typische amerikanische Vergnügungsstätten eröffnen in den USA: das erste **McDonald's**-Schnellrestaurant und das kalifornische **Disneyland.**

Folgenschwerer **Unfall** beim 24-Stunden-Rennen von Le Mans (Frankreich): Ein **Mercedes-Silberpfeil** schleudert in die Zuschauer, 85 sterben. Mercedes zieht sich aus dem Rennsport zurück.

Bewegende Szenen, als im Herbst die letzten Deutschen aus russischer **Kriegsgefangenschaft** im **Lager Friedland** bei Göttingen eintreffen: Weinend umarmen Frauen ihre seit mehr als zehn Jahren vermissten Männer; andere müssen feststellen, dass ihr Warten auf Sohn, Mann, Bruder oder Vater vergeblich war. Und mancher Rückkehrer erfährt, dass seine Frau inzwischen einen neuen Partner hat.

Der US-Boxer **Rocky Marciano** (32) besiegt in seinem letzten Kampf seinen Gegner Archie Moore. Es ist Marcianos 49. Profikampf – und sein 49. Sieg.

Ebenso wie in den USA setzen sich auch in Deutschland immer mehr Jugendliche vom Lebensstil ihrer Eltern ab. Weibliche Teenager, »**Backfische**« genannt, tragen **Petticoats,** junge Männer Röhrenjeans und Lederjacken.

POLITIK & WIRTSCHAFT

Am 2. Januar ziehen die ersten Freiwilligen als Soldaten der **Bundeswehr** in die Kasernen ein. Drei Tage später kommen die ersten »**Gastarbeiter**« aus Italien nach Westdeutschland; sie werden so genannt, weil sie nur eine begrenzte Zeit als Gäste bleiben und dann in ihre Heimat zurückkehren sollen.

In **Frankreich** erhalten die Kommunisten bei den Wahlen zur Nationalversammlung mehr als ein Viertel der Stimmen – in der Bundesrepublik wird die **KPD** im August **verboten.**

Der sowjetische KP-Sekretär **Nikita Chruschtschow** kritisiert in einer Rede überraschend Machtmissbrauch und Verbrechen des früheren KP-Chefs Stalin. Der Westen hofft auf »**Tauwetter**« im Kalten Krieg. Doch als im Herbst Demonstranten in **Ungarn** Meinungsfreiheit fordern, sich bewaffnen und Stalin-Statuen stürzen, reagiert die UdSSR mit Härte: Sie schickt Panzer nach Budapest, um den **Volksaufstand** zu beenden. Als Ministerpräsident **Imre Nagy** (60) den Austritt Ungarns aus dem Warschauer Pakt verkündet, wird er von den Sowjets verschleppt (1958 hingerichtet).

In Alabama (USA) hindert eine aufgebrachte Menge eine schwarze Studentin daran, die Universität zu besuchen. Der Bürgerrechtler **Martin Luther King** (27) erreicht aber, dass in Alabamas Hauptstadt Montgomery die **Rassentrennung** in öffentlichen Verkehrsmitteln aufgehoben wird.

KUNST & KULTUR

Erst gegen Jahresende zeigen die Kinos den Film *Giganten* mit dem im Vorjahr gestorbenen **James Dean** und **Elizabeth Taylor** (24). Das Kalkül geht auf: Die Zuschauer kommen in Massen.

Ein Erfolg ist auch die an das menschliche Gewissen appellierende Tragikomödie *Der Besuch der alten Dame* von **Friedrich Dürrenmatt** (35) in Zürich.

WISSENSCHAFT & TECHNIK

Nach einem extremen Winter gehen über Deutschland im Juni heftige Unwetter nieder. Viele Menschen glauben, dass die amerikanischen Atomversuche die Wetterkapriolen verursachen; Experten bestreiten das. In mehreren Berichten weisen sie aber auf die Gefahren für die Gesundheit durch **radioaktive Strahlung** hin.

In England geht das weltweit erste kommerzielle **Atomkraftwerk** ans Netz; es liefert 55 Megawatt.

ALLTAG & VERSCHIEDENES

Minus 31,4 Grad Celsius: Deutschland erlebt im Februar den **kältesten Winter** seit über 150 Jahren; Rhein und Elbe frieren zu.

Traumhochzeit in **Monaco: Fürst Rainier** (33) heiratet im April die 25-jährige **Grace Kelly,** die sich jetzt **Gracia Patricia** nennt. Er hat die Schauspielerin im Vorjahr als Gast bei den Dreharbeiten des Hitchcock-Films *Über den Dächern von Nizza* kennengelernt. Auch die Hochzeit des US-Schriftstellers **Arthur Miller** (40) mit Filmstar **Marilyn Monroe** (30) im Juni ist ein Thema für die Boulevardpresse.

Das Regionalprogramm des Bayerischen Rundfunks sendet im November die ersten **TV-Werbespots,** gegen die Zeitungsverleger und Kirchenvertreter vergeblich protestiert hatten; sie dauern insgesamt sechs Minuten lang. Neu im deutschen Fernsehen ist auch die erste **TV-Serie aus den USA:** Der Schäferhund *Rin-Tin-Tin* und der Junge Rusty bestehen Abenteuer im Wilden Westen. Die *Tagesschau,* bisher dreimal pro Woche, kommt täglich.

Bei den **Olympischen Sommerspielen** in Melbourne tritt im November (Sommer in Australien) eine **gesamtdeutsche Mannschaft** an.

Als Provokation werden in europäischen Städten Gruppen von rauchenden männlichen Jugendlichen in schwarzen Lederjacken empfunden. Verängstigte Bürger fürchten die »**Halbstarken**«.

POLITIK & WIRTSCHAFT

Das **Saarland** wird Teil der Bundesrepublik. Nach dem Krieg stand es unter französischer Verwaltung, zuletzt war es autonom.

In Rom treffen sich Politiker aus Frankreich, Italien, der BRD und den Benelux-Staaten. In den **Römischen Verträgen** beschließen sie, eine **Europäische Wirtschaftsgemeinschaft (EWG)** zu errichten, für den freien Austausch von Waren.

»Keine Experimente«: Mit diesem Slogan wirbt die CDU auf Plakaten für die **Bundestagswahl** und gewinnt 50,2 Prozent der Stimmen. **Konrad Adenauer** (81) wird zum dritten Mal Bundeskanzler.

CDU-Wirtschaftsminister **Ludwig Erhard** (60), »Vater des Wirtschaftswunders«, verspricht *Wohlstand für alle,* auch in einem gleichnamigen Buch, das zum Bestseller wird.

Blutige **Rassenkämpfe** in den **USA:** Als schwarze Schüler in Arkansas ihr neues Recht wahrnehmen und eine Highschool für Weiße besuchen wollen, stellen sich ihnen aufgebrachte Bürger und Soldaten der Nationalgarde entgegen. Präsident **Dwight D. Eisenhower** widersetzt sich dem örtlichen Gouverneur und schickt 1000 Fallschirmjäger, um die schwarzen Schüler zu beschützen.

KUNST & KULTUR

Der Antikriegsfilm *Die Brücke am Kwai* des britischen Regisseurs **David Lean** mit dem 43-jährigen **Alec Guinness** in der Hauptrolle bewegt Zuschauer und Kritiker (7 Oscars).

Der Franzose **Albert Camus** (44) erhält den Nobelpreis für Literatur. Seine Werke (z. B. *Die Pest*) befassen sich mit Einsamkeit und Sinnsuche.

Am New Yorker **Broadway** hat das Musical *West Side Story* mit der Musik von **Leonard Bernstein** (39) Premiere.

Regisseur **Gustav Gründgens** (57) schreibt Theatergeschichte mit einer grandiosen Inszenierung von Goethes *Faust I* am Hamburger Schauspielhaus.

WISSENSCHAFT & TECHNIK

Wettlauf im **Weltraum:** Nachdem die Sowjetunion im August erfolgreich die erste **Interkontinentalrakete** startet, die einen atomaren Sprengkopf transportieren kann, schockt am 4. Oktober eine weitere Nachricht den Westen: Die UdSSR hat den ersten **Satelliten** (Sputnik 1) ins All geschossen. Einen Monat später fliegt mit Sputnik 2 die Hündin **Laika** als erstes Lebewesen in eine Erdumlaufbahn. Ein Raketenstart der USA misslingt dagegen schon am Boden.

Der erste japanische Automobilhersteller wagt den Sprung nach Europa: **Nissan** stellt in Paris die Limousine Prince Skyline vor. In Zwickau (DDR) wird der **Trabant** produziert; die Karosserie des Kleinwagens besteht aus Kunststoff.

Ende Oktober wird in Bayern der erste deutsche **Atomreaktor** in Betrieb genommen. Das »Atomei« ist ein Forschungsreaktor der TU München.

ALLTAG & VERSCHIEDENES

Während die Saarländer noch mit französischen Francs bezahlen, werden in der übrigen Bundesrepublik die **Ein- und Zwei-Mark-Scheine** durch Münzen ersetzt.

Der Argentinier **Juan Manuel Fangio** (46) gewinnt auf dem Nürburgring in seinem Maserati 250F trotz eines verpatzten Boxenstopps den Großen Preis von Deutschland. Damit ist er zum fünften Mal Formel-1-Weltmeister.

Auf der Rückreise von Buenos Aires gerät das bundesdeutsche Segelschulschiff **Pamir** in einen Hurrikan und sinkt. Nur sechs Seeleute überleben. Unter den 80 Toten sind viele jugendliche Kadetten.

Ein **Callgirl-Mord** bewegt die Bundesrepublik: Am 1. November findet die Polizei in Frankfurt die Prostituierte **Rosemarie Nitribitt** erwürgt in ihrem Apartment. Die wohlhabende 24-Jährige soll Politiker und Geschäftsleute zu ihren Kunden gezählt haben. Ihr Mörder bleibt unbekannt.

POLITIK & WIRTSCHAFT

»Kampf dem Atomtod«: Hunderttausende demonstrieren in Westdeutschland gegen die geplante Ausrüstung der **Bundeswehr** mit **Atomwaffen.** Sie wird im Parlament mit CDU-Mehrheit dennoch beschlossen, gegen die Stimmen von SPD und FDP. Dass die Pläne nicht verwirklicht werden, entscheidet am Ende die **NATO.**

Am 1. Juli tritt in der Bundesrepublik ein **Gleichberechtigungsgesetz** in Kraft. Es legt unter anderem fest, dass Frauen auch ohne die Zustimmung ihres Mannes arbeiten dürfen. Haushalt und Kindererziehung sind aber weiterhin ihre Aufgabe – die durch den Beruf nicht beeinträchtigt werden darf.

In der **Schweiz** haben die Frauen kein **Wahlrecht.** Ausnahme: der Ort Riehen bei Basel. Hier dürfen rund 900 Einwohnerinnen im Sommer wählen und gewählt werden.

Die **DDR** setzt die letzten freien Bauern unter Druck, ihre Höfe aufzugeben und stattdessen in **Genossenschaften** zu arbeiten. Viele verlassen das Land – insgesamt sind es in diesem Jahr rund 200 000 Ostdeutsche.

Charles de Gaulle, der sich 1953 aus der Politik zurückgezogen hatte, kehrt als »Retter Frankreichs« nach Paris zurück. Der 68-Jährige wird **Staatspräsident** und soll das Land aus der Krise führen, das wirtschaftliche Probleme hat und in **Algerien** gegen Aufständische kämpft; algerische Nationalisten verüben auch in Frankreich Anschläge.

KUNST & KULTUR

Als *Zeugin der Anklage* hat **Marlene Dietrich** (56) ihren letzten großen Auftritt auf der Leinwand, an der Seite von **Charles Laughton** (58). Regisseur des packenden Justiz-Thrillers ist **Billy Wilder** (51).

In Zürich hat das Theaterstück *Biedermann und die Brandstifter* von **Max Frisch** (47) Premiere, in dem ein naiver Bürger die Augen vor dem Bösen verschließt.

WISSENSCHAFT & TECHNIK

Mehr als 9000 Wissenschaftler aus 44 Ländern fordern im Januar die Regierung der USA auf, ihre **Atombombentests** einzustellen. Sie warnen unter anderem vor Erbschäden durch freigesetzte Strahlung.

Der »Sputnik-Schock« (⇨ 1957) hat die USA wachgerüttelt. Die neue Raumfahrtbehörde **NASA** soll konkrete Schritte zur Eroberung des Weltraums erarbeiten.

ALLTAG & VERSCHIEDENES

Im Februar sendet das Fernsehen der DDR ein zweites Programm – der Westen ist noch nicht so weit (⇨ 1963). Hier beginnt aber im Juni das erste **TV-Quiz:** *Hätten Sie's gewusst?* mit Moderator **Heinz Maegerlein** (46). Ebenfalls neu startet im deutschen Fernsehen die US-amerikanische Serie *Lassie,* in der eine kluge Collie-Hündin Menschen aus gefährlichen Situationen rettet. Die Herzen der Zuschauer erwärmt auch der schwarze Hengst *Fury:* Sehnsüchtig warten sie auf die Frage seines kleinen Freundes Joey: »Na, Fury, wie wär's mit einem kleinen Ausritt? Hast du Lust?«

Deutschland lässt die Hüften kreisen und wird vom **Hula-Hoop-**Fieber erfasst: In kaum einem Haushalt der Bundesrepublik fehlen die großen Kunststoffreifen, die schon in Amerika die Gelenkigkeit von Millionen herausgefordert haben.

Die neue **Verkehrssünderkartei** in **Flensburg** soll die westdeutschen Autofahrer disziplinieren. In der ersten großen **Reisewelle** rollen sie im Sommer nach Italien.

Brasilien wird mit einem 5:2 gegen den Gastgeber Schweden **Fußball-Weltmeister;** zwei Tore schießt der erst 17-jährige Stürmer **Pelé.**

Als **Elvis Presley** (23) am 1. Oktober in Bremerhaven eintrifft, wird er jubelnd von Tausenden Fans begrüßt. Der »King of Rock 'n' Roll« leistet bei der **US-Army** in Deutschland seinen Wehrdienst ab.

POLITIK & WIRTSCHAFT

Revolution in **Kuba:** Die Guerillatruppen des 32-jährigen Rebellenführers **Fidel Castro** erobern am Jahresbeginn die Hauptstadt Havanna, wo sie von der überwiegend armen Bevölkerung freudig begrüßt werden, die auf eine bessere Zukunft hofft. Der korrupte Diktator **Fulgencio Batista** (57) verlässt das Land, Castro wird Ministerpräsident.

In **Tibet** schlägt die Besatzungsmacht **China** im März einen Aufstand von Unabhängigkeitskämpfern nieder. Der 24-jährige **Dalai Lama,** politisches und religiöses Oberhaupt der Tibeter, flieht nach Indien.

Vollbeschäftigung in der Bundesrepublik: Zum ersten Mal gibt es mehr offene Stellen (350 000) als Arbeitslose (200 000).

Als die **DDR** im Oktober eine eigene deutsche **Flagge** präsentiert (mit den Symbolen Hammer und Sichel für einen **Arbeiter- und Bauernstaat**), ist die Aufregung im Westen groß. Die erhoffte Anerkennung wird dem SED-Staat weiterhin verweigert – die Regierung der Bundesrepublik spricht beharrlich von der »Ostzone« und vermeidet die Bezeichnung DDR.

KUNST & KULTUR

Der erschütternde Antikriegsfilm *Die Brücke* des österreichischen Regisseurs **Bernhard Wicki** schildert das Schicksal von sieben Jungen, die in den letzten Kriegstagen eine Kleinstadt gegen die heranrückende US-Armee verteidigen sollen. Auch **Alfred Hitchcock** (59) fesselt die Kinozuschauer, mit seinem Film *Der unsichtbare Dritte;* Hauptdarsteller sind **Cary Grant** (55) und **Eva Marie Saint** (35).

Sein Roman *Die Blechtrommel* macht den Schriftsteller **Günter Grass** (32) international bekannt. Das Buch wird in 24 Sprachen übersetzt.

In einer französischen Zeitschrift erscheint ein neuer Comic – mit Abenteuern des gewitzten Galliers *Asterix.*

WISSENSCHAFT & TECHNIK

Ehrgeiziges DDR-Projekt: der Bau eines deutschen Passagierflugzeugs. Als ein Prototyp beim Probeflug abstürzt, werden die Pläne fallengelassen.

Die Sowjetunion gewinnt den **Wettlauf zum Mond:** Am 13. September landet ihre Raumsonde Lunik 2 auf dem Erdbegleiter. Drei Wochen später sendet Lunik 3 die ersten Bilder von der Mondrückseite.

In **New York** eröffnet am 23. Oktober das **Guggenheim-Museum.** Star-Architekt **Frank Lloyd Wright** kann die Einweihung des Gebäudes mit seinem spiralförmig nach oben führenden Rundgang nicht mehr selbst erleben – er stirbt im April mit 89 Jahren.

Als erstes Auto erhält der Volvo 544 in Schweden serienmäßig **Dreipunkt-Sicherheitsgurte;** sie sind eine Erfindung des Volvo-Ingenieurs **Nils Bohlin.**

Im August werden in Deutschland die ersten tragbaren **Transistorradios** (»Kofferradios«) mit UKW-Empfang vorgestellt, zum Beispiel das Modell Joker von der Firma Graetz.

ALLTAG & VERSCHIEDENES

Zwei junge Schauspieler lieben sich: Am 22. März verlobt sich Filmstar **Romy Schneider** (20, ⇨ 1955) mit ihrem noch unbekannten französischen Kollegen **Alain Delon** (23). Die beiden haben sich im Vorjahr bei Dreharbeiten zum Film *Christine* kennengelernt.

Autofahrer ärgern sich: Die ersten mobilen **Radarfallen** werden auf bundesdeutschen Straßen aufgestellt. Wer 30 km/h zu schnell ist, muss fünf Mark bezahlen.

Kleine Kinder freuen sich: Das Fernsehen der DDR sendet ab Ende November am frühen Abend *Unser Sandmännchen.* Die ARD folgt knapp zwei Wochen später mit einem West-Sandmännchen, es erreicht aber nicht die Beliebtheit der ostdeutschen Figur.

In der Damenmode sind in diesem Jahr große **Hüte** modern. Ein Kritiker vergleicht sie mit Lampenschirmen.

POLITIK & WIRTSCHAFT

Annäherung: Bundeskanzler **Konrad Adenauer** (84) trifft im März in New York den israelischen Ministerpräsidenten **David Ben Gurion** (53). Sie reden über den Holocaust, die »Wiedergutmachung« der Bundesrepublik und Waffenlieferungen an Israel. Ben Gurion: »Das Deutschland von heute ist nicht mehr das Deutschland von gestern.«

Gleichwohl sitzen an manchen Schaltstellen der Politik **ehemalige Nazis.** So soll der Bundesvertriebenenminister **Theodor Oberländer** an der Erschießung von Juden in Polen beteiligt gewesen sein – laut DDR-Regierung ein »Mörder auf dem Bonner Ministersessel«. Die SPD fordert Untersuchungen, Oberländer tritt im April zurück.

Die sowjetische Luftabwehr schießt am 1. Mai über Sibirien ein **US-Spionageflugzeug** ab; die **U-2** war mehr als 30 Kilometer hoch geflogen und galt deshalb als »unsichtbar«.

In Argentinien spürt der **israelische Geheimdienst** den NS-Täter **Adolf Eichmann** (54) auf und verschleppt ihn nach Israel. Er war verantwortlich für die Massentransporte von Juden in die Vernichtungslager.

In **Afrika** werden 17 Staaten unabhängig von den ehemaligen Kolonialmächten.

Rund 150 000 Bürger der DDR verlassen 1960 ihr Land, darunter viele dringend benötigte Facharbeiter.

KUNST & KULTUR

Am 17. August gibt eine britische Band aus Liverpool im Hamburger Star Club ihr erstes Konzert unter dem Namen **The Beatles.**

Mit seinem Kinderbuch *Jim Knopf und Lukas der Lokomotivführer* hat der 30-jährige Autor **Michael Ende** einen Riesenerfolg.

Der Monumentalfilm *Ben Hur* mit seinem spektakulären römischen Wagenrennen und Zehntausenden Statisten bekommt elf »Oscars« – Rekord. **Alfred Hitchcock** (60) schockt die Kinozuschauer mit *Psycho.*

WISSENSCHAFT & TECHNIK

Nach den Vereinigten Staaten und der Sowjetunion besitzt nun auch **Frankreich** die **Atombombe;** sie wird im Februar in der Sahara getestet.

In der DDR erhalten Kinder erstmals eine **Schluckimpfung** gegen **Kinderlähmung (Polio);** der medizinische Wirkstoff stammt aus den USA. Die Bundesrepublik folgt diesem Beispiel zwei Jahre später.

Eine weitere medizinische Neuheit kommt in den USA auf den Markt: die **Antibabypille.**

ALLTAG & VERSCHIEDENES

In Deutschland (Ost und West) gab es bis jetzt mehr **Motorräder** als Autos – in der Bundesrepublik kehrt sich das Verhältnis um: Nun überwiegt die Zahl der Pkws. Im Osten werden weiterhin mehr motorisierte Zweiräder genutzt.

Passend zum neuen Autoboom im Westen eröffnet in der Nähe von Frankfurt am Main das erste europäische **Autokino.**

Neuester Schrei in bundesdeutschen Wohnzimmern ist ein dunkler Holzschrank, hinter dessen Türen sich ein Radio und ein Fernsehapparat verbergen. Der »Schneewittchensarg« kostet stolze 3500 Mark. Auch **Musiktruhen** mit Radio und Tonbandgerät sind begehrt.

Weltrekord beim Leichtathletik-Sportfest in Zürich: Der 23-jährige deutsche Sprinter **Armin Hary** läuft 100 Meter in 10,0 Sekunden.

Bei den **Olympischen Sommerspielen** in **Rom** schneidet die **gesamtdeutsche Mannschaft** erfolgreich ab. Drei Goldmedaillen gewinnt die US-Sprinterin **Wilma Rudolph** (20). Die »schwarze Gazelle« litt einst an Kinderlähmung; sie besiegte diese und andere Krankheiten mit eisernem Willen.

Flugzeugabsturz in **München:** Eine Transportmaschine der US Air Force streift am 17. Dezember kurz nach dem Start wegen eines Motorschadens die Spitze der Paulskirche und stürzt auf eine Straßenbahn. 52 Menschen sterben.

POLITIK & WIRTSCHAFT

Als der im November 1960 gewählte US-Präsident **John F. Kennedy** im Januar sein Amt antritt, ist er jünger als jeder seiner 34 Vorgänger. Sein Eintreten für Bürgerrechte und soziale Reformen weckt große Hoffnungen. Doch zunächst muss der 43-Jährige einen doppelten Prestigeverlust der USA hinnehmen: Der erste Mensch im Weltraum ist ein Russe, und fünf Tage nach dessen Erdumkreisung misslingt der Sturz der kommunistischen Regierung auf **Kuba.** Von CIA-Agenten unterstützte Exilkubaner werden bei der **Invasion in der Schweinebucht** von der kubanischen Armee zurückgeschlagen.

Eine **Fluchtwelle** bedroht die Existenz der DDR. Der Staatsratsvorsitzende **Walter Ulbricht** (68) verkündet zwar auf einer Pressekonferenz: »Niemand hat die Absicht, eine Mauer zu bauen.« Doch am Morgen des 13. August rollen Bauarbeiter an der Grenze von Ost- und Westberlin Stacheldraht aus und schichten Steine auf. Die 3,60 Meter hohe **Mauer** zementiert die Teilung der Stadt. Westberlins regierender Bürgermeister **Willy Brandt** (47) protestiert vergeblich, die westlichen Alliierten halten sich zurück. Bundeskanzler **Adenauer** (85) kommt erst am 21. August nach Westberlin, was ihm viele Berliner übelnehmen.

»Biete 2-Zi.-Wohnung mit Bad und Gartenanteil in schönster Lage«: Mit dieser Kleinanzeige sucht ein Einzelhändler in Freiburg einen Lehrling. 250 000 **Lehrstellen** bleiben in der Bundesrepublik unbesetzt.

KUNST & KULTUR

Das Theaterstück *Andorra* von **Max Frisch** (50) hat in Zürich Premiere; es handelt von Vorurteilen, Feigheit und Zivilcourage.

Marilyn Monroe (34) und **Clark Gable** (59) spielen in *Misfits – Nicht gesellschaftsfähig* von Regisseur **John Huston** (54). Für beide Stars ist es der letzte Film.

WISSENSCHAFT & TECHNIK

Der 27-jährige Kosmonaut **Juri Gagarin** ist der erste Mensch im All: Am 12. April umrundet er in einer Raumkapsel die Erde. Am 5. Mai folgt der amerikanische Astronaut **Alan Shepard** (37).

Im Juni geht im bayerischen Kahl am Main das erste deutsche **Atomkraftwerk** ans Netz.

Der Pharmakonzern Schering verkauft die erste **Antibabypille** Deutschlands; sie heißt Anovlar und soll nur verheirateten Frauen verschrieben werden. Wer nicht verhütet und in den USA ein Neugeborenes versorgen muss, kann sich über die ersten **Wegwerfwindeln** (von Pampers) freuen.

Ein Sportwagen mit 269 PS, knapp 240 km/h Spitze und einem aufregenden Design: Auf dem **Genfer Autosalon** präsentiert der englische Hersteller Jaguar den E-Type (»Jaguar E«).

ALLTAG & VERSCHIEDENES

Mehrere Tausend Kinder kommen in Deutschland und anderen Ländern mit verkümmerten Armen und anderen Fehlbildungen auf die Welt. Ursache: Die Mütter hatten in der Schwangerschaft das Schlafmittel **Contergan** eingenommen. Im November nimmt der Hersteller das Präparat vom Markt. Ein langwieriger Prozess gegen ihn folgt.

Entscheidung in einem anderen Prozess: 130 000 ehemalige Sparer, die knapp 1000 Reichsmark für den Kauf eines Volkswagens einzahlten, ihn aber wegen des Krieges nie bekommen haben (⇨ 1938), werden entschädigt. Sie erhalten 100 DM oder 600 DM Rabatt auf einen neuen VW.

Im Fernsehen zeigt die **Augsburger Puppenkiste** *Jim Knopf* und spielt sich mit ihren Marionetten in die Herzen der Kinder. Für Jugendliche gibt es zum ersten Mal die Sendung *Musik aus Studio B.*

Wer sich zu schnellen Rhythmen lieber selbst bewegt und dabei gerne in die Knie geht, tanzt den aus Amerika importierten **Twist**.

Aus Verbündeten werden Gegner:

Der Kalte Krieg

Am 8. Mai 1945 endet der Zweite Weltkrieg mit der Kapitulation Deutschlands. Die Alliierten des Westens (USA, Großbritannien, Frankreich) haben gemeinsam mit der Sowjetunion gekämpft. Sie sind Verbündete. Oder sogar Freunde, wie der britische Premierminister Winston Churchill einen Monat nach Kriegsende in einem Brief schreibt, in dem es um die Aufteilung der von Deutschland besetzten Gebiete geht. Doch der erfahrene Politiker ahnt bereits, dass die Beziehung zu den Sowjets nicht lange ungetrübt bleiben wird: »Es scheint mir, dass die Ausdehnung des russischen Einflusses«, so Churchill, »eine Angelegenheit ist, wegen der noch eine intensive, wenn auch unter guten Freunden geführte Auseinandersetzung nötig ist.«

Es bleibt nicht bei einer Auseinandersetzung – zahlreiche Konflikte folgen. Im September 1945 fordern die USA freie Wahlen für Ungarn, Rumänien und Bulgarien. Der sowjetische Außenminister Molotow lehnt ab. Um in Zukunft einen erneuten Angriff auf ihr Land zu verhindern, wollen sich die Sowjets an ihrer Westgrenze mit Staaten umgeben, die widerspruchslos dem sowjetischen Kurs folgen.

Das missfällt den Regierungen Großbritanniens und der USA. Am 5. März 1946 spricht Churchill in einer Rede von einem »Eisernen Vorhang«, der Europa spalte – auf seiner östlichen Seite errichte die Sowjetunion kommunistische Diktaturen. Sowjetführer Josef Stalin nennt Churchill daraufhin einen »Kriegshetzer«. Tatsächlich hat bereits ein Krieg begonnen: der »Kalte Krieg«, ohne Waffengewalt.

Während die USA von einer mitunter panischen Angst vor dem Kommunismus getrieben sind, fürchtet die Sowjetunion die Überlegenheit der Vereinigten Staaten. Denn die besitzen die Atombombe. Fieberhaft arbeiten russische Wissenschaftler daran, den Vorsprung der Amerikaner aufzuholen – die ihrerseits fürchten, dass das schon bald gelingen könnte. US-Experten erwarten die Fertigstellung der russischen Bombe für das Jahr 1953. Doch schon 1949 ist sie einsatzbereit.

Obwohl sich die beiden Supermächte einen Wettlauf bei der Rüstung und im Weltraum liefern, sind sie klug genug, eine direkte militärische Konfrontation zu vermeiden. Das gilt für die Kubakrise, bei der die Sowjets 1962 zwar vor der Tür der USA Atomraketen stationieren, diese aber nach sechs Tagen wieder abziehen. Und es gilt ein Jahr zuvor in Berlin.

Hier ist ab dem 13. August 1961 die Mauer gebaut worden, mit der die DDR verhindern will, dass ihre Bürger weiterhin in den Westen fliehen.

Der Mauerbau ist nicht die einzige Provokation. Im Oktober 1961 verweigern DDR-Grenzer einem US-Diplomaten die ungehinderte Einreise nach Ostberlin – ein Verstoß gegen das Viermächteabkommen (beschlossen von der Sowjetunion, den USA, Großbritannien und Frankreich). US-Soldaten begleiten daraufhin die amerikanischen Diplomaten bei ihren Osttouren.

Doch damit ist der Konflikt nicht behoben: Am 27. Oktober stehen sich am Berliner Grenzübergang Checkpoint Charlie russische und amerikanische Panzer gegenüber. Stundenlang verharren sie. Sollte eine Seite auch nur einen Schuss abgeben, wäre ein Krieg unvermeidlich.

Am nächsten Morgen um 10.30 Uhr heult bei einem der sowjetischen Panzer der Motor auf – er rollt einen Meter zurück. Unmittelbar darauf wird auch im ersten US-Panzer der Rückwärtsgang eingelegt.

POLITIK & WIRTSCHAFT

Der erste Tote an der **Berliner Mauer:** Als der 18-jährige **Peter Fechter** am 17. August in den Westteil der Stadt klettern will, schießen ihn DDR-Grenzer an und lassen ihn verbluten. Im Januar gelang es 28 Menschen, durch einen selbst gegrabenen Tunnel nach Westberlin zu fliehen.

Kubakrise: US-amerikanische Aufklärungsfotos zeigen, dass die Sowjetunion auf der Karibikinsel Rampen für **Mittelstreckenraketen** aufbaut. Am 22. Oktober stellt US-Präsident **John F. Kennedy** (45) der UdSSR ein Ultimatum: entweder Abzug der Raketen oder Krieg. Die Welt befürchtet das Schlimmste. Am 28. Oktober lenkt der sowjetische KP-Chef **Nikita Chruschtschow** (68) ein und zieht die Waffen ab. Er wollte nur drohen, anders als Kubas Staatschef **Fidel Castro,** der dafür plädierte, die USA anzugreifen.

Ebenfalls Ende Oktober durchsuchen Polizisten die Redaktion des Hamburger Nachrichtenmagazins *Der Spiegel.* Chefredakteur **Rudolf Augstein** (38) und andere werden festgenommen. Anlass: Ein Artikel über die NATO enthielt angeblich Staatsgeheimnisse. Es kommt zu Demonstrationen für die Pressefreiheit. Die **Spiegel-Affäre** führt zur Regierungskrise: Mehrere Minister treten zurück, darunter Verteidigungsminister **Franz Josef Strauß** (47, CSU).

KUNST & KULTUR

Als erster Karl-May-Film (⇨ 1963) startet *Der Schatz im Silbersee* (Regie: Harald Reinl). Er wird zu einem der größten Erfolge für das bundesdeutsche Kino. Noch nicht auf deutschen Leinwänden zu sehen: der Schotte **Sean Connery** (32) als britischer Geheimagent in *James Bond – 007 jagt Dr. No.* Für Gesprächsstoff unter den Zuschauern und Kritikern sorgt eine Szene, in der die Schweizer Schauspielerin **Ursula Andress** (26) als Bond-Girl im weißen Bikini aus dem Meer steigt.

WISSENSCHAFT & TECHNIK

Am 25. Januar kommt in Deutschland der erste Pilot beim Absturz eines Militärjets vom Typ Lockheed F-104, genannt **Starfighter,** ums Leben. 268 weitere Starfighter-Abstürze werden noch folgen (⇨ 1989).

Der US-amerikanische **TV-Satellit** Telstar I ermöglicht im Sommer die ersten Liveübertragungen zwischen Nordamerika und Westeuropa.

ALLTAG & VERSCHIEDENES

Mehr als 500 000 männliche **Gastarbeiter** leben in der Bundesrepublik. Meist in tristen Wohnheimen, ohne ihre Familien. Wenn sie am Wochenende tanzen gehen und deutsche Frauen ansprechen, müssen sie mit Anfeindungen rechnen.

Gesprächsthema Nummer eins in ganz Deutschland ist im Januar der erste »**Straßenfeger**« im Fernsehen: der Francis-Durbridge-Krimi *Das Halstuch.* Auch die US-Westernserie *Bonanza* findet großen Zuspruch; mit 430 Folgen, ausgestrahlt in 123 Ländern, wird sie eine der erfolgreichsten TV-Serien.

In der Nacht zum 17. Februar lässt eine **Sturmflut** Deiche der Elbe brechen; das Wasser überrascht **Hamburg** im Schlaf. Innensenator **Helmut Schmidt** (SPD) fordert Bundeswehrsoldaten an, sie retten mit Schlauchbooten und Hubschraubern Menschen von Hausdächern. Die Flut fordert in Norddeutschland mehr als 330 Tote.

Am 5. August wird die US-Schauspielerin **Marilyn Monroe** tot aufgefunden; die 36-Jährige hat eine Überdosis Schlaftabletten genommen.

Provokation und Zeichen für weibliches Selbstbewusstsein: Die britische *Vogue* zeigt den ersten (modernen) **Minirock.** Entworfen hat ihn die englische Modeschöpferin **Mary Quant** (28).

Am Jahresende singt **Freddy Quinn** (31) »Junge, komm bald wieder«. 14 Wochen lang hält sich der Österreicher, den jeder für einen waschechten Hamburger hält, auf Platz 1 der Hitparade.

POLITIK & WIRTSCHAFT

Im Juni besucht US-Präsident **John F. Kennedy** in **Westberlin** die Mauer und gewinnt die Herzen der Bevölkerung, der er auf Deutsch zuruft: »Ich bin ein Berliner!«

Erschütternde Nachricht am 22. November: **Kennedy** ist tot. Ein Attentäter hat ihn erschossen, als er in Dallas, Texas, im offenen Auto einer jubelnden Menge zuwinkte. Der 46-jährige Demokrat war knapp drei Jahre im Amt, Nachfolger wird **Lyndon B. Johnson** (55).

Dank Kennedy existiert im Weißen Haus und im Moskauer Kreml das **»Rote Telefon«**, auch **»Heißer Draht«** genannt (ein Fernschreiber). Mit ihm wollen die beiden Supermächte bei Konflikten den Kontakt zueinander suchen.

Vor 250 000 Menschen in Washington sowie Millionen an den TV-Geräten hält der schwarze Bürgerrechtler **Martin Luther King** (34) eine historische Rede: »I have a dream« – er träume von einer Zukunft, in der Menschen nicht nach ihrer Hautfarbe beurteilt werden.

Bundeskanzler **Konrad Adenauer** (87, CDU) tritt nach 14 Amtsjahren aus Altersgründen zurück. **Ludwig Erhard** (66) wird sein Nachfolger.

In Frankfurt am Main beginnt der **Auschwitzprozess** gegen 20 ehemalige SS-Männer, die im KZ Auschwitz (Polen) tätig waren. Tatvorwurf: Mord oder Beihilfe zum Mord.

KUNST & KULTUR

Deutsche Kinogänger lernen *James Bond* kennen (⇨ 1962). Noch mehr (ca. 18 Millionen) sehen ab Dezember die Karl-May-Verfilmung *Winnetou I* mit **Pierre Brice** (34) als Winnetou und **Lex Barker** (44) als Old Shatterhand. **Mario Adorf** (33) spielt einen Bösewicht.

Die Single »I Want to Hold Your Hand« macht die **Beatles** berühmt.

Hunderttausende nehmen in Paris Abschied von der Sängerin **Edith Piaf** (47). Mit 63 Jahren stirbt der Schauspieler und Regisseur **Gustav Gründgens** (⇨ 1957).

WISSENSCHAFT & TECHNIK

Der Unterhaltungskonzern **Philips** stellt eine neue Erfindung vor: den **Kassettenrekorder** und die »Compact Cassette« – eine handliche Alternative zu den klobigen Tonbandgeräten, die es bisher gab. Musikliebhaber in der Bundesrepublik freuen sich auch über die ersten **Stereo**-Radios und -Sendungen.

ALLTAG & VERSCHIEDENES

Im Herbst fiebern Millionen Deutsche vor ihren Radiogeräten mit, wie das **Grubenunglück von Lengede** (Niedersachsen) ausgeht: Nach 14 nervenzehrenden Tagen werden elf verschüttete Bergleute aus einem 58 Meter tiefen Stollen gerettet. Sie hatten sich durch Klopfzeichen bemerkbar gemacht.

In manchen westdeutschen Haushalten ist die bewegende Rettungsaktion auch auf dem Schwarzweiß-Bildschirm zu sehen. Seit der Gründung des **ZDF** (Zweites Deutsches Fernsehen) im April wächst das Interesse am Medium Fernsehen rapide. Die 6. und letzte Folge des TV-Krimis *Tim Frazer* von **Francis Durbridge** hat eine **Sehbeteiligung** von 93 Prozent – ein Rekord, der nie gebrochen wird. Alle wollen wissen: Wer ist »Mister X«?

Marika Kilius (19) und **Hans-Jürgen Bäumler** (21) gewinnen die Weltmeisterschaft im Eiskunstlauf der Paare. Sie gelten in dieser Disziplin jahrelang als deutsches Traumpaar.

Am 24. August wird die deutsche **Bundesliga** gegründet. 16 Vereine (heute 18) mit Profi-Fußballspielern treten nun regelmäßig gegeneinander an. **Deutscher Meister** der ersten Saison wird der 1. FC Köln.

Als Räuber den **Postzug London-Glasgow überfallen,** erbeuten sie 2,5 Millionen Pfund (heute mehr als 45 Millionen Euro). Sie gehen so raffiniert vor, dass die Postangestellten im hinteren Zugteil lange nichts mitbekommen. Die Bevölkerung hat Sympathie mit den cleveren Gangstern.

POLITIK & WIRTSCHAFT

Der Oberste Gerichtshof der USA verbietet im Sommer jegliche Diskriminierung von Nicht-Weißen. Der schwarze Bürgerrechtler **Martin Luther King** (35) weist darauf hin, dass es trotzdem nach wie vor erhebliche Rassenunterschiede gibt.

Als vor der Küste Vietnams unter ungeklärten Umständen in internationalen Gewässern ein US-Zerstörer von Kriegsschiffen beschossen wird, lässt US-Präsident **Lyndon B. Johnson** am 5. August nordvietnamesische Häfen bombardieren. Für die USA beginnt der **Vietnamkrieg.**

Fluchthelfer graben von Westberlin aus wochenlang rund um die Uhr einen 140 Meter langen Tunnel in den Ostteil der Stadt. Am 5. Oktober kriechen 31 Frauen, 23 Männer und drei Kinder in die Freiheit, zu einem Toilettenhäuschen in der Bernauer Straße 97.

Ein **Passierscheinabkommen** erlaubt westdeutschen Rentnern am Jahresbeginn und im Herbst, Verwandte in Ostberlin zu besuchen. In endlosen Schlangen warten sie auf die Einreise, andere Rentner reisen in überfüllten Zügen an, abfällig »Mumien-Express« genannt. Bis zu vier Wochen können die Besucher bleiben.

Deutlich länger sollen sich die südeuropäischen **Gastarbeiter** in der Bundesrepublik aufhalten. Der Millionste von ihnen, ein Portugiese, erhält bei seiner Ankunft in Köln als Begrüßungsgeschenk ein Moped der Marke Zündapp.

KUNST & KULTUR

Ausstellungen in Stockholm, Amsterdam und Venedig (»Biennale«) zeigen Europa die amerikanische **Pop-Art.** US-Künstler wie **Robert Rauschenberg** (38) und **Andy Warhol** (36) verwenden in ihren Werken Elemente aus Konsum, Alltag und Comics.

Der italienische Regisseur **Sergio Leone** (35) begründet mit seinem Film *Für eine Handvoll Dollar* (mit **Clint Eastwood** und **Marianne Koch**) ein neues Genre: den **Italo-Western.**

WISSENSCHAFT & TECHNIK

Vier Gänge, 23 PS, 100 km/h Höchstgeschwindigkeit: In der DDR entsteht der neue Trabant 601. Ein Erfolgsmodell – der »**Trabi**« wird in den kommenden 25 Jahren fast unverändert weitergebaut.

In Kiel läuft im Juni die **Otto Hahn** vom Stapel, ein Forschungsschiff und Frachter mit Nuklearantrieb. Viele Häfen weigern sich, das **Atomschiff** bei sich anlegen zu lassen.

ALLTAG & VERSCHIEDENES

Drei große **Unterhaltungsshows** locken Millionen Deutsche an die Bildschirme. Das ZDF beginnt im Januar mit *Vergißmeinnicht,* moderiert von **Peter Frankenfeld** (50). Die Einschaltquoten erreichen später Werte bis zu 80 Prozent, Frankenfelds Bekanntheitsgrad ist höher als der des Bundeskanzlers. Ebenfalls im Januar folgt die ARD mit *Einer wird gewinnen,* moderiert vom 42-jährigen **Hans-Joachim Kulenkampff** (»Kuli«). Im Dezember startet die ZDF-Spielshow *Der goldene Schuß* mit **Lou van Burg** (47).

Als erste ARD-Anstalt sendet der Bayerische Rundfunk auch ein **drittes Programm** – zunächst von Dienstag bis Samstag.

Babyboom: Die Deutschen in Ost und West bekommen in diesem Jahr 1 357 304 Kinder – ein Nachkriegsrekord, der nicht mehr gebrochen wird.

Zum sechsten Mal in Folge Europameister, zum zweiten Mal Weltmeister: **Marika Kilius** und **Hans-Jürgen Bäumler** siegen wieder im Eiskunstlauf der Paare.

Sensationell: Die **Beatles** belegen mit ihren Hits die ersten fünf Plätze der US-Charts.

Während der **Minirock** (⇨ 1962) seinen weltweiten Siegeszug feiert, trauen sich nur wenige Frauen, den **Monokini** des US-Modeschöpfers **Rudi Gernreich** zu tragen – er lässt die Brüste unbedeckt. **Oben ohne** in Freibädern oder an Stränden zu baden ist aber in den USA ebenso verboten wie in Europa.

POLITIK & WIRTSCHAFT

Er war Handelsminister, Innenminister, Heeresminister, Schatzkanzler, Premierminister, Gegenspieler Hitlers: Der britische Staatsmann und Historiker **Winston Churchill** stirbt im Januar mit 90 Jahren an den Folgen eines Schlaganfalls. Das US-Magazin *Life* nennt ihn »Mann des Jahrhunderts«.

Zwanzig Jahre nach Kriegsende und nach 180 Verhandlungstagen werden in Frankfurt am Main die Urteile im **Auschwitzprozess** (⇨ 1963) gefällt. Mehr als 350 Zeugen aus 19 Nationen kamen zu Wort. 16 der 20 Angeklagten müssen ins Gefängnis, sechs davon lebenslänglich.

Bis zu 170 000 US-Soldaten sind inzwischen in **Vietnam.** Sie haben sich auf eine klare Front eingestellt, werden aber im Kampf gegen einen weitgehend unsichtbaren Feind zermürbt: Die kommunistischen **Vietcong** verstecken sich in Tunneln, bauen mit Giftspießen bestückte Fallgruben und operieren in kleinen Guerillaeinheiten.

KUNST & KULTUR

Ein ungewöhnliches Theaterstück, das auch als Lesung im Radio übertragen wird, wühlt ganz Deutschland auf: *Die Ermittlung* des 48-jährigen Autors **Peter Weiss** lässt auf der Grundlage von Akten des Auschwitzprozesses Zeugen und Angeklagte den Ablauf der Menschenvernichtung im KZ schildern. Die Uraufführung wird am 19. Oktober auf 16 Bühnen in Ost und West gezeigt.

Filmerfolge für drei Briten: Einen »Oscar« erhalten **Rex Harrison** (57) für seine Rolle als Professor Higgins in *My Fair Lady* und die 29-jährige **Julie Andrews** als bezauberndes Kindermädchen im Disney-Film *Mary Poppins.* Am Jahresende präsentiert Regisseur **David Lean** (57) in New York sein episches Kinodrama *Doktor Schiwago,* dem einer der größten Welterfolge der Filmgeschichte bevorsteht.

WISSENSCHAFT & TECHNIK

Als erster Mensch frei schwebend im All: Am 18. März verlässt der 30-jährige Kosmonaut **Alexej Leonow** sein Raumschiff, mit dem er nur durch eine Leine verbunden bleibt.

Spektakuläre Fotos zeigt das US-amerikanische Magazin *Life:* die ersten Bilder von menschlichen Embryos im Mutterleib. Sie stammen vom schwedischen Fotografen **Lennart Nilsson** (42).

ALLTAG & VERSCHIEDENES

Junge TV-Zuschauer freuen sich über den von Radio Bremen produzierten *Beat Club:* Bands spielen hier **Beat-Musik** live vor Publikum.

Live treten auch die **Rolling Stones** bei ihrer Tournee durch Westdeutschland auf. Fans der angeblich härtesten Band der Welt zertrümmern in Berlin die Waldbühne. Bei den Auftritten von **James Last** geht es friedlich zu: Der 36-jährige Komponist produziert mit seinem Orchester die LP »Non Stop Dancing« und macht den »Happy Sound« populär. Beliebt sind auch deutsche **Schlager** wie der Ohrwurm »Marmor, Stein und Eisen bricht« von **Drafi Deutscher** (19).

Westeuropa wird von der unbeschwerten Stimmung des **»Swinging London«** erfasst, dessen Zentrum die **Carnaby Street** mit ihren Mode- und Musikläden ist. Der DDR-Regierung ist die bunte **Popkultur** ein Dorn im Auge – am Jahresende verbietet sie westliche Bücher, Filme und Musik.

Gleich zweimal verteidigt der US-Amerikaner **Cassius Clay** (23) seinen Titel als Weltmeister im Schwergewichtsboxen gegen seine Landsleute **Sonny Liston** (33) und **Floyd Patterson** (30). Er prahlt: »I am the greatest!« Die Presse nennt ihn »Großmaul«.

Am 9. November erschrickt am Abend ein bis zu zwölf Stunden dauernder **Stromausfall** 30 Millionen Menschen im Osten der USA. In New York City sinkt in der lichtlosen Nacht die Zahl der Straftaten.

POLITIK & WIRTSCHAFT

Eine Frau regiert **Indien: Indira Gandhi,** 48-jährige Tochter des Staatsgründers Jawaharlal Nehru, wird im Januar zur Premierministerin gewählt (nicht verwandt mit Mahatma Gandhi, dem Führer der Unabhängigkeitsbewegung).

Chinas KP-Vorsitzender **Mao Zedong** (72) ruft im Mai zur großen **Kulturrevolution** auf, für die er die kommunistische Jugend gewinnt. Sie bildet **Rote Garden** und bekämpft politische Gegner, Intellektuelle, westlichen Lebensstil sowie chinesische Traditionen.

Da die Absturzserie der **Starfighter** anhält, reichen mehrere Bundeswehrpiloten die Kündigung ein. Die Bundesregierung wiegelt ab (⇨ 1962).

Nach dem Rücktritt von vier FDP-Ministern zerbricht die Bonner Regierung. Bundeskanzler **Ludwig Erhard** gibt auf, Nachfolger wird am 1. Dezember **Kurt Georg Kiesinger** (62, CDU). Das neue Kabinett besteht aus Ministern der beiden größten Parteien: elf von CDU/CSU, neun von der SPD. Zum ersten Mal regiert in der Bundesrepublik eine **Große Koalition.**

KUNST & KULTUR

Für Irritationen sorgt die *Publikumsbeschimpfung* des österreichischen Schriftstellers **Peter Handke** (23): Unter der Regie von **Claus Peymann** (29) stehen in Frankfurt am Main vier Sprecher auf der leeren Bühne, reden zu den Zuschauern und zwingen sie so, sich selbst und ihre Erwartungen ans Theater zu betrachten.

Die Jugendzeitschrift *Bravo* organisiert Auftritte der **Beatles** in München, Essen und Hamburg. Am 29. August beendet die Band in San Francisco ihre USA-Tournee – mit ihrem letzten Livekonzert vor Publikum (⇨ 1960, 1969).

Auf der Kinoleinwand streiten sich der Brite **Richard Burton** (40) und die US-Amerikanerin **Liz Taylor** (34) wortreich als Ehepaar in *Wer hat Angst vor Virginia Woolf?*

WISSENSCHAFT & TECHNIK

Der US-Chirurg **Michael DeBakey** (57) setzt im Frühjahr zum ersten Mal einem Menschen ein **Teil-Kunstherz** ein. Es entlastet die linke Herzkammer. Der Patient stirbt nach vier Tagen.

Die USA bringen in diesem Jahr 17 Satelliten und Raumsonden ins Weltall; das Raumschiff **Gemini 11** erreicht eine Rekordhöhe von 1376 Kilometern.

ALLTAG & VERSCHIEDENES

Im März heiratet die niederländische **Prinzessin Beatrix** (28) den deutschen Diplomaten **Claus von Amsberg** (39). Einen Monat später heiraten die italienische Schauspielerin **Sophia Loren** (31) und der Filmproduzent **Carlo Ponti** (52). Die dritte Promi-Ehe schließen die französische Schauspielerin **Brigitte Bardot** (31) und der deutsche Millionär **Gunther Sachs** (33).

Beim Finale der **Fußball-WM** in London siegt England 4:2 gegen Deutschland. Ein Schuss des Briten **Geoffrey Hurst** zählt als Treffer, obwohl der Ball nicht eindeutig über die Torlinie kam. Das **»Wembley-Tor«** sorgt noch Jahre später für Diskussionen.

Als die **ARD** im Spätsommer aus Budapest die **Leichtathletik-Europameisterschaften** überträgt, kommt es zu angeblichen **Tonstörungen,** wenn DDR-Sportler auf dem Siegertreppchen stehen – ihre Nationalhymne soll nicht zu hören sein.

Ein »Straßenfeger« ist der deutsche TV-Dreiteiler *Die Gentlemen bitten zur Kasse;* er beschreibt den Coup der britischen Postzug-Räuber (⇨ 1963). Ebenfalls beliebt beim Fernsehpublikum: die deutsche TV-Serie *Raumpatrouille* sowie die US-Serien *Raumschiff Enterprise* (im Original *Star Trek*) und *Flipper* (Titelmelodie: »Jeder kennt ihn, den klugen Delphin«).

Eine britische Zeitung nennt die spindeldürre **Twiggy** das »Gesicht des Jahres«. Die 16-jährige Engländerin ist das erste internationale Supermodel.

POLITIK & WIRTSCHAFT

Im April stirbt **Konrad Adenauer** (91). 200 000 Menschen nehmen an vier Tagen im **Kölner Dom** Abschied am Sarg des Exbundeskanzlers. Für viele bleibt unvergessen, dass er die letzten Kriegsgefangenen aus Russland nach Hause holte (⇨ 1955).

In Berlin protestieren Studenten am 2. Juni gegen den **Schah von Persien;** sie werfen Reza Pahlavi (47), der die Stadt besucht, die Unterdrückung seines Volkes vor. Die Polizei rückt mit Knüppeln und Wasserwerfern an, ein Beamter erschießt den 26-jährigen Studenten **Benno Ohnesorg.** Auch politisch Desinteressierte sind empört – der Beginn der **Studentenbewegung.**

Ägyptens Staatschef Nasser hatte die »Vernichtung« Israels gefordert – am 5. Juni reagiert das Land, das sich von allen Seiten bedroht fühlt, mit einem Präventivschlag: Am frühen Morgen greifen Flugzeuge und Truppen Ägypten, Syrien und Jordanien an. Israel geht aus dem **Sechstagekrieg** als Sieger hervor.

Zum ersten Mal seit seiner Installation (⇨ 1963) wird das »Rote Telefon« (eigentlich ein Fernschreiber) eingesetzt: Wenige Stunden nach dem Beginn des Nahostkrieges nimmt der sowjetische Ministerpräsident **Alexej Kossygin** (63) Kontakt zum US-Präsidenten auf. In Washington ist es erst acht Uhr, **Lyndon B. Johnson** (58) muss geweckt werden.

KUNST & KULTUR

Ein Film für alle Generationen läuft an: *Das Dschungelbuch.* Es ist das letzte Werk des Ende 1966 verstorbenen **Walt Disney.** Der Film *Die Reifeprüfung* macht den 30-jährigen US-Schauspieler **Dustin Hoffman** über Nacht zum Weltstar.

Paradiesische Zustände erleben die Fans von Unterhaltungsmusik: Ob E-Gitarren-Sound von **Jimi Hendrix** oder Schlager von **Roy Black** (beide sind 24) – das Angebot ist groß.

WISSENSCHAFT & TECHNIK

Mit einer Übertragung von der Berliner Funkausstellung starten ARD und ZDF am 25. August das **Farbfernsehen.** Rund 6000 Besitzer eines Color-TV-Gerätes können die neue Technik schon zu Hause genießen, auch wenn bisher nur wenige Sendungen in Farbe ausgestrahlt werden.

Die **NASA** schickt im November die größte und stärkste Rakete der Welt ins All: Die 110 Meter lange **Saturn V** trägt einen Prototypen der **Apollo-Raumkapsel,** mit der Astronauten in absehbarer Zeit zum Mond fliegen sollen.

Dem südafrikanischen Chirurgen **Christiaan Barnard** (40) gelingt im Dezember in Kapstadt die erste **Herztransplantation,** unter großer Anteilnahme der weltweiten Öffentlichkeit. Der Empfänger ist ein 54-Jähriger, das Herz stammt von einer jungen Frau, die bei einem Autounfall ums Leben kam. Nach 18 Tagen stirbt der Patient an einer Lungenentzündung.

ALLTAG & VERSCHIEDENES

Im März läuft ein liberianischer Großtanker vor der britischen Küste auf ein Riff – Europa erlebt die erste **Ölpest.**

Im selben Monat in Wien: Die **Eurovision,** in der sich westeuropäische TV-Anstalten zusammengeschlossen haben, lässt die Übertragung der **Eishockey-WM** in Wien platzen – weil am Rand der Eisfläche **Bandenwerbung** zu sehen ist.

Reibungslos verläuft dagegen Ende Oktober die erste TV-Sendung der neuen ZDF-Reihe *Aktenzeichen XY … ungelöst* mit Moderator **Eduard Zimmermann** (38), bei der die Zuschauer von zu Hause aus mit Telefonanrufen Hinweise auf gesuchte Kriminelle geben können.

Eine wegweisende Kreation stellt der 30-jährige Pariser Modeschöpfer **Yves Saint Laurent** vor: den **Damensmoking.** Der männlich wirkende Hosenanzug befreit die Frauen vom verbreiteten Zwang zur Wespentaille.

POLITIK & WIRTSCHAFT

Kriegsverbrechen in **Vietnam:** US-Soldaten töten im März beim **Massaker von My Lai** fast alle Bewohner eines Dorfes; unter den 504 Opfern sind 57 Babys.

Europa und die USA erleben Gewalt in Form von Attentaten. Am 4. April wird der schwarze Bürgerrechtler **Martin Luther King** (39) in Memphis, Tennessee, erschossen. Am 11. April schießt ein 23-Jähriger in Berlin mit den Worten »Kommunistenschwein!« auf den Studentenführer **Rudi Dutschke** (28) und verletzt ihn schwer.

In den folgenden Tagen gehen in mehr als 25 westdeutschen Städten Demonstranten auf die Straße. Ihr Zorn richtet sich auch gegen die **Springer-Presse,** weil Zeitungen des konservativen Verlegers **Axel Springer** (55) den Hass der Bevölkerung auf die protestierenden Studenten schüren.

Am 5. Juni schießt ein Attentäter in Los Angeles auf den 42-jährigen US-Senator **Robert F. Kennedy** (Bruder von John F. Kennedy), der am folgenden Tag stirbt.

In der **Tschechoslowakei** tritt KP-Chef **Alexander Dubček** (46) im April für einen demokratischen Sozialismus ein. Er gilt als Hoffnungsträger. Doch die Sowjetunion lässt am 20. August Panzer in Prag einrollen und beendet den **»Prager Frühling«** mit Gewalt.

KUNST & KULTUR

Mit seinem Bestseller *Deutschstunde* thematisiert der Autor **Siegfried Lenz** (42) den Konflikt zwischen der **68er-Generation** (⇨ S. 216) und ihren Eltern.

Heintje, zwölfjähriger Schlagersänger aus Holland, rührt mit »Mama« Millionen deutsche Frauen zu Tränen.

Hippies und nackte Busen auf der Bühne: Das Musical *Hair* elektrisiert im April New York und im Oktober München.

Der Film *Zur Sache, Schätzchen* mit **Uschi Glas** (23) wird zum deutschen Kinoerfolg des Jahres.

WISSENSCHAFT & TECHNIK

Die erste **Computermaus** wird vorgestellt: ein kleiner Holzkasten mit Rädern, auf dessen Oberfläche sich eine Taste befindet. Bisher ließen sich Rechner nur über eine Tastatur bedienen, jetzt kann man mit einem Cursor beliebige Stellen auf einem Bildschirm anklicken. Bis sich die Erfindung des US-Computertechnikers **Douglas C. Engelbart** (43) durchsetzt, werden noch einige Jahre vergehen (⇨ 1981).

Eine Ende Mai veröffentlichte wissenschaftliche Studie weist auf die **Verschmutzung des Rheins** durch die Industrie hin.

ALLTAG & VERSCHIEDENES

Die **Geburtenrate** in Deutschland (Ost und West) geht steil nach unten: Immer deutlicher macht sich der »**Pillenknick**« (seit der Erfindung der Antibabypille) bemerkbar. Noch überwiegt aber die Zahl der Geburten gegenüber den Todesfällen (⇨ 1972).

Bei den Olympischen Winterspielen in **Grenoble** gewinnt im Februar der Franzose **Jean-Claude Killy** (24) drei Goldmedaillen (Abfahrtslauf, Slalom, Riesenslalom). Drei Sportlerinnen aus der DDR werden disqualifiziert, weil die Kufen ihrer Schlittschuhe erhitzt waren.

Der Schotte **Jim Clark** (32) stirbt am 7. April auf dem Hockenheimring, als sein Lotus nach einem Reifenschaden ins Schleudern gerät. Der zweimalige Formel-1-Weltmeister gilt als bester Rennfahrer seiner Zeit.

Bei den Olympischen Sommerspielen in **Mexico City** treten zum ersten Mal zwei deutsche Mannschaften an. Der US-Amerikaner **Bob Beamon** springt sensationelle 8,90 Meter weit, und sein Landsmann **Dick Fosbury** siegt mit einer neuen Technik im Hochsprung: Anstatt sich seitlich über den Bauch abzurollen, dreht er den Rücken in Richtung Latte. Der **Fosbury-Flop** wird auch für andere Hochspringer wegweisend.

Auflehnung gegen das Bürgertum:

Die Studentenrevolte

Im Jahr 1968 ist von den »Achtundsechzigern« noch keine Rede. Wohl aber von der APO, von der Studentenbewegung oder der Studentenrevolte. Diese Bewegung beginnt auch nicht 1968, sondern schon ein Jahr zuvor: am 2. Juni 1967.

An diesem Tag demonstrieren in Westberlin Studenten gegen den Staatsbesuch des Schahs von Persien, der im Iran die Gegner seines Regimes unterdrückt. »Schah, Schah, Scharlatan!«, rufen die Demonstranten dem Diktator zu, und »Mörder, Mörder!« Nicht nur die Berliner Polizei geht mit Knüppeln gegen die Störer vor – auch in Zivil gekleidete Mitglieder des iranischen Geheimdienstes schlagen zu, mit Erlaubnis der deutschen Behörden. Am Ende fällt ein Schuss aus der Waffe eines Kriminalbeamten und tötet den 26-jährigen Studenten Benno Ohnesorg, einen engagierten Christen und Pazifisten.

Am nächsten Tag erklärt der Regierende Bürgermeister von Berlin, Heinrich Albertz, dass die Demonstranten »nicht nur einen Gast der Bundesrepublik Deutschland beschimpft und beleidigt« hätten – »auf ihr Konto gehen auch ein Toter und zahlreiche Verletzte.« Einige Medien erklären die Verprügelten zu gefährlichen Staatsfeinden. Albertz, der auch Pastor und Sozialdemokrat ist, erlässt ein Demonstrationsverbot und erreicht damit nur, dass sich viele Studenten, die bisher mit Politik wenig im Sinn hatten, der Protestwelle anschließen. (Später bereut Albertz seine Überreaktion und tritt zurück.)

Deutscher Bundeskanzler ist 1967 Kurt Georg Kiesinger, ein CDU-Politiker, der einst Mitglied der NSDAP war. Die NS-Vergangenheit vieler Politiker, Richter und Staatsanwälte bringt weitere Studenten gegen die Regierung auf, die von einer großen Koalition aus CDU/CSU und SPD getragen wird. Einzige Oppositionspartei im Bundestag ist die kleine FDP. Die rebellierenden Studenten wollen der Regierung auch eine Opposition außerhalb des Parlaments entgegensetzen – eben die APO (oder Apo), die außerparlamentarische Opposition.

Anfang 1968 erreicht die Revolte alle größeren Universitätsstädte Westdeutschlands. Die Studenten sprengen Vorlesungen, fordern ihre Professoren auf, über den Vietnamkrieg, über den Nationalsozialismus oder über verkrustete Machtstrukturen in den Universitäten zu diskutieren. Weitere Reizthemen, die auch Schüler und Gewerkschaftsmitglieder auf die Straße treiben, sind Fahrpreiserhöhungen, die Militärdiktatur in Griechenland und vor allem die von der Regierung beschlossenen Notstandsgesetze. Sie können in einem Konfliktfall verschiedene Grundrechte außer Kraft setzen.

Von der konservativen Springer-Presse aufgehetzte Bürger rufen auf der Straße den vorbeiziehenden Demonstranten zu: »Geht doch nach drüben!« (in die DDR) oder »Ihr gehört ins Arbeitslager!« An einer Hauswand in Berlin steht: »Vergast Rudi Dutschke«. Am 11. April 1968 entlädt sich der Hass auf den Studentenführer Dutschke in Form von Schüssen, die ein Arbeiter auf den 28-Jährigen abfeuert.

Einige der politisch aktiven Studenten driften später ab in den Terrorismus der RAF (Rote-Armee-Fraktion), andere engagieren sich in kommunistischen Gruppen oder in der Frauenbewegung, wieder andere gründen Umweltgruppen. Und einige bereiten die Gründung einer neuen Partei vor, die sich später »Die Grünen« nennen wird.

POLITIK & WIRTSCHAFT

Neue Köpfe in der Politik. Der Republikaner **Richard Nixon** (56) tritt im Januar sein Amt als US-Präsident an. **Jassir Arafat** (39) wird im Februar Vorsitzender der Palästinensischen Befreiungsorganisation **PLO.** Sein Gegenspieler ist ab Mitte März eine Frau: **Israel** wählt die 70-jährige **Golda Meir** zur Ministerpräsidentin.

Die Bundesrepublik bekommt ihren ersten sozialdemokratischen Präsidenten, den 69-jährigen **Gustav Heinemann** (SPD). Reformen und »mehr Demokratie wagen« verspricht im Herbst **Willy Brandt** (55, SPD), erster Bundeskanzler einer **SPD-FDP-Koalition.**

Nach Auseinandersetzungen zwischen Protestanten und Katholiken in **Nordirland,** bei denen es mehrere Tote gibt, ruft die Regierung die britische Armee, die für Frieden sorgen soll.

In zahlreichen US-amerikanischen Städten finden Großdemonstrationen gegen den **Vietnamkrieg** statt.

KUNST & KULTUR

Auf dem Hochhausdach ihrer Plattenfirma treffen sich die **Beatles** am 30. Januar in London zu ihrem letzten Live-Auftritt. Sie lassen sich filmen, während unten auf der Straße der Verkehr zum Erliegen kommt.

Love, Peace und Rockmusik: Mehr als 400 000 junge Besucher, darunter viele Hippies, strömen im August zum legendären **Woodstock**-Festival im US-Bundesstaat New York. Das Gefühl der Ungebundenheit vermittelt auch der US-Film *Easy Rider.* Er wird ebenso zum Kultfilm wie der Italo-Western *Spiel mir das Lied vom Tod* (Regie: **Sergio Leone**), der im August in die deutschen Kinos kommt – mit der unvergesslichen Musik von **Ennio Morricone** (40).

Der irisch-französische Autor **Samuel Beckett** (63) erhält den Nobelpreis für Literatur. Sein bekanntestes Bühnenstück *Warten auf Godot* entstand 1952.

WISSENSCHAFT & TECHNIK

Als größtes Passagierflugzeug der Welt startet eine **Boeing 747** (»Jumbo-Jet«) im Februar in den USA zum Jungfernflug. In Europa entstehen Pläne für den ersten **Airbus** (A 300).

Am 13. Februar wagt der Chirurg **Rudolf Zenker** (65) in München die erste **Herztransplantation** Deutschlands. Der Patient überlebt 27 Stunden. Kaum länger lebt ein 47-Jähriger in den USA, nachdem ihm der Arzt **Denton Cooley** (48) im April das weltweit erste künstliche Herz einsetzt. Als es nach 65 Stunden durch ein natürliches Organ ersetzt wird, stirbt der Patient.

Mehr als 500 Millionen Fernsehzuschauer in aller Welt werden am 21. Juli Zeugen der **Mondlandung.** Als erster Mensch betritt **Neil Armstrong** (38) den Erdtrabanten. Er sagt: »Ein kleiner Schritt für den Menschen, aber ein gewaltiger Sprung für die Menschheit.«

Auf dem Ostberliner **Alexanderplatz** (»Alex«) wird der neue **Fernsehturm** eingeweiht; das 368 Meter hohe Gebäude ist (bis heute) das höchste Deutschlands.

ALLTAG & VERSCHIEDENES

Dieter Thomas Heck (31) moderiert im Januar die erste Folge der *ZDF-Hitparade,* in der er deutsche Schlager vorstellt.

In **antiautoritären Kinderläden** wollen Angehörige der APO freie und selbstbestimmte Wesen erziehen. Die Kleinen dürfen tun und lassen, was sie wollen, zum Beispiel Wände beschmieren. Die bürgerliche Gesellschaft ist entsetzt.

Demokratie im Fernsehen: Zuschauer, die ihre Sympathie für einen Kandidaten der ZDF-Sendung *Wünsch dir was* mit **Dietmar Schönherr** zeigen wollen, sollen zu einem bestimmten Zeitpunkt Elektrogeräte und Lampen ein- oder ausschalten. Der abweichende Verbrauch wird vom E-Werk gemessen und telefonisch in die laufende Sendung übermittelt.

POLITIK & WIRTSCHAFT

In der Bundesrepublik mit ihren 60,65 Millionen Einwohnern sinkt das aktive **Wahlalter:** Auch 18-Jährige dürfen nun wählen.

Bundeskanzler **Willy Brandt** unterzeichnet im August in Moskau den **Moskauer Vertrag** und im Dezember in Polen den **Warschauer Vertrag.** Die beiden von Staatssekretär **Egon Bahr** (48) ausgehandelten **Ostverträge** bekräftigen den Verzicht auf Gewalt und die Anerkennung der bestehenden Grenzen. Bei seinem Besuch in Polen kniet Brandt vor dem Denkmal der Opfer des Warschauer Ghettos nieder. Der »**Kniefall von Warschau**« erregt als symbolische Geste der Versöhnung weltweit Aufmerksamkeit.

Salvador Allende (62) wird als erster frei gewählter Marxist neuer Präsident von **Chile.** Der Mitbegründer der Sozialistischen Partei will die Demokratie einführen.

Am 9. November stirbt der ehemalige französische Präsident **Charles de Gaulle** (79). Er hat die jüngere Geschichte Frankreichs maßgeblich mitbestimmt.

KUNST & KULTUR

Die ARD strahlt mit »Taxi nach Leipzig« die erste Folge der TV-Kriminserie *Tatort* aus.

Drei schlechte Nachrichten erschüttern Fans der Rock- und Popmusik: **John Lennon**, **Paul McCartney**, **Ringo Starr** und **George Harrison** trennen sich und lösen die **Beatles** auf. Mit über einer Milliarde verkaufter Platten gilt die Band als die berühmteste der Musikgeschichte. **Jimi Hendrix** und **Janis Joplin** sterben an den Folgen ihres Drogenkonsums. Beide werden nur 27 Jahre alt.

In der Schweiz stirbt der deutsche Schriftsteller **Erich Maria Remarque** (72, ⇨ 1929).

Einen Tag vor seinem 52. Geburtstag erhält am 11. Dezember der russische Autor **Alexander Solschenizyn** den Literatur-Nobelpreis. Er schreibt über Unfreiheit, Verbannung und Straflager.

WISSENSCHAFT & TECHNIK

»Houston, wir haben ein Problem!« Gesendet wird dieser Notruf am 14. April von der US-Raumkapsel **Apollo 13** auf ihrem Weg zum Mond. 330 000 Kilometer von der Erde entfernt ist ein Sauerstofftank explodiert und hat alle Versorgungssysteme außer Kraft gesetzt. Die angekoppelte Mondlandefähre Aquarius wird zum Rettungsboot für die drei Besatzungsmitglieder – sie landen am 17. April unversehrt im Pazifik.

In den USA stellt der Medizin-Nobelpreisträger **Har Gobind Khorana** (48) das erste künstliche Gen her – ein Meilenstein für die **Genforschung.**

ALLTAG & VERSCHIEDENES

Die **Sexwelle** erregt die Bundesrepublik. Das Magazin *Stern* zeigt auf Titelseiten zum ersten Mal Frauen mit nackten Brüsten. Im Kino sehen sechs Millionen Zuschauer den ersten Teil der Sexserie *Schulmädchen-Report,* die vorgibt, Aufklärung zu betreiben.

Neue TV-Nachrichten: *Tagesschau* (ARD) und *Heute* (ZDF) senden in Farbe, und die Wettervorhersage zeigt eine Europakarte ohne Grenzen; bisher waren die deutschen Reichsgrenzen von 1937 zu sehen.

Eine Gefangenenbefreiung macht im Mai Schlagzeilen: Mithilfe der Journalistin **Ulrike Meinhof** (35) entkommt der wegen Kaufhausbrandstiftung verurteilte **Andreas Baader** (27) in Westberlin bei einem bewachten Ausgang. Es fallen Schüsse, ein Justizbeamter wird lebensgefährlich verletzt. Das Ereignis gilt als Geburtsstunde der linksextremen terroristischen Vereinigung **Rote-Armee-Fraktion (RAF),** auch **Baader-Meinhof-Gruppe** genannt. Am 29. September überfällt sie innerhalb von zehn Minuten drei Banken in Westberlin.

Bei einer schweren Sturmflut in **Bangladesch** (Ostpakistan) sterben 300 000 Menschen; weite Teile des Landes werden zerstört.

POLITIK & WIRTSCHAFT

Erleichterungen für die Menschen in Ost und West: Schon zum Jahresbeginn haben die **Ostverträge** (⇨ 1970) spürbare Auswirkungen. Die ersten **Aussiedler** aus den ehemals deutschen Gebieten Polens treffen in der Bundesrepublik ein, und im geteilten Berlin gibt es zum ersten Mal seit 1952 wieder direkte Telefonverbindungen. Westberliner wählen nach Ostberlin die direkte Vorwahl 00372, die Ostberliner müssen sich mit dem Westteil der Stadt verbinden lassen.

Die **Frauen** in der **Schweiz** erhalten im Februar das aktive und passive **Wahlrecht** (sie dürfen wählen und gewählt werden). Im Fürstentum **Liechtenstein** wird dagegen nach einer Volksabstimmung auf das Frauenwahlrecht verzichtet.

Mehr als 300 000 Kriegsgegner gehen im April in Washington auf die Straße. Es ist die bisher größte Demonstration gegen den **Vietnamkrieg.**

Am 10. Dezember, acht Tage vor seinem 58. Geburtstag, wird Bundeskanzler **Willy Brandt** in Oslo der **Friedensnobelpreis** verliehen. Er erhält ihn für seine Versöhnung mit dem Osten.

KUNST & KULTUR

Kaum ist der Roman *Gruppenbild mit Dame* von **Heinrich Böll** (53) erschienen, ist die Startauflage von 50 000 Exemplaren vergriffen. Der Verlag druckt sofort eine zweite Auflage.

Der Film *Love Story* nach dem Bestseller von **Erich Segal** ist in den USA ein Sensationserfolg; im August rührt die Liebesgeschichte mit **Ryan O'Neal** (30) und **Ali MacGraw** (32) auch deutsche Kinozuschauer.

Jesus Christ Superstar: Das Rock-Musical des britischen Komponisten **Andrew Lloyd Webber** (23) hat im Oktober in New York Premiere.

Jim Morrison, Sänger der Doors, stirbt im Juli. Ebenso wie Jimi Hendrix und Janis Joplin (⇨ 1970) wird auch er nur 27 Jahre alt.

WISSENSCHAFT & TECHNIK

Die Firmen Grundig und Philips bringen die ersten **Videorekorder** auf den Markt. Die Videokassetten haben eine Spielzeit von rund einer Stunde.

Autofahrer empfangen im April die ersten **Staumeldungen** im Radio – dank Deutschlands erster **Servicewelle** Bayern 3.

Zum ersten Mal greifen die Bundesdeutschen öfter zum Hörer als zur Briefmarke: Sie führen in diesem Jahr 11,7 Milliarden **Telefongespräche** und verschicken 11,5 Milliarden **Briefsendungen.**

Kanadische **Umweltschützer** gründen unter dem Namen **Greenpeace** eine neue Bewegung; sie versuchen, in Alaska einen Atombombentest der USA zu verhindern.

ALLTAG & VERSCHIEDENES

Der Modehit des Sommers sind **Hot Pants;** eng und sehr kurz geschnitten lassen sie Frauenbeine lang wirken und ziehen nicht nur die Blicke der Männer auf sich.

Beim »Kampf des Jahrhunderts« fordert der 29-jährige **Muhammad Ali,** wie sich Cassius Clay inzwischen nennt (⇨ 1965), Box-Weltmeister **Joe Frazier** (27) heraus. Auch in Deutschland sitzen in der Nacht vom 8. zum 9. März Millionen vor den TV-Bildschirmen – und erleben, wie Ali in der 13. Runde zu Boden geht.

Im Mai startet die TV-Quizsendung *Dalli Dalli* mit Moderator **Hans Rosenthal** (46). Kinder freuen sich über die *Sendung mit der Maus.* In der DDR läuft zum ersten Mal der *Polizeiruf 110.* Der Gegenentwurf zum westdeutschen *Tatort* wird ein Publikumsrenner.

»Wir haben abgetrieben«: Das bekennen 374 zum Teil prominente Frauen im *Stern.* Sie fordern die Abschaffung des **§ 218,** der **Abtreibung** verbietet. Ihr Motto: »Mein Bauch gehört mir«.

Beim ersten deutschen **Bankraub** mit **Geiselnahme** sterben im August eine Geisel und ein Bankräuber, als die Polizei die Filiale der Deutschen Bank in der Münchner Prinzregentenstraße stürmt.

POLITIK & WIRTSCHAFT

Nordirland erlebt einen blutigen Sonntag (»Bloody Sunday«): Am 30. Januar erschießen britische Soldaten in der Stadt Londonderry 13 katholische Demonstranten. Eine aufgebrachte Menschenmenge setzt daraufhin in Dublin die britische Botschaft in Brand. Bombenattentate der **IRA** (Irisch-Republikanische Armee) folgen.

Es gibt auch Zeichen der Entspannung. **Richard Nixon** besucht als erster US-Präsident China und ebenso als erster die Sowjetunion, wo er mit Staatsoberhaupt **Leonid Breschnew** (65) ein Abkommen zur Raketen-Abrüstung schließt (**SALT-Vertrag**). Mit Nordvietnam trifft Nixon, der im November mit 61 Prozent der Stimmen wiedergewählt wird, ein Abkommen zur Beendigung des Vietnamkrieges.

Die DDR schließt mit der Bundesrepublik den **Grundlagenvertrag.** Er sieht unter anderem vor, dass beide Länder beim Nachbarn eine **Ständige Vertretung** einrichten. Die ostdeutsche Regierung erlässt eine Amnestie für politische Gefangene, viele dürfen ausreisen.

Am 1. Juni nimmt die Polizei in Frankfurt am Main den Terroristen **Andreas Baader** (29) und zwei Wochen später seine Komplizin **Ulrike Meinhof** (37) fest.

Während der Olympischen Spiele in München verüben palästinensische Terroristen ein **Attentat** auf Sportler der israelischen Mannschaft (⇨ rechte Seite, »Alltag & Verschiedenes«).

KUNST & KULTUR

Zu einem der größten Kassenschlager der Filmgeschichte wird das Mafia-Epos *Der Pate,* mit **Marlon Brando** (47) als mächtigem Familienoberhaupt Don Vito Corleone und **Al Pacino** (31) als seinem Sohn Michael. Schon am Startwochenende spielt der Film in den USA 300 000 Dollar ein, insgesamt werden es weltweit über 240 Millionen.

Der deutsche Schriftsteller **Heinrich Böll** (⇨ 1970) erhält den Literatur-Nobelpreis.

WISSENSCHAFT & TECHNIK

In Florida startet im März eine US-Rakete mit der **Raumsonde Pioneer 10,** die das äußere Sonnensystem erforschen soll. Erst 30 Jahre später und elf Milliarden Kilometer entfernt wird sie ihr letztes Funksignal zur Erde senden. An Bord befinden sich auch Grußbotschaften in verschiedenen Sprachen und anatomische Zeichnungen von Mann und Frau – als Botschaft für **Außerirdische.**

Was später in jeder Bundesliga-Arena selbstverständlich sein wird, hat im Münchner Olympiastadion Premiere: die **Rasenheizung.**

Ausgedient hat dagegen das »Fräulein vom Amt«: In der Bundesrepublik kann man fortan **Ferngespräche** ohne Vermittlung führen.

Im Oktober startet in Frankreich der erste **Airbus** zum Jungfernflug – ein A 300.

ALLTAG & VERSCHIEDENES

Bevölkerungsrückgang: Die Zahl der Deutschen in Ost und West nimmt ab. Zum ersten Mal ist die Sterberate höher als die seit Jahren sinkende Geburtenrate.

Als im März in Hannover der erste deutsche **Drogeriemarkt** (Rossmann) eröffnet, ist der Andrang groß. Bisher gab es Drogerieartikel nur in Fachgeschäften; bis 1973 sind sie noch preisgebunden.

Zehn Tage lang zeigen sich Ende August die **Olympischen Sommerspiele** in **München** farbenfroh und heiter. Mit sieben Goldmedaillen stellt der US-Schwimmer **Mark Spitz** (22) einen Rekord auf. Die 16 Jahre alte **Ulrike Meyfarth** gewinnt im Hochsprung Gold und übertrifft sich anschließend selbst mit einem neuen Weltrekord (1,92 m).

Am 5. September dringen **palästinensische Terroristen** ins olympische Dorf ein; sie töten zwei israelische Sportler und nehmen neun als Geiseln. Bei einem Befreiungsversuch in Fürstenfeldbruck bei München sterben alle Israelis, fünf Palästinenser und ein deutscher Polizist.

POLITIK & WIRTSCHAFT

Die Amerikaner ziehen sich aus Vietnam zurück – im Frühjahr verlassen die letzten US-Soldaten Südvietnams Hauptstadt **Saigon.**

Arabische Staaten drosseln den Export von Öl. Die *Bild-Zeitung* fragt: »Benzinpreis explodiert: bald eine Mark?« Noch kostet der Liter Sprit kaum 80 Pfennig. Um während der **Ölkrise** Treibstoff zu sparen, verordnet die Bundesregierung den Autofahrern Ende November ein **Tempolimit** von 100 km/h auf Autobahnen und an drei Sonntagen ein **Fahrverbot.**

Am 11. September stürzen rechtsgerichtete Militärs in **Chile** den sozialistischen Präsidenten **Salvador Allende** (65). Zwei Wochen später wird auch die griechische Regierung durch einen Militärputsch gestürzt.

Für erbitterte Diskussionen sorgt der **Radikalenerlass** der Bundesregierung. Er sieht vor, dass nur als Richter, Lehrer oder Briefträger (bei der staatlichen Bundespost) arbeiten darf, wer sich zur freiheitlich-demokratischen Grundordnung bekennt. Konkret bedeutet das: **Berufsverbot** für alle Beamten mit kommunistischer Vergangenheit.

KUNST & KULTUR

Ein Skandalfilm mit drastischen Sexszenen startet in westdeutschen Kinos: *Der letzte Tango in Paris* von Regisseur **Bernardo Bertolucci** (33). **Marlon Brando** (48) und **Maria Schneider** (20) spielen die Hauptrollen.

Freizügigen Sex beschreibt auch die US-Schriftstellerin **Erica Jong** (31) in ihrem Bestseller *Angst vorm Fliegen.* Er verkauft sich weltweit 18 Millionen Mal.

Die US-Schauspielerin **Liza Minnelli** (27) bekommt einen »Oscar« für ihre Rolle in *Cabaret.* Der Brite **Roger Moore** (45) ist der neue James Bond. In *Leben und sterben lassen* (*Live and let die*) spielt er den berühmten Agenten mit Unterkühltheit und (Selbst-)Ironie.

WISSENSCHAFT & TECHNIK

Das erste Telefongespräch über ein **Handy:** Der Motorola-Manager **Martin Cooper** (44) hält am 3. April in New York auf der 6th Avenue ein 800 Gramm schweres Gerät ohne Display in der Hand und ruft einen Kollegen der Konkurrenzfirma AT & T an. Er darf sich nicht aus der Reichweite des Funkmastes begeben, damit die Übertragung nicht unterbrochen wird.

Am 14. Mai startet in Florida eine Rakete mit der US-amerikanischen **Weltraumstation Skylab** ins All. Drei Wissenschaftsastronauten, die mit einer zweiten Rakete nachkommen, unternehmen an Bord des Raumlabors verschiedene Experimente.

In Elektroläden und Kaufhäusern gibt es die ersten **Taschenrechner.** Sie kosten mehrere hundert Mark, weshalb noch immer viele Rechenschieber in Gebrauch sind (⇨ 1975).

Wer bisher Musik aus dem Radio speichern wollte, griff zum Mikrofon und hielt es vor den Lautsprecher. Dank **Radiorekorder** ist das jetzt einfacher: Ein Knopfdruck, und die Musik wird auf Kassette überspielt.

ALLTAG & VERSCHIEDENES

Ernie und Bert, Kermit und das Krümelmonster kommen nach Deutschland: Die ARD sendet die US-amerikanische **Vorschulserie** *Sesamstraße.* Eine weitere TV-Neuheit ist im März die erste **Talkshow** (die sich auch so nennt): Nach amerikanischem Vorbild sendet das Westdeutsche Fernsehen *Je später der Abend.* Moderator **Dietmar Schönherr** (47) muss den Zuschauern das neue Konzept erklären (nur reden, keine Spiele).

Auffällige Mode: Nicht nur Frauen tragen **Schlaghosen** und **Plateauschuhe** mit hohen, klobigen und oft bunten **Blockabsätzen.**

Wer sich zu Hause nach dem neuesten Trend einrichtet, hält sich in Wohnräumen oder Badezimmern auf, in denen kräftige Orange-, Gelb- und Grüntöne vorherrschen.

POLITIK & WIRTSCHAFT

Nach Jahren der Vollbeschäftigung wächst in der Bundesrepublik die **Arbeitslosigkeit** – im Frühjahr suchen 300 000 Menschen eine Beschäftigung, am Jahresende sind es schon fast 800 000.

Am 6. Mai tritt Bundeskanzler **Willy Brandt** (60) zurück, nachdem bekannt wurde, dass sein persönlicher Referent **Günter Guillaume** (47) jahrelang **Spion** der DDR war. Brandt erklärt, er sei »menschlich tief enttäuscht«, und übernimmt die politische Verantwortung. Sein Nachfolger wird Finanzminister **Helmut Schmidt** (55, SPD).

Die international isolierte Militärregierung in **Griechenland** ruft den früheren Ministerpräsidenten **Konstantinos Karamanlis** (67) aus seinem Pariser Exil zurück und lässt ihn eine zivile Regierung bilden. Neue Parteien werden gegründet, im November dürfen die Griechen zum ersten Mal nach zehn Jahren wieder wählen.

Die **Watergate-Affäre** zwingt US-Präsident **Richard Nixon** (61) im August zum Rücktritt. Der Republikaner wollte vertuschen, dass der Einbruch in das Hauptquartier der Demokratischen Partei während des Wahlkampfs 1972 von seinem Umfeld gesteuert worden war. Er selbst ließ heimlich Tonbandaufzeichnungen von Gesprächen mit Besuchern im Weißen Haus anfertigen.

KUNST & KULTUR

Der deutsche Schriftsteller **Erich Kästner** stirbt mit 75 Jahren. Neben humorvollen Kinderbüchern (⇨ 1929) schrieb er satirische Texte für Erwachsene, die sich gegen Engstirnigkeit und Militarismus richten.

Schlagartig berühmt wird die schwedische Popgruppe **ABBA**, als sie in England beim Eurovision Song Contest mit dem Titel »Waterloo« gewinnt.

Sieben »Oscars« räumt *Der Clou* mit **Paul Newman** (49) und **Robert Redford** (37) ab, die zwei liebenswerte clevere Gauner spielen.

WISSENSCHAFT & TECHNIK

Alle Neuwagen sind in der Bundesrepublik ab Jahresbeginn auf den Vordersitzen mit **Dreipunkt-Sicherheitsgurten** ausgerüstet. Das gilt auch für den **VW Golf**, der im Frühjahr als Nachfolger des legendären VW-Käfers auf den Markt kommt. In einem Supermarkt im US-Staat Ohio erfasst eine elektronische Ladenkasse das erste Produkt, das mit einem **Strichcode** versehen ist – eine Packung Fruchtkaugummis.

ALLTAG & VERSCHIEDENES

Tempo 100 wird als Höchstgeschwindigkeit auf deutschen Autobahnen aufgehoben. Ab März gilt eine **Richtgeschwindigkeit** von 130 km/h. Umweltbewusste Fahrer können sich nun moralisch überlegen fühlen, und die Raser dürfen weiterhin rasen. Wer im Straßenverkehr massiv gegen Vorschriften verstößt, muss seit dem 1. Mai damit rechnen, »Punkte« in der Flensburger **Verkehrssünderkartei** (⇨ 1958) zu erhalten.

Beim Endspiel der **Fußball-Weltmeisterschaft** am 7. Juli in München siegt die Nationalelf um Kapitän **Franz Beckenbauer** (28) gegen die Niederlande mit 2:1. Zuvor wurde das Siegerteam überraschend von der Mannschaft der DDR mit 1:0 geschlagen; das Tor schoss **Jürgen Sparwasser** (26).

Der 29-jährige Belgier **Eddy Merckx** gewinnt zum fünften Mal die Tour de France; er gilt als bisher erfolgreichster Radrennfahrer.

Der **Winter** kommt auch für viele Zugvögel unerwartet früh. Die Lufthansa und die Swissair unterstützen eine große **Vogelschutz-Aktion:** Anfang Oktober transportieren sie Hunderttausende Schwalben nach Italien und Südfrankreich.

Gekaufte Möbel in Einzelteilen kaufen, selbst nach Hause bringen und dort zusammenbauen: Das ist neu für die Deutschen. Im ersten Möbelhaus von **Ikea** in Eching bei München lernen sie es im Herbst kennen.

POLITIK & WIRTSCHAFT

Volljährig mit 18 statt mit 21: In der DDR gilt das schon seit 1950 – und seit Jahresbeginn nun auch in der Bundesrepublik. (Wählen dürfen 18-Jährige hier aber schon seit 1970.)

Bauern und Winzer besetzen im Februar im südbadischen **Wyhl** den Bauplatz für ein geplantes Atomkraftwerk. Die Polizei räumt das Gelände, doch Tausende neue Gegner kommen in den folgenden Tagen dazu – die deutsche **Anti-Atomkraft-Bewegung** entsteht. Wenige Wochen später verkündet das Verwaltungsgericht in Freiburg einen Baustopp.

Als deutsche Terroristen Ende Februar den Berliner CDU-Politiker **Peter Lorenz** (52) entführen und die Freilassung von Gesinnungsgenossen aus der Haft verlangen, gibt die Bundesregierung nach: Fünf Inhaftierte dürfen in den Jemen ausreisen, Lorenz kommt frei.

Im April überfallen deutsche **RAF-Terroristen** die bundesdeutsche Botschaft in **Stockholm,** töten zwei Geiseln und stellen die gleiche Forderung. Diesmal bleibt die Regierung hart. Die Täter werden festgenommen.

In der finnischen Hauptstadt **Helsinki** unterzeichnen Regierungsvertreter aus 35 Ländern Europas und Nordamerikas die **KSZE-Schlussakte** (Konferenz für Sicherheit und Zusammenarbeit in Europa). Sie bekennen sich zu Gewaltverzicht, Menschenrechten und den bestehenden Grenzen.

KUNST & KULTUR

Alice Schwarzer (32), Galionsfigur der deutschen Frauenbewegung, veröffentlicht ihr Buch *Der kleine Unterschied und seine Folgen.* Sie zeigt darin, dass Frauen eine andere Sexualität und Partnerschaft erleben, als sie sich wünschen.

Im Dezember kommt *Der weiße Hai* in die deutschen Kinos. Der Schocker des US-Regisseurs **Steven Spielberg** (27) wird ein Welterfolg und überzeugt auch die Kritiker.

WISSENSCHAFT & TECHNIK

Forscher spüren **Umweltprobleme** auf: In den USA erkennen sie, dass Treibgas aus Spraydosen die **Ozonschicht** der Erde angreift, in Bayern finden sie in der Muttermilch das Gift **DDT.**

Im hessischen Biblis wird im April das größte **Atomkraftwerk** der Welt eingeweiht.

Das erste gemeinsame Raumfahrtunternehmen von Amerikanern und Sowjets: Im Juli treffen sich die Raumkapseln Apollo 18 und Sojus 19 zu einem **Koppelungsmanöver** im All; Astronauten und Kosmonauten schütteln sich in einem Verbindungsteil die Hände.

Für Privathaushalte gibt es die ersten **Tastentelefone,** die das langsame Wählen mit der Wählscheibe vereinfachen. Rasant entwickelt sich der deutsche Markt für **Taschenrechner:** »Er wächst nicht, sondern explodiert«, sagt der Geschäftsführer eines japanischen Herstellers. Die billigsten Modelle kosten 69 Mark, beherrschen aber nur die Grundrechenarten. Spitzengeräte kosten über 1500 Mark. Allmählich verdrängen die elektronischen Rechner an den Schulen die **Rechenschieber.**

ALLTAG & VERSCHIEDENES

Vom Sofa aufstehen, zum Fernseher gehen, Taste drücken oder Knopf drehen – das ist nun vorbei: Die **Fernbedienung** gehört jetzt serienmäßig zu jedem TV-Gerät.

In München-Schwabing eröffnet der erste **Frauenbuchladen** der Bundesrepublik; Männer haben zur Buchhandlung keinen Zutritt.

Muhammad Ali (33) wird am 1. Oktober zum 13. Mal Boxweltmeister im Schwergewicht; sein Gegner **Joe Frazier** (31) gibt nach 14 Runden auf.

Der Österreicher **Niki Lauda** (26) erringt mit seinem Ferrari fünf Saisonsiege in der Formel 1 und wird **Weltmeister.** Als erster Fahrer bewältigt er (im Training) den 22,8 Kilometer langen Nürburgring in weniger als sieben Minuten.

POLITIK & WIRTSCHAFT

In **Ostberlin** wird der **Palast der Republik** eröffnet; er beherbergt die Volkskammer (Parlament) und ist zugleich Kulturzentrum.

Staatschef **Erich Honecker** (64) lässt den regimekritischen Sänger **Wolf Biermann** nach einem von der DDR genehmigten Auftritt in Köln nicht zurückkehren – Biermann ist **»ausgebürgert«**, kurz nach seinem 40. Geburtstag.

Nach der Bundestagswahl kann Bundeskanzler **Helmut Schmidt** (57, SPD) in Bonn die Koalition mit der FDP fortsetzen. Die Regierung reformiert den umstrittenen **»Abtreibungsparagraphen«** (§ 218 StGB). Der zuvor verbotene Schwangerschaftsabbruch ist nun bei ethischer, medizinischer oder sozialer Notlage in den ersten drei Monaten straffrei.

Neuer US-Präsident wird der Demokrat **Jimmy Carter** (52).

In Peking stirbt der chinesische Staats- und Parteichef **Mao Zedong** (82). China verdankt ihm wirtschaftlichen Aufschwung, aber Millionen Menschen wurden unter seiner Herrschaft hingerichtet.

KUNST & KULTUR

Der bewegende amerikanische Film *Einer flog über das Kuckucksnest* von **Miloš Forman** (44) erhält fünf »Oscars«. Inhalt: Ein gewitzter Sträfling (gespielt von **Jack Nicholson**) bringt die Verhältnisse in einer streng geführten Nervenklinik durcheinander.

Als erster »poetischer Zirkus« Deutschlands verzaubert der **Circus Roncalli** seine Zuschauer. Im Fernsehen inszeniert ein feiner Herr mit großer Perfektion komische Sketche, in denen er auch selbst auftritt: Millionen amüsieren sich über **Loriot** (52).

Mit dem Schlager »Ein Bett im Kornfeld« sichert sich **Jürgen Drews** (31) wochenlang den ersten Platz der deutschen Hitparade.

Im Alter von 85 Jahren stirbt **Agatha Christie,** die erfolgreichste Krimiautorin der Welt (bis heute).

WISSENSCHAFT & TECHNIK

In einer kalifornischen Garage gründen **Steve Jobs, Steve Wozniak** und **Ronald Wayne** die Firma **Apple**. Ihr erstes Produkt, der Computer Apple 1, hat ein Holzgehäuse und zeigt einen Apfel mit Biss (»Bite«). Sie verkaufen ihn für 666,66 US-Dollar.

Im Sommer gelingt der NASA mit der **Raumsonde Viking 1** die erste Landung auf dem **Mars.** Während ihrer mehrjährigen Mission macht sie 37 000 Fotos von dem Planeten.

ALLTAG & VERSCHIEDENES

Im Osten Chinas fordert das schlimmste **Erdbeben** des Jahrhunderts im Juli mehr als 500 000 Tote. Im selben Monat treten aus einem Chemiewerk in **Seveso** bei Mailand hochgiftige Dioxine aus, die Tiere töten und rund 200 Menschen verletzen. Die Firmenleitung äußert sich erst nach zehn Tagen zu dem Vorfall.

In der Bundesrepublik wird das Autofahren sicherer: Auf den Vordersitzen in PKWs besteht nun **Anschnallpflicht.** Motorradfahrer müssen Helme tragen.

Drei kriminalistische Ereignisse bewegen Deutschland: Im April stirbt der 29-jährige Sexualmörder **Jürgen Bartsch,** der vier Jungen getötet hatte, bei einem Narkosefehler; er wollte sich kastrieren lassen. Einen Monat später erhängt sich die inhaftierte Terroristin **Ulrike Meinhof** (41, ⇨ 1970) in ihrer Zelle in Stuttgart-Stammheim. Am 14. Dezember wird der Industriellensohn **Richard Oetker** (25) in München entführt. Nach einer spektakulären Lösegeldübergabe (21 Millionen Mark) kommt er schwerverletzt frei. Der Täter wird 1978 gefasst.

Stockholm feiert eine Märchenhochzeit, die Welt schaut zu: Schwedens **König Carl XVI. Gustaf** (30) heiratet die deutsche Hostess **Silvia Sommerlath** (32), die **Königin von Schweden** wird.

In Berlin erscheint Deutschlands erste feministische Zeitschrift: *Courage.*

POLITIK & WIRTSCHAFT

Der **Terrorismus** erschüttert die Bundesrepublik. Am 7. April erschießen Mitglieder der RAF (Rote-Armee-Fraktion) in Karlsruhe den Generalbundesanwalt **Siegfried Buback** (57) und zwei Begleiter im Auto. Am 30. Juli wird **Jürgen Ponto** (53), Vorstandssprecher der Dresdner Bank, in seinem Haus bei Frankfurt erschossen; da die Eltern der Terroristin **Susanne Albrecht** (26) mit Pontos Familie befreundet sind, wird ihr die Tür geöffnet. Am 5. September entführen Terroristen in Köln den Arbeitgeberpräsidenten **Hanns Martin Schleyer** (62). Ihre Forderung, elf inhaftierte Gesinnungsgenossen freizulassen, bleibt unerfüllt, sie ermorden ihr Opfer.

Vier Palästinenser entführen im Oktober die **Lufthansa-Maschine Landshut** mit 87 Menschen an Bord, ebenfalls mit dem Ziel, RAF-Gefangene freizupressen. Die deutsche Spezialeinheit **GSG 9** stürmt in **Mogadischu** (Somalia) das Flugzeug und befreit die Geiseln. Als die Terroristen **Andreas Baader, Jan-Carl Raspe** und **Gudrun Ensslin** im Gefängnis **Stuttgart-Stammheim** hiervon erfahren, begehen sie **Selbstmord.**

Zwei Jahre nach dem Tod des Diktators Franco finden in **Spanien** zum ersten Mal nach 41 Jahren **freie Wahlen** statt.

Im November besucht Ägyptens Präsident **Anwar al-Sadat** (58) als erster arabischer Staatsmann den Nachbarstaat **Israel.**

KUNST & KULTUR

Mehr als 650 internationale Künstler zeigen im Sommer auf der **»documenta 6«** in Kassel rund 2700 Werke. Mehr als 300 000 Besucher kommen.

In New York stellt **Woody Allen** (41) seinen Film *Der Stadtneurotiker* vor. Im US-Fernsehen startet die *Muppet Show.* Hauptdarsteller: der Frosch Kermit, Miss Piggy und andere Puppen.

Mit 42 Jahren stirbt am 16. August **Elvis Presley** an Herzversagen.

WISSENSCHAFT & TECHNIK

Am 15. August entdeckt der Astrophysiker **Jerry Ehman**, dass ein **Radioteleskop** der Ohio State University ein ungewöhnlich starkes Signal aus dem Sternbild Schütze empfangen hat. Stammt es von Außerirdischen? Der 37-Jährige schreibt euphorisch »Wow!« auf das Protokoll. Seitdem heißt das einmalige Ereignis **Wow!-Signal**.

In einem Supermarkt in Augsburg wird im Oktober die erste **Scannerkasse** Deutschlands installiert. Vorerst bleiben elektronische Ladenkassen aber die große Ausnahme.

Die Firma **Commodore** bringt den ersten **PC** (Personal Computer) auf den Markt. Der PET 2001 besteht aus einer Einheit (Rechner, Monitor, Tastatur in einem Gehäuse, kein Lautsprecher) und kostet anfangs 2999 Mark.

ALLTAG & VERSCHIEDENES

Im Februar bringt die Journalistin **Alice Schwarzer** (34) in Köln die feministische Zeitschrift *Emma* heraus, das zweite deutsche Magazin von Frauen für Frauen (⇨ 1976).

Als der **DDR** Geld fehlt, um die gestiegenen internationalen Rohstoffpreise zu bezahlen, kommt es zur **Kaffeekrise.** Die Regierung ordnet an, **Bohnenkaffee** mit gerösteten Erbsen, Roggen und anderen Ersatzstoffen zu strecken. Nach Protesten (die Mischung schmeckt nicht) gibt es wieder richtigen Kaffee.

Auf dem Flughafen der spanischen Insel **Teneriffa** prallen im März zwei Jumbo-Jets beim Start aufeinander. 577 Menschen sterben, 69 überleben. Fluglotsen hatten sich von einem Radio ablenken lassen.

Der Österreicher **Niki Lauda** (27), im Vorjahr auf dem Nürburgring schwer verunglückt, wird im Oktober wieder Formel-1-Weltmeister.

Amnesty International erhält im Dezember den Friedensnobelpreis. Die internationale Menschenrechtsorganisation setzt sich für politische Gefangene ein.

POLITIK & WIRTSCHAFT

Terroristen der **Roten Brigaden** in Italien haben schon Richter und Unternehmer ermordet; am 16. März entführen sie den ehemaligen Ministerpräsidenten **Aldo Moro** (61) und erschießen fünf Leibwächter. Am 9. Mai wird der christdemokratische Politiker in Rom tot im Kofferraum eines Autos gefunden.

In der politischen Landschaft der Bundesrepublik sprießt das erste Grün: Der niedersächsische CDU-Abgeordnete **Herbert Gruhl** (56) verlässt seine Partei und gründet mit neun Gleichgesinnten eine neue: die **Grüne Aktion Zukunft** (GAZ). In Hamburg entsteht eine **Bunte Liste**.

In der **DDR** wird unterdessen für 14- bis 16-jährige Schülerinnen und Schüler ein **Wehrkunde-Unterricht** eingeführt. Die Jungen lernen in Trainingslagern sogar den Umgang mit Waffen.

Auf seinem Landsitz **Camp David** empfängt US-Präsident **Jimmy Carter** (53) im September die Staatschefs von Israel und Ägypten, **Menachem Begin** (65) und **Anwar al-Sadat** (59); beide unterzeichnen ein **Friedensabkommen**.

KUNST & KULTUR

Im Januar rollt die **Disco-Welle** nach Europa: Anlass ist der US-amerikanische Film *Saturday Night Fever* mit **John Travolta** (23). Er zieht junge Menschen scharenweise in die Diskotheken, wo sie im Schein von flackernden Lichtern und Discokugeln tanzen.

Ende Januar wird in London das Musical *Evita* von **Andrew Lloyd Webber** (29) uraufgeführt; es schildert das Leben der argentinischen Volksheldin Evita Perón (⇨ 1952).

Das Weltraum-Epos *Krieg der Sterne* (Original: *Star Wars*) des US-Regisseurs **George Lucas** (33) erobert Deutschland. Der Film wird international zu einem der kommerziell erfolgreichsten und erhält im April sechs »Oscars«, unter anderem für Ton, Musik und Spezialeffekte.

WISSENSCHAFT & TECHNIK

Sicherheitsgurte auf den Vordersitzen neu zugelassener Autos, in der Bundesrepublik seit vier Jahren vorgeschrieben, sind ab 1. Januar auch in **Ostdeutschland** Pflicht. Natürlich auch im VW Golf, der zum ersten Mal in die DDR exportiert wird – allerdings nur nach Ostberlin. Die Produktion des **VW Käfer** in Emden wird Ende Januar eingestellt; Volkswagen lässt das legendäre Auto noch in Mexiko bauen.

Ende Juni kommt in England das erste »**Retortenbaby**« auf die Welt. Ärzte hatten der Mutter, die auf natürlichem Wege nicht schwanger wurde, eine Eizelle entnommen, um sie mit einer Samenzelle ihres Mannes zu befruchten und in die Gebärmutter zu verpflanzen. Die Geburt der kleinen Louise verläuft normal.

Der erste **Deutsche** im **Weltraum** kommt aus der DDR: Der 41-jährige **Sigmund Jähn** startet im August mit sowjetischen Kosmonauten ins All.

ALLTAG & VERSCHIEDENES

Die Französische Revolution im Jahr 1789 ging vom Volk aus, diesmal kommt sie von oben: In **Frankreich** erlaubt die Regierung mehr als 40 000 Bäckern, den bisher vom Staat bestimmten **Brotpreis** selbst festzulegen – zum ersten Mal seit 1791.

Der Südtiroler **Reinhold Messner** (33) und der 35-jährige **Peter Habeler** erklimmen am 8. Mai als erste Menschen den Gipfel des **Mount Everest** ohne Sauerstoffgeräte.

Bei der **Fußball-WM** in Argentinien siegen die Gastgeber. Die deutsche Mannschaft wird von Österreich 3:2 besiegt und scheidet früh aus.

Ein **Schneesturm** wütet Ende Dezember tagelang über Schleswig-Holstein. Dörfer sind ohne Strom und von der Außenwelt abgeschnitten, Züge bleiben stecken, eingeschneite Autofahrer müssen befreit werden. Die Bundeswehr schickt Bergungspanzer.

POLITIK & WIRTSCHAFT

Im **Iran** wird Schah **Reza Pahlavi** (59) gestürzt und verlässt das Land. Der 76-jährige Religionsführer (Ayatollah) **Ruhollah Khomeini** kehrt aus seinem Pariser Exil zurück, um einen **islamischen Gottesstaat** zu errichten. Er lässt Vertraute des Schahs hinrichten und beschneidet die Rechte von Frauen, die sich in der Öffentlichkeit nur noch verschleiert zeigen dürfen. Als im November aufgebrachte Iraner die **US-Botschaft** in Teheran stürmen, billigt Khomeini die Aktion.

In **Großbritannien** steht eine Frau an der Regierungsspitze: Im Mai wird **Margaret Thatcher** (53), Parteichefin der Konservativen, zur Premierministerin gewählt.

In ein deutsches Landesparlament ziehen zum ersten Mal **»grüne« Abgeordnete** ein. Die vier gehören der Bremer Grünen Liste (BGL) an. Ihre Partei erhielt bei den Wahlen 5,14 % der Stimmen.

Am Jahresende beginnt der Einmarsch sowjetischer Truppen in **Afghanistan.** In der Hauptstadt Kabul wird der bisherige Präsident ermordet und durch einen neuen Staatschef ersetzt.

KUNST & KULTUR

Auf Platz 1 der Bestsellerlisten steht monatelang das Buch *Wir Kinder vom Bahnhof Zoo.* Es entstand nach einer Serie des Magazins *Stern* und schildert, wie die 16-jährige Schülerin **Christiane F.** in die Drogensucht und Prostitution abrutscht; am Ende gelingt der Berlinerin der Ausstieg aus der Szene.

Zwei Publikumslieblinge verlassen die Bühne für immer: Im Januar stirbt mit 65 Jahren **Peter Frankenfeld,** Pionier der deutschen Fernsehunterhaltung; im Juni folgt ihm der Humorist und Schauspieler **Heinz Erhardt** (70).

Westdeutsche Kinos zeigen *Die Blechtrommel.* Regisseur **Volker Schlöndorff** (40) hat den Günter-Grass-Roman verfilmt (⇨ 1980).

WISSENSCHAFT & TECHNIK

Die amerikanische Raumsonde **Voyager 1** nähert sich eineinhalb Jahre nach ihrem Start dem **Jupiter** und funkt Anfang März Bilder vom Planeten zur Erde – aus 675 Millionen Kilometer Entfernung.

Drei Wochen später ereignet sich im US-Bundesstaat Pennsylvania der bisher schwerste **Störfall** in einem **Atomkraftwerk:** Im erst vor wenigen Monaten fertiggestellten Reaktor Three Mile Island bei **Harrisburg** bricht das Kühlsystem zusammen, und das Ersatzsystem wird versehentlich abgeschaltet. Radioaktiver Dampf entweicht, verseuchtes Kühlwasser muss abgelassen werden. Bewohner der näheren Umgebung werden vorübergehend evakuiert.

Weniger gravierend, aber für die Betroffenen keineswegs harmlos ist der erste deutsche **Smogalarm:** In den Industriegebieten an Rhein und Ruhr werden im Januar hohe Schwefeldioxid-Werte gemessen.

Kopfhörer anschließen und mit einem handlichen Kassetten-Abspielgerät Musik hören – das ermöglicht der **Walkman.** Die Erfindung stammt eigentlich von einem Deutschen, der sie 1977 zum Patent angemeldet hat, aber erst der japanische Unterhaltungskonzern **Sony** verhilft ihr zum weltweiten Durchbruch.

ALLTAG & VERSCHIEDENES

Deutschland diskutiert Ende Januar über ein bewegendes TV-Ereignis: Der amerikanische Vierteiler *Holocaust* (mit Schauspielerin **Meryl Streep,** 28) zeigt am Beispiel der fiktiven Familie Weiss die Verfolgung und Vernichtung der Juden während der NS-Zeit. Die emotionale Filmhandlung enthält auch dokumentarische Szenen.

Zwei Familien aus Thüringen gelingt im Herbst eine tollkühne **Flucht** aus der **DDR:** Mit einem aus Kunstseide selbst genähten **Heißluftballon** lassen sie sich im Schutz der nächtlichen Dunkelheit in den Westen treiben.

POLITIK & WIRTSCHAFT

Die politische Landschaft der Bundesrepublik wird bunter. Im Januar gründen Linke, Christen, Umweltschützer und Mitglieder von Friedensinitiativen in Karlsruhe eine neue Partei: **Die Grünen.** Bei den Bundestagswahlen im Herbst erhält sie aber nicht einmal 2 Prozent der Stimmen. Auch **Franz Josef Strauß** (66, CSU), bayerischer Kanzlerkandidat der Union, verfehlt sein Ziel: Bundeskanzler **Helmut Schmidt** (62, SPD) bleibt im Amt und regiert weiter mit der FDP, die auf 10,6 Prozent kommt.

Der im Dezember des Vorjahres gefasste **NATO-Doppelbeschluss** sieht vor, der Sowjetunion Abrüstungsverhandlungen anzubieten, bei ausbleibendem Erfolg aber nach drei Jahren mit nuklearen Mittelstreckenraketen nachzurüsten (⇨ 1983).

Wegen der sowjetischen Invasion in Afghanistan boykottieren die USA, die Bundesrepublik und Dutzende andere Staaten die **Olympischen Sommerspiele** in **Moskau.**

In **Polen** sind stark angestiegene Lebensmittelpreise der Auslöser für **Streiks.** Allein in der Danziger Lenin-Werft legen 17 000 Arbeiter die Werkzeuge nieder. Ihrem Anführer **Lech Wałęsa** (36) gelingt es, bei der Regierung Lohnerhöhungen und das Recht auf freie Gewerkschaften durchzusetzen.

KUNST & KULTUR

Millionen Besucher sehen im Frühjahr in Westberlin sowie später in Köln, München, Hannover und Hamburg die Ausstellung **»Tutanchamun«**. Sie präsentiert mehr als 50 Originalstücke aus dem Grab des ägyptischen Pharaos, darunter die Totenmaske.

Als erster deutscher Spielfilm wird *Die Blechtrommel* des 40-jährigen Regisseurs **Volker Schlöndorff** mit einem »Oscar« geehrt (als bester ausländischer Film). Die romantische Teenagerkomödie *La Boum* aus Frankreich macht die 13-jährige Schauspielerin **Sophie Marceau** berühmt.

WISSENSCHAFT & TECHNIK

Im Mai kommt in Japan ein **Videospiel** auf den Markt, das in den folgenden Jahren unter dem Namen *Pac-Man* weltweit Menschen an Bildschirme lockt, wo sie (oft zum ersten Mal) einen **Joystick** in die Hand nehmen und eine Spielfigur in einem Labyrinth möglichst viele Punkte fressen lassen.

Die Raumsonde **Voyager 1** nähert sich im November dem Planeten **Saturn** bis auf 123 000 Kilometer und liefert beeindruckende Aufnahmen von seiner Oberfläche und seinen Ringen.

ALLTAG & VERSCHIEDENES

Am 6. April, einem Sonntag, müssen die Deutschen in Ost und West ihre Uhren vorstellen: Zum ersten Mal gilt die **Sommerzeit**. Abends steht nun eine Stunde länger Tageslicht zur Verfügung, wodurch Strom gespart werden soll.

Ein neues Geduldspiel fasziniert Groß und Klein: der in sich drehbare bunte **Zauberwürfel (Rubik's Cube**) des ungarischen Erfinders **Ernö Rubik.**

Er zeigt keine Emotionen, sondern konzentriert sich ganz auf sein Spiel: Der Schwede **Björn Borg** (24) gewinnt als erster Tennisspieler zum fünften Mal hintereinander das Finale im englischen **Wimbledon**.

Am 26. September erschüttert am Abend die Explosion einer **Bombe** das Münchner **Oktoberfest.** Rund 200 Menschen werden verletzt, 13 kommen ums Leben, darunter der Täter, ein Neonazi. Die Wies'n schließt für 24 Stunden, dann wird weitergefeiert.

Ein vermutlich Geistesgestörter, der sich als »Fan« bezeichnet, erschießt am 8. Dezember den Ex-Beatle **John Lennon** (40), als dieser sein Haus in New York verlässt. Radiostationen in aller Welt unterbrechen ihr Programm; sie spielen Lieder der Beatles und Songs von Lennon, vor allem sein bekanntes Stück »Imagine«.

In der Mode sind in diesem Jahr **Schulterpolster** angesagt.

POLITIK & WIRTSCHAFT

Drei Attentate. Zwei Monate nach Amtsantritt wird US-Präsident **Ronald Reagan** (70) am 30. März in Washington angeschossen; der 25-jährige Täter erklärt, er habe der Schauspielerin Jodie Foster imponieren wollen. Im Mai schießt ein rechtsradikaler Türke in Rom auf **Papst Johannes Paul II.** (60) und verletzt ihn schwer. Der ägyptische Staatschef **Anwar al-Sadat** (62) stirbt im Oktober auf der Ehrentribüne einer Militärparade durch die Kugeln radikaler Muslime.

Die Bundesrepublik erlebt ein Jahr der Proteste. Ende Februar kommen 100 000 Menschen zum Bauzaun des geplanten Atomkraftwerks **Brokdorf** an der Elbe; die Polizei setzt Wasserwerfer und Hubschrauber ein. Am 10. Oktober demonstrieren 300 000 Anhänger der **Friedensbewegung** im **Bonner Hofgarten** gegen atomare Aufrüstung. Wenige Wochen später räumt die Polizei in Frankfurt ein Hüttendorf, das Demonstranten gegen die geplante **Startbahn West** des Flughafens errichtet hatten.

Mächtigere Gegner hat ein Atomkraftwerk, das im **Irak** gebaut wird: Neun israelische Kampfflugzeuge zerstören es innerhalb von zwei Minuten. **Israel** will so die Produktion einer irakischen Atombombe verhindern.

KUNST & KULTUR

Im Kino startet *Das Boot*. Der Film des Regisseurs **Wolfgang Petersen** (40), eine der teuersten und erfolgreichsten deutschen Produktionen, schildert das Schicksal des deutschen U-Bootes U 96 und seiner Besatzung im Zweiten Weltkrieg.

Bis zu 7000 Jahre alte Funde präsentiert in Berlin (später Hildesheim, Köln) die Ausstellung »Kunstschätze aus China«. In London zeigen Gegenwartskünstler wie **Francis Bacon** (71), **David Hockney** (43) und **Willem de Kooning** (76) neuen Schwung in der Malerei: »A New Spirit in Painting«.

WISSENSCHAFT & TECHNIK

Im April fliegen US-Astronauten zwei Tage lang im **Space Shuttle** durchs All; die **Columbia** ist die erste wiederverwendbare Raumfähre.

»Passt unter jeden Flugzeugsitz«: So wirbt die Firma **Osborne** in den USA für den ersten **tragbaren Computer.** Der Osborne 1 wiegt elf Kilo, sein 5-Zoll-Monitor ähnelt einem winzigen Fernsehschirm.

Auf der Funkausstellung in Berlin stellen **Philips** und **Sony** die **CD** vor. Kaufen kann man sie noch nicht, ebenso wenig wie Abspielgeräte (⇨ 1982). Die Größe des CD-Innenlochs entspricht dem Durchmesser der niederländischen 10-Cent-Münze – einer der Entwickler hatte sie zufällig bei sich und legte damit das Maß fest.

ALLTAG & VERSCHIEDENES

An der neuen ZDF-Live-Show »*Wetten, dass…?*« mit Moderator **Frank Elstner** (38) können die Zuschauer im Februar per Telefon mitwirken: Der »**Ted**« (TED = Tele-Dialog) zählt alle Anrufe unter zwei vorgegebenen Nummern. Die erste wählt, wer an den Sieg eines Wettkandidaten glaubt; die zweite, wer vermutet, er werde verlieren. Das Abstimmungsergebnis wird in der Sendung präsentiert.

Im März erschießt **Marianne Bachmeier** (30) im Lübecker Landgericht den Mörder ihrer siebenjährigen Tochter. Die Medien berichten weltweit, viele Menschen zeigen Verständnis für den Akt der **Selbstjustiz** (⇨ 1983).

Für immer mehr Fernsehzuschauer in Deutschland heißt es ab Juli: Dienstag ist *Dallas*-Tag. Die weltweit erfolgreichste TV-Serie der Achtzigerjahre handelt von Macht und Intrigen rund um die Southfork Ranch der Ölmillionärsfamilie Ewing.

Ebenfalls im TV sehen 750 Millionen Menschen im Juli, wie der britische **Prinz Charles** (32) in London die 20-jährige **Diana Spencer** (»Lady Di«) heiratet.

POLITIK & WIRTSCHAFT

Die Welt staunt über einen **Krieg** zwischen **Argentinien** und **Großbritannien:** Am 2. April besetzen Soldaten des südamerikanischen Landes die abgelegenen **Falkland-Inseln,** die seit 1833 im Besitz Großbritanniens sind. Dessen Premierministerin **Margaret Thatcher** (56) schickt 40 Schiffe sowie Truppen in den Südatlantik. Im Juni kapituliert Argentinien nach dem Tod von 712 Soldaten; die Briten haben vier Kriegsschiffe und 265 Mann verloren.

Die Bundesrepublik erlebt eine **Pleitewelle,** von der auch der Konzern **AEG-Telefunken** betroffen ist. Im November steigt die Zahl der Arbeitslosen auf über zwei Millionen, das bedeutet eine **Arbeitslosenquote** von 8,4 Prozent.

Am 17. September treten die Bundesminister der FDP zurück – die sozialliberale Koalition ist beendet. Durch ein **konstruktives Misstrauensvotum** wird Bundeskanzler **Helmut Schmidt** (63) am 1. Oktober abgewählt und von **Helmut Kohl** (52, CDU) abgelöst.

KUNST & KULTUR

In Kassel lockt die »**documenta 7**« mehr als 375 000 Zuschauer an. Zu den Beiträgen der internationalen Künstler zählt auch das Projekt *7000 Eichen* von **Joseph Beuys** (61). Diese Bäume pflanzt der Düsseldorfer Künstler mit Helfern in mehreren Jahren im Kasseler Stadtgebiet.

Im Juni kommt er in die Kinos der USA, im Dezember nach Deutschland: *E. T. – der Außerirdische.* Die von **Steven Spielberg** (34) verfilmte Geschichte des kleinen heimwehkranken Aliens rührt Millionen Menschen und ist elf Jahre lang der erfolgreichste Film der Welt (⇨ 1993).

Einen Weltrekord stellt auch der US-Sänger **Michael Jackson** (24) auf, der im November sein Album *Thriller* vorstellt. Es wird sich rund 140 Millionen Mal verkaufen und macht den »King of Pop« zum Megastar.

WISSENSCHAFT & TECHNIK

Kurz vor Jahresbeginn haben Ärzte in den USA die ersten Fälle einer neuen Krankheit diagnostiziert: die Immunschwäche **Aids.** Für die Medien ist sie noch kein Thema (⇨ 1983).

Jahrhundertexperiment in der **Quantenphysik:** Der französische Physiker **Alain Aspect** (35) weist nach, dass zwei Photonen (Lichtteilchen) miteinander verschränkt sind. Auch in größerer Entfernung voneinander reagiert das eine Teilchen auf den Zustand des anderen, als gäbe es eine telepathische Verbindung. **Albert Einstein** hatte das Phänomen bereits theoretisch als »spukhafte Fernwirkung« beschrieben.

Am 2. Dezember setzen Chirurgen in den USA einem Patienten das erste dauerhafte **Kunstherz** ein; Empfänger **Barney Clark** (61), pensionierter Zahnarzt, überlebt 112 Tage lang.

Im Oktober kommt der erste **CD-Player** in den Handel – die Musikliebhaber halten sich zurück, das Angebot an CDs ist noch gering.

Mehr Aufsehen erregt eine andere Neuheit: der Computer **C64.** Der auch »Brotkasten« genannte Rechner der Firma **Commodore** besitzt keinen internen Speicher und wird trotz seines anfangs hohen Preises (in Deutschland 1495 DM) weltweit zum erfolgreichsten **Heimcomputer.**

Auf einer Fachmesse für Fotografie werden die ersten **Kameras** mit **Autofokus** vorgestellt.

ALLTAG & VERSCHIEDENES

Die Deutschen sorgen sich um die Natur und befürchten ein **Waldsterben.** Von Auto- und Industrieabgasen erzeugter **saurer Regen** soll die Ursache für zunehmende Baumschäden sein.

Für Diskussionen sorgen in der Bundesrepublik auch zwei gesellschaftliche Themen: **»wilde Ehen«** ohne Trauschein und **Ehen mit Ausländern.** Beide Lebensformen sind für konservative Bürger ungewohnt und stoßen auf Ablehnung.

POLITIK & WIRTSCHAFT

Nach Bundestags-Neuwahlen im März bleibt die Koalition aus CDU/CSU und FDP mit Kanzler **Helmut Kohl** (52) bestehen. Zum ersten Mal rücken mit 5,6 Prozent der Stimmen **Die Grünen** ins Parlament ein – und zum ersten Mal sieht man im Bonner Bundestag Abgeordnete in Strickpullovern.

Die Angst vor einem Atomkrieg treibt Hunderttausende Deutsche auf die Straßen; zwischen Ulm und Stuttgart bilden 200 000 Demonstranten eine **Menschenkette.** Auch in der **DDR** ist unter dem Dach der Kirchen eine **Friedensbewegung** entstanden, die Abrüstung in Ost und West fordert. Ihr Motto: »Schwerter zu Pflugscharen«. Doch alle Proteste nützen nichts: Als Antwort auf russische SS-20-Raketen beschließt der Bundestag die **Nachrüstung** mit atomaren US-Mittelstreckenraketen vom Typ Pershing 2. Im schwäbischen **Mutlangen** werden schon bald die ersten stationiert.

Überraschung löst ein Besuch des bayerischen Ministerpräsidenten **Franz Josef Strauß** (56) in Ostberlin aus. Der strenge Antikommunist agiert als kluger Stratege und vermittelt der **DDR** einen **Milliardenkredit.** Sie verspricht dafür Reiseerleichterungen für westdeutsche Besucher.

KUNST & KULTUR

Gandhi, der Film des britischen Regisseurs **Richard Attenborough** (59) über das Leben des indischen Freiheitskämpfers, wird im April mit acht »Oscars« geehrt. An dem Monumentalwerk haben 300 000 Statisten mitgewirkt.

Passend zu den deutschen Friedensdemos hat die Sängerin **Nena** (22) mit ihrem sanften Protestsong »99 Luftballons« Erfolg. Auch der Deutschrocker **Udo Lindenberg** (37) will ein Zeichen für den Frieden setzen und bittet den DDR-Staatschef **Erich Honecker** (70) in einem Brief, in Ostberlin auftreten zu dürfen. Im Oktober darf er.

WISSENSCHAFT & TECHNIK

Das Nachrichtenmagazin *Der Spiegel* greift im Juni ein neues Thema auf: »Tödliche Seuche Aids – Die rätselhafte Krankheit«.

Die Stromerzeugung mit Hilfe der **Windenergie** nimmt ihren Anfang: Im Oktober geht an der südlichen Nordseeküste die Versuchsanlage **Growian** (**Gro**ße **Win**denergie**an**lage) in Betrieb. Ihre Leistung beträgt 3 MW (3000 Kilowatt). Auch wenn die Rotorblätter wegen technischer Probleme oft stillstehen, werden wichtige Erfahrungen gewonnen.

ALLTAG & VERSCHIEDENES

Eine vermeintliche Sensation erweist sich als peinlicher Flop: Ende April behauptet das Magazin *Stern*, **Hitler-Tagebücher** entdeckt zu haben. Mehrere internationale Historiker halten die Bände für echt, bis sich nach einer Analyse des Papiers herausstellt, dass sie gefälscht sind. Der *Stern* hat sie für neun Millionen Mark gekauft.

Zwei Neuheiten für Autofahrer: Am 7. November können sie in München an einer Allguth-Zapfsäule zum Literpreis von 1,389 Mark das erste **bleifreie Benzin** Europas tanken. Zuvor gab es einen Modellversuch mit städtischen Autos. In der Innenstadt von **Buxtehude** (Niedersachsen) wird die erste **Tempo-30-Zone** Deutschlands eingerichtet.

Unter regem Anteil der Öffentlichkeit verurteilt das Landgericht Lübeck im März **Marianne Bachmeier** (⇨ 1981) wegen Totschlags und unerlaubten Waffenbesitzes zu sechs Jahren Haft.

Am 1. September schießen russische Abfangjäger eine tief in den sowjetischen Luftraum eingedrungene Boeing 747 der **Korean Airlines** ab; alle 269 Menschen an Bord sterben.

Aus den USA kommt eine neuartige musikalische Gruppengymnastik nach Europa und wird vor allem bei Frauen schnell beliebt: **Aerobic.** In der DDR heißt sie »Pop-Gymnastik«.

POLITIK & WIRTSCHAFT

Die Supermächte rüsten auf. Als Reaktion auf die Stationierung von US-Mittelstreckenraketen in Europa (⇨ 1983) beschließt die Sowjetunion im Mai die Aufstellung zusätzlicher Raketen in der DDR. US-Präsident **Ronald Reagan** (73) treibt unterdessen das zukünftige **Raketenabwehrsystem SDI** voran (Strategic Defense Initiative). Im Juni gelingt ein Test, bei dem zum ersten Mal eine Abwehr-Rakete im Weltraum eine andere, die einen Angriff simuliert, im Anflug zerstört.

Nachdem schon im Januar sechs DDR-Bürger **Zuflucht** in der Ostberliner **US-Botschaft** gesucht hatten und nach zwei Tagen in den Westen durften, drängen sich Pfingsten 55 Ostdeutsche in die Ständige Vertretung der Bundesrepublik; auch sie dürfen nach Verhandlungen ausreisen. Ebenso 150 **Ausreisewillige,** die Anfang Oktober die bundesdeutsche Botschaft in Prag aufsuchen.

Am 31. Oktober wird Indiens Ministerpräsidentin **Indira Gandhi** (66) von zwei Leibwächtern ermordet, die der Sikh-Religion angehören. Aufgebrachte Hindus verfolgen daraufhin in Indien tagelang **Sikhs;** Tausende werden getötet.

Der südafrikanische Bischof **Desmond Tutu** (53), erstes schwarzes Oberhaupt der anglikanischen Kirche, erhält im Dezember den Friedensnobelpreis. Er setzt sich für die Aussöhnung aller Afrikaner unterschiedlicher Hautfarbe ein.

KUNST & KULTUR

Im April kommt *Die unendliche Geschichte* ins Kino. Vorlage für den Fantasyfilm des Regisseurs **Wolfgang Petersen** (43) ist das gleichnamige Buch von **Michael Ende** (54).

Der Sänger **Herbert Grönemeyer** (28) bringt sein Album *4630 Bochum* heraus (mit der vierstelligen Postleitzahl seiner Heimatstadt), das ebenso wie der ausgekoppelte Song »Männer« ein Riesenerfolg wird.

WISSENSCHAFT & TECHNIK

Im Januar startet der bundesdeutsche **Bildschirmtext** (BTX), ein Vorläufer des Internets. Mit Hilfe von Telefon und Fernseher können seine Nutzer zum Beispiel von zu Hause aus Geld überweisen. Hackern gelingt es schon bald, den Zentralrechner der Bundespost zu knacken: Sie leiten demonstrativ eine hohe Summe auf ein eigenes Konto.

Roboter statt Arbeiter: Im Wolfsburger Volkswagen-Werk geht im Februar die erste vollautomatische Montagestraße der Welt in Betrieb.

Nach dem Erfolg des mit Kassetten betriebenen Walkman (⇨ 1979) kommt nun ein Abspielgerät für CDs auf den Markt: der **Discman.**

Zu Hause vom Festnetz aus telefonieren und sich dabei in der Wohnung frei bewegen: Bundespostminister **Christian Schwarz-Schilling** (53) stellt der Öffentlichkeit das erste **schnurlose Telefon** vor. Man kann es für 48 Mark im Monat mieten – zusätzlich zur normalen Telefonrechnung.

ALLTAG & VERSCHIEDENES

Am 1. Januar startet in Ludwigshafen ein Pilotprojekt, das TV-Programme im **Kabelfernsehen** verschickt. Einen Tag später nimmt über Satellit auch der erste **private TV-Sender** Deutschlands seinen Betrieb auf: **RTL plus.** 200 000 Zuschauer können ihn empfangen.

»Erst gurten, dann starten«: Bundesdeutsche Autofahrer, die sich nicht an die **Anschnallpflicht** im Auto halten, müssen ab dem 1. August 40 DM Bußgeld zahlen. Prompt steigt die Anschnallquote von 60 auf 90 Prozent.

Mediziner empfehlen **»Safer Sex«,** also die Verwendung von Kondomen, nachdem eindeutig feststeht, dass **Aids** durch sexuelle Kontakte übertragen wird.

Bei den Olympischen Sommerspielen in Los Angeles gewinnt der 20-jährige deutsche Schwimmer **Michael Groß** (Spitzname: »Albatros«) vier Goldmedaillen.

POLITIK & WIRTSCHAFT

Der neue Generalsekretär der KPdSU, **Michail Gorbatschow,** verkündet unter dem Schlagwort »**Perestroika**« (Umbau) grundlegende wirtschaftliche und gesellschaftliche Reformen. Er geht gegen Korruption und Amtsmissbrauch vor. Im November trifft der 54-Jährige in Genf den 20 Jahre älteren US-Präsidenten **Ronald Reagan.** Beide vereinbaren, dass keine der beiden Supermächte die militärische Überlegenheit über die andere anstreben werde.

Zum 40. Jahrestag der deutschen Kapitulation (⇨ 1945) hält Bundespräsident **Richard von Weizsäcker** (65) im Bonner Bundestag eine Rede, die international viel Beachtung findet. Der 8. Mai 1945 sei ein Tag der Befreiung: »Er hat uns alle befreit von dem menschenverachtenden System der nationalsozialistischen Gewaltherrschaft.«

Die erste **rot-grüne Koalition** in einem deutschen Parlament entsteht im Herbst im Landtag von **Hessen.** Der 37-jährige **Joschka Fischer** übernimmt als erster grüner Minister das Umweltressort. Bei seiner Vereidigung trägt er Jeans und Turnschuhe.

KUNST & KULTUR

Am 13. Februar, dem 40. Jahrestag der Bombardierung von **Dresden,** wird in der sächsischen Landeshauptstadt die wiederaufgebaute **Semper-Oper** festlich eröffnet. TV-Stationen in mehreren Ländern übertragen Carl Maria von Webers Oper *Der Freischütz.*

Der zurückgezogen in München lebende Autor **Patrick Süskind** (36) veröffentlicht seinen Roman *Das Parfum.* Die im 18. Jahrhundert spielende Geschichte eines Mörders wird ein Welterfolg, der Leser und Kritiker begeistert.

Acht »Oscars« gewinnt der Film *Amadeus.* Regisseur **Miloš Forman** (52) zeigt in opulenten Bildern die letzten zehn Jahre Mozarts, den der US-Schauspieler **Tom Hulce** (30) verkörpert.

WISSENSCHAFT & TECHNIK

Den **Mobilfunk** nutzen bisher nur wenige Autofahrer, mit schweren Basisgeräten im Kofferraum. Das am 1. Mai gestartete **C-Netz** lässt die Zahl der Teilnehmer ansteigen. Sie müssen jetzt nicht mehr wissen, wo sich der Angerufene aufhält, sondern erreichen ihn unter der einheitlichen Vorwahl 0161.

Bei **Videorekordern** setzt sich unter den unterschiedlichen Formaten das vom japanischen Hersteller JVC entwickelte **VHS-System** durch; Video 2000 und Betamax spielen kaum noch eine Rolle.

Ein unbemanntes **Tauchboot** entdeckt mit seinen Kameras am 1. September vor Neufundland in 3800 Meter Tiefe das **Wrack** der **Titanic** (⇨ 1912). Französische und US-Forscher hatten monatelang danach gesucht. Von den Toten an Bord ist nichts mehr übrig – bis auf ihre Schuhe.

ALLTAG & VERSCHIEDENES

Menschen in rund 50 Ländern erleben im Juli vor den TV- und Radiogeräten Auftritte der größten Musikstars. Das **Live-Aid-Konzert** zugunsten hungernder Afrikaner findet im Londoner Wembley-Stadion und im JFK-Stadion in Philadelphia (USA) statt. Unter anderem treten auf: **Bob Dylan, David Bowie, Mick Jagger, Queen, U2, Madonna, Paul McCartney, Elton John, The Who,** die **Beach Boys, Eric Clapton, Billy Joel** und **Stevie Wonder.**

Zwei neue deutsche **TV-Serien** starten, denen ein lange anhaltender Erfolg bevorsteht: *Die Schwarzwaldklinik* (ZDF) und die *Lindenstraße* (ARD).

Als erster deutscher Golfspieler gewinnt **Bernhard Langer** (27) das prestigeträchtige Masters-Turnier in den USA. Die größte Sportsensation gelingt am 7. Juli dem zehn Jahre jüngeren **Boris Becker** aus Leimen: Als erster Deutscher siegt er beim Tennis-Endspiel in **Wimbledon.** Er löst einen bundesdeutschen Tennisboom aus.

POLITIK & WIRTSCHAFT

Spanien und **Portugal** treten am Jahresanfang der **Europäischen Gemeinschaft** bei. Die **EG** besteht nun aus zwölf Mitgliedsstaaten: Neben den Neulingen sind es die Gründerländer Deutschland (BRD), Frankreich, Italien, Belgien, die Niederlande und Luxemburg sowie Großbritannien, Dänemark, Irland und Griechenland.

Auf dem Parteitag der Kommunistischen Partei spricht Generalsekretär **Michail Gorbatschow** Ende Februar wenige Tage vor seinem 55. Geburtstag über eine gesellschaftliche Öffnung (**Glasnost**): »Ohne Glasnost gibt es keine Demokratie.« Er bereitet damit den Weg zur Meinungs- und Pressefreiheit.

Bestürzung löst am 28. Februar die Nachricht aus, dass der schwedische Ministerpräsident **Olof Palme** (59) tot ist. Ein Unbekannter hat ihn erschossen, als er in Stockholm ohne Leibwächter aus dem Kino kam.

Am 5. April explodiert in der Westberliner Discothek La Belle, die auch von US-Soldaten besucht wird, eine Bombe. Drei Menschen sterben. Hinter der Tat soll Libyens Diktator **Muammar al-Gaddafi** (43) stecken. Zehn Tage später folgt die Vergeltung: US-Kampfjets bombardieren die libyschen Städte Tripolis und Bengasi.

KUNST & KULTUR

Im April wird in Hamburg das Musical *Cats* des britischen Komponisten **Andrew Lloyd Webber** (38) aufgeführt, zum ersten Mal in Deutschland. Der große Erfolg bereitet in den kommenden Jahren den Weg für weitere Musicals in deutschen Städten.

Der vom US-Regisseur **Sydney Pollack** (51) gedrehte Film *Jenseits von Afrika* erhält sieben »Oscars«. Neu im Kino: *Der Name der Rose,* nach dem gleichnamigen Buch von **Umberto Eco** (54), produziert von **Bernd Eichinger** (37). In der Hauptrolle des Mittelalter-Krimis: **Sean Connery** (56) als Mönch.

WISSENSCHAFT & TECHNIK

Als erstes europäisches Land beschließt die Schweiz, alle Neuwagen mit **Katalysator** auszurüsten. Das dazu notwendige **bleifreie Benzin** wird jetzt auch in der Bundesrepublik angeboten, aber kaum getankt. Viele Autofahrer befürchten Motorschäden.

Kurz nach ihrem Start explodiert in Florida am 28. Januar die **US-Raumfähre Challenger.** Alle sieben Astronauten an Bord sterben.

Verheerende Auswirkungen hat am 26. April eine Explosion im **Atomkraftwerk** von **Tschernobyl** in der zur Sowjetunion gehörenden Ukraine: Beim **Super-GAU** (GAU = größter anzunehmender Unfall) wird 200-mal mehr atomare Strahlung frei als in Hiroshima; eine **radioaktive Wolke** geht über weiten Teilen Europas nieder. Die Zahl der zum Teil tödlich erkrankten Opfer geht in die Zehntausende.

Eine weitere Katastrophe ereignet sich am 1. November in **Basel**. Bei einem **Großbrand** in einem Chemiewerk geraten mit dem Löschwasser auch giftige Chemikalien in den Rhein. In dem verfärbten Fluss kommt es zu einem großen **Fischsterben.**

ALLTAG & VERSCHIEDENES

Der Verkauf von **CDs** hat sich in der Bundesrepublik mit mehr als 13 Millionen Stück gegenüber dem Vorjahr fast verdoppelt, während die Zahl der verkauften **Langspielplatten** (66,8 Millionen) zum ersten Mal zurückgeht.

In Hannover findet die erste **CeBit** statt. Die **Computermesse** präsentiert unter anderem elektronische Spiele und einen leichten Bürocomputer, den man in einem Koffer tragen kann – er wiegt 8,5 Kilo.

Die Katastrophe von Tschernobyl verändert den deutschen Alltag: Verbraucher meiden **radioaktiv belastete Lebensmittel,** informieren sich über kritische Grenzwerte, kaufen vermehrt unbelastete Tiefkühlkost und Milchpulver.

POLITIK & WIRTSCHAFT

Russische Revolution von oben: KP-Chef **Michail Gorbatschow** (55) lässt der angekündigten Öffnung (**Glasnost**) Taten folgen. Am 1. Januar überträgt Radio Moskau eine Neujahrsansprache von US-Präsident **Ronald Reagan** (75) an das sowjetische Volk. In Leningrad öffnet das erste private Café, weitere Privatbetriebe folgen.

Im Dezember treffen sich Gorbatschow und Reagan in Washington und beschließen, ihre Mittelstreckenraketen zu verschrotten – das erste konkrete **Abrüstungsprogramm.**

Die von der Bundesregierung beschlossene **Volkszählung** bewegt viele Bürger, weil sie staatlichen Datenmissbrauch befürchten. Einige entfernen sogar ihre Namensschilder von der Haustür oder bringen falsche an. Nach der Androhung von Bußgeldern geben aber am Ende (im Mai) fast alle Auskunft.

Im Landtagswahlkampf von **Schleswig-Holstein** werden über den charismatischen SPD-Kandidaten **Björn Engholm** (47) gezielt Unwahrheiten (Sexaffäre, Aids, Steuerbetrug) verbreitet. Ministerpräsident **Uwe Barschel** (43, CDU) gibt in einer Erklärung am 18. September sein »Ehrenwort«, dass er nichts davon gewusst habe. Die Zweifel an seiner Aussage verdichten sich. Am 11. Oktober wird Barschel in einem Hotel in Genf tot in der Badewanne aufgefunden.

Eine **Börsenkrise** lässt die Kurse an den Aktienmärkten am 19. Oktober um mehr als 20 Prozent fallen.

KUNST & KULTUR

Bisher lagen die Höchstpreise für Gemälde nahe der 10-Millionen-Dollar-Grenze. Ende März versteigert Christie's in London *Fünfzehn Sonnenblumen in einer Vase* von **Vincent van Gogh** für 39,9 Millionen Dollar. Schon im November wird der Rekord gebrochen: Van Goghs *Schwertlilien* erzielen bei Sotheby's in New York 53,9 Millionen Dollar.

WISSENSCHAFT & TECHNIK

Im Januar beobachten Forscher in einem Tauchboot vor der Ostküste Afrikas 200 Meter unter der Wasseroberfläche ein »lebendes Fossil« – den ersten **Quastenflosser** in seiner natürlichen Umgebung. Astronomen und Astrophysiker freuen sich am 24. Februar über die erste erdnahe **Supernova** seit dem Jahr 1604. Der sterbende Stern ist 17-mal größer als die Sonne.

Auf der dritten internationalen **Aids-Konferenz** gibt der US-Forscher **Robert Gallo** (50) bekannt, dass ein neues Aids-Virus (HIV-2) identifiziert worden ist.

ALLTAG & VERSCHIEDENES

Am 28. Mai landet der Hamburger Pilot **Mathias Rust** mit einem Sportflugzeug mitten auf dem **Roten Platz** in Moskau. Die Welt staunt, dass die russische Abwehr den 18-Jährigen mit seiner einmotorigen Cessna nicht aufgehalten hat. Er wird verhaftet und zu vier Jahren Arbeitslager verurteilt, kommt aber 1988 frei.

Im Juli gibt die UNO bekannt, dass auf der Erde **fünf Milliarden Menschen** leben.

Ihren Durchbruch schafft die deutsche Tennisspielerin **Steffi Graf:** Kurz vor ihrem 18. Geburtstag gelingt ihr im Juni in Paris der erste Grand-Slam-Sieg. Im August schlägt sie die Amerikanerin Chris Evert (32) und wird Weltranglisten-Erste.

Zwei Abschiede in der ARD: »Mr. Tagesschau«, der Nachrichtensprecher **Karl-Heinz Köpcke** (65), geht nach 28 Jahren in Pension, und zum letzten Mal seit 1956 läuft *Ein Platz für Tiere* mit **Bernhard Grzimek.** Millionen TV-Zuschauer liebten seine Sendung, auch weil der Professor in jeder Folge ein exotisches Tier mit ins Studio brachte. Der Frankfurter Zoodirektor, Naturschützer, Tierarzt und Filmemacher (1959: *Serengeti darf nicht sterben*) stirbt am 13. März mit 77 Jahren.

POLITIK & WIRTSCHAFT

Mehrere Kriege enden: In **Nicaragua** schließt die linke Regierung von Präsident **Daniel Ortega** (42) mit den rechten **Contra-Rebellen** nach siebenjährigem Kampf Frieden. Auch in **Angola** endet ein Bürgerkrieg; die UNO vermittelt den Waffenstillstand ebenso wie im **Ersten Golfkrieg** zwischen den Nachbarländern **Iran** und **Irak.** Die **Sowjetunion** beginnt mit dem Abzug ihrer Truppen aus **Afghanistan.**

Die **DDR**-Regierung unter **Erich Honecker** (75), bisher stets im politischen Fahrwasser der Sowjetunion, weicht vom neuen Kurs der UdSSR ab. Anstatt ebenfalls Meinungsfreiheit zuzulassen, verbietet sie die deutsche Ausgabe der sowjetischen Zeitschrift *Sputnik*, die über Verbindungen zwischen Stalin und Hitler schreibt. Auch sowjetische Kinofilme werden verboten. **Bürgerrechtler** wie **Vera Lengsfeld** (35), die sich öffentlich kritisch äußern, werden festgenommen und ausgewiesen.

Im November hält Bundestagspräsident **Philipp Jenninger** (56, CDU) im Bundestag eine verunglückte Rede zur Reichspogromnacht vor 50 Jahren, damals Reichskristallnacht genannt (⇨ 1938); er wird heftig kritisiert und tritt am nächsten Tag zurück.

KUNST & KULTUR

Eine besondere Filmpremiere: Vicco von Bülow (64), bei den Deutschen als **Loriot** beliebt, zeigt im März seinen ersten Spielfilm *Ödipussi* – die Komödie startet gleichzeitig in West- und Ostdeutschland.

600 Millionen Fernsehzuschauer erleben im Juni ein **Solidaritätskonzert** zum 70. Geburtstag von **Nelson Mandela** mit. Im Londoner Wembley-Stadion treten **George Michael**, **Whitney Houston** und andere Weltstars auf. Der schwarze Bürgerrechtler, von US-Präsident **Ronald Reagan** als »Terrorist« bezeichnet, sitzt seit 1964 in Kapstadt im Gefängnis.

WISSENSCHAFT & TECHNIK

Im April wird zum ersten Mal ein gentechnisch verändertes Tier patentiert: US-Wissenschaftler haben der **Gen-Maus,** auch **Krebs-Maus** genannt, ein menschliches Brustkrebsgen eingepflanzt, damit sie einen Tumor entwickelt. (Der davon erhoffte Fortschritt in der Krebsforschung bleibt jedoch aus).

So schnell war noch kein Schienenfahrzeug: Der deutsche **InterCityExperimental,** ein Vorläufer des ICE, stellt am 1. Mai mit einer Geschwindigkeit von 406,9 km/h einen neuen Weltrekord auf.

Im November wird der erste **Computerwurm** für das Internet programmiert und in Umlauf gebracht. Er legt rund 6000 Rechner lahm – etwa ein Zehntel des gesamten Netzes.

ALLTAG & VERSCHIEDENES

Bei einer Flugshow auf dem US-Luftwaffenstützpunkt in **Ramstein** (Rheinland-Pfalz) kollidieren drei italienische Düsenjäger. In der Feuerwalze der brennenden Trümmer sterben 70 Menschen.

Mit einer Bombe in einem unbegleiteten Koffer lässt der libysche Geheimdienst im Dezember eine US-amerikanische Boeing 747 über dem schottischen **Lockerbie** explodieren. Unter den 270 Toten sind elf Bewohner des Ortes.

Nach ihrem Tenniserfolg im vergangenen Jahr (⇨ 1987) siegt **Steffi Graf** (19) nun auch in **Wimbledon.**

Ihr erfolgreichstes Jahr erlebt die Eiskunstläuferin **Katarina Witt** (22) aus der DDR: Sie gewinnt Gold bei den **Olympischen Winterspielen** in **Calgary,** wird in Prag zum sechsten Mal hintereinander **Europameisterin** und in Budapest zum vierten Mal **Weltmeisterin.**

Eine Revolution im **Skispringen** löst der Schwede **Jan Boklöv** (20) beim Weltcup-Springen in Lake Placid aus: Anstatt die Ski parallel zu halten, siegt er mit dem von ihm erfundenen **V-Stil** – trotz Punktabzügen bei der Haltungsnote.

POLITIK & WIRTSCHAFT

Der »**Eiserne Vorhang**« bekommt Löcher. In **Ungarn** werden im Januar politische Parteien erlaubt, ab Mai lässt die Regierung den Stacheldraht an der Grenze zu Österreich entfernen. Zehntausende DDR-Bürger strömen im September über diesen Weg in den Westen.

In der **Sowjetunion** finden im März die ersten freien Wahlen statt.

In **Polen** wird die seit 1981 verbotene **Gewerkschaft Solidarität** (Solidarność) wieder zugelassen; Ende August entsteht die erste nicht kommunistische Regierung im Ostblock.

Am 30. September dürfen rund 6000 **DDR-Bürger** in den Westen **ausreisen,** die über Zäune auf das Gelände der BRD-Botschaften in Prag und Warschau geklettert waren. Immer mehr Menschen beteiligen sich in **Leipzig** an **Montagsdemonstrationen.** Im Oktober kommen rund 70 000 zusammen und rufen: »Wir sind das Volk!« Auf dem Ostberliner Alexanderplatz demonstrieren am 4. November eine Million Menschen für freie Wahlen und Meinungsfreiheit – das DDR-Fernsehen überträgt unzensiert.

Als sich am 9. November um 23.14 Uhr die Schlagbäume zwischen Ost- und Westberlin öffnen, staunt die Welt über den unerwarteten **Mauerfall.** Tausende Ostberliner besuchen spontan den Westteil der Stadt und werden jubelnd begrüßt.

In **China** zeigt das kommunistische Regime seine Brutalität: Auf dem **Platz des Himmlischen Friedens** in **Peking** rollen am 4. Juni Panzer gegen 100 000 Studenten an, die friedlich für Demokratie und Pressefreiheit demonstrieren. Es gibt 3600 Tote.

KUNST & KULTUR

Vier »Oscars« erhält der US-amerikanische Film *Rain Man* mit **Tom Cruise** (26) und **Dustin Hoffman** (51), der einen Autisten spielt.

In seiner spanischen Heimat stirbt der surrealistische Maler **Salvador Dalí** (84).

WISSENSCHAFT & TECHNIK

Meilenstein im Umweltschutz: Das **Montrealer Protokoll** tritt in Kraft. 197 Staaten verpflichten sich, weniger **FCKW** und andere Chemikalien zu verwenden, die die **Ozonschicht** angreifen; sie schützt die Erde vor gefährlicher UV-Strahlung.

Um mit Kollegen wissenschaftliche Ergebnisse auszutauschen, entwickelt der britische Physiker und Informatiker **Tim Berners-Lee** (34) am europäischen Forschungszentrum CERN bei Genf das **World Wide Web.**

Die japanische Firma Nintendo stellt ihren **Game Boy** mit dem Computerspiel **Tetris** vor. Von der Spielkonsole werden in den folgenden Jahren mehr als 118 Millionen Exemplare verkauft.

ALLTAG & VERSCHIEDENES

Am 26. April verliert die Bundeswehr im bayerischen Manching ihren 269. und letzten **Starfighter** (⇨ 1962). Damit ist fast jeder dritte der 916 Jets vom Typ Lockheed F-104 abgestürzt. 116 Piloten kamen im »Witwenmacher« ums Leben.

Als die Band Kaoma im Juni in Paris den Hit **»Lambada«** veröffentlicht, löst sie einen Boom aus: In ganz Europa bewegen sich Paare zu dem brasilianischen Tanz.

Zum ersten Mal werden in der Bundesrepublik mehr **CDs** verkauft (57 Millionen) als Langspielplatten (48 Millionen).

Am 30. November wird **Alfred Herrhausen** (59), Vorstandssprecher der Deutschen Bank, bei einem Bombenattentat ermordet; die Täter gehören vermutlich der dritten Generation der RAF an (⇨ 1970). Der Manager hatte einen Schuldenerlass für Entwicklungsländer und moralisches Handeln von Banken gefordert.

Zwei Deutsche gewinnen am 9. Juli ihr Tennis-Einzel-Endspiel in **Wimbledon:** Zuerst besiegt die 20-jährige **Steffi Graf** ihre Gegnerin **Martina Navrátilová** (32), dann schlägt **Boris Becker** (21) den Schweden **Stefan Edberg** (23).

Befreiung nach vier Jahrzehnten:

Der Mauerfall

Noch kurz zuvor war es undenkbar: Ein US-Präsident hält eine Rede an das sowjetische Volk – übertragen von Radio Moskau. Am Neujahrstag 1987 aber geschieht es. Als Ronald Reagan vor den russischen Mikrofonen den Wunsch nach Abrüstung äußert, ist dies ein weiterer Beweis für die neue Entspannungspolitik. Eingeleitet hat sie KP-Chef Michail Gorbatschow in seinem Land mit den Schlagworten »Perestroika« (Umbau) und »Glasnost« (Öffnung).

Als Reagan im Juni 1987 zur 750-Jahr-Feier Berlins den Westteil der Stadt besucht, fordert er vor dem Brandenburger Tor: »Mr. Gorbachev – open this gate! Mr. Gorbachev – tear down this wall!« (Öffnen Sie dieses Tor. Reißen Sie diese Mauer ab!) Zum ersten Mal wird spürbar, dass dies mehr sein könnte als reine Propagandarhetorik. Die Hoffnung wächst, als sich Reagan und Gorbatschow im Dezember 1987 in Washington treffen, wo sie beschließen, ihre Mittelstreckenraketen zu verschrotten.

Gorbatschow bereitet den Weg für die Auflösung des kommunistischen Ostblocks. In Ungarn entstehen demokratische Parteien, und im Mai 1989 lässt die ungarische Regierung ihre Sperranlagen zur Grenze nach Österreich abbauen. Das spricht sich in der DDR herum: Im Sommer 1989 fliehen mehr als zehntausend zumeist junge Ostdeutsche über Ungarn in den Westen. Andere DDR-Bürger suchen in Warschau, Budapest und Prag Zuflucht in bundesdeutschen Botschaften; Tausende dürfen nach Verhandlungen der west- und ostdeutschen Regierungen ausreisen.

Am 1. November findet in Ostberlin eine Massenkundgebung statt, auf der eine Million Menschen Meinungsfreiheit und freie

Wahlen fordern. Da die DDR gerade ihr 40-jähriges Bestehen feiert, sind viele internationale Kamerateams in der Stadt; wohl auch deshalb kommt es zu keiner Gewalt gegen die Demonstranten, von denen aber mehr als 1500 festgenommen werden. In Leipzig veranstalten Zehntausende Bürger Montagsdemonstrationen. Der Druck auf die DDR-Oberen steigt, im Oktober tritt Staatschef Erich Honecker (77) zurück, aus gesundheitlichen Gründen, wie es heißt.

Und dann passiert es: Die neue Regierung der DDR verkündet am 9. November gegen 19 Uhr auf einer live im Fernsehen übertragenen Pressekonferenz, dass die Grenzen zur Bundesrepublik und nach Westberlin offen seien. Ab sofort.

Tausende DDR-Bürger strömen daraufhin an die Berliner Grenzübergänge und besuchen Westberlin. Die Mauer ist gefallen, Ost- und Westberliner feiern miteinander.

Am nächsten Tag kommt der ehemalige Regierende Bürgermeister Berlins und Exbundeskanzler Willy Brandt (75) nach Berlin. Er sagt in einem Interview: »Jetzt wächst zusammen, was zusammengehört.«

An einem »runden Tisch« (der in Wirklichkeit U-förmig ist) diskutieren in den folgenden Wochen Vertreter der DDR-Regierung und oppositioneller Gruppen über die Zukunft. Anfangs sieht es so aus, als solle die DDR ein eigenständiger Staat bleiben. Doch immer häufiger ist die Parole »Deutschland, einig Vaterland« zu hören. Bundeskanzler Helmut Kohl (59) sagt in einer Rede, dass die DDR »unter das Dach Europas« gehöre.

Im Oktober 1990 ist Deutschland wiedervereint, 41 Jahre nach der Teilung. Und nach 241 Toten an der deutsch-deutschen Grenze. 77 von ihnen starben an der Berliner Mauer: »Wir haben jetzt einen Staat, den wir selbst nicht mehr als provisorisch ansehen«, erklärt Bundespräsident Richard von Weizsäcker, »und dessen Identität und Integrität von unseren Nachbarn nicht mehr bestritten wird.«

POLITIK & WIRTSCHAFT

Der bekannteste Häftling der Welt kommt frei: Nach 27 Jahren wird im Februar Südafrikas Anti-Apartheid-Führer **Nelson Mandela** (71) aus der Haft entlassen. Seine Partei, der African National Congress (ANC), ist nicht länger verboten.

Den Deutschen verhilft Staatschef **Michail Gorbatschow** zur Wiedervereinigung – sein eigenes Reich zerfällt: Als erste Republik löst sich im März **Litauen** von der Sowjetunion, später verkünden **Estland, Lettland** und die **Ukraine** ihre Unabhängigkeit. Und im Juni **Russland.**

Truppen aus dem **Irak** überfallen am 2. August den winzigen Nachbarstaat **Kuwait.** Der ist reich und hat Zugang zum Meer – zwei Verlockungen für den Diktator **Saddam Hussein** (53).

Helmut Kohl (60) wird Kanzler der Einheit: Außenminister **Hans-Dietrich Genscher** (63) und er holen die Zustimmung von Gorbatschow und den Westmächten für den Beitritt der DDR zur Bundesrepublik ein. Am 3. Oktober feiern Hunderttausende in Berlin die **Wiedervereinigung.** Schon zwei Monate später finden die ersten gesamtdeutschen Wahlen statt (43,8 % für CDU/CSU, 11 % für die FDP; sie bilden erneut eine Regierungskoalition).

Eine Geisteskranke sticht im April mit einem Messer auf den SPD-Kanzlerkandidaten **Oskar Lafontaine** (46) ein; im Oktober schießt ein psychisch Gestörter auf Innenminister **Wolfgang Schäuble** (48, CDU), der seitdem querschnittsgelähmt ist.

KUNST & KULTUR

Für 82,5 Millionen Dollar versteigert Christie's in New York das 1890 von **Vincent van Gogh** gemalte *Porträt des Dr. Gachet* – das teuerste Bild der Welt.

Der Liebesfilm *Pretty Woman* macht die US-Schauspielerin **Julia Roberts** (22) weltberühmt. Sie bildet mit ihrem Kollegen **Richard Gere** (40) das Traumpaar des Jahres.

WISSENSCHAFT & TECHNIK

In der Öffentlichkeit ist das **Internet** noch unbekannt. Nur die US-Streitkräfte und Universitäten nutzen es, darunter auch einige in Deutschland. In diesem Jahr wird es für die Öffentlichkeit freigegeben.

Auch der **Mobilfunk** wird nur von wenigen Menschen genutzt. Die 170 000 in der Bundesrepublik zugelassenen Geräte (Motorola, Siemens, Philips, AEG, Nokia, keine asiatischen Hersteller) befinden sich überwiegend in Autos der Oberklasse. Sie wiegen zwei bis fünf Kilo. Der Trend geht zu handlichen 700-Gramm-Telefonen, die aber 7000 Mark kosten. Hinzu kommt für alle Mobiltelefone eine hohe monatliche Grundgebühr von 120 DM. Der Empfang ist außerhalb der Ballungsräume oft schlecht; er wird besser, wenn man die Autotelefone an die Bordantenne anschließt. Die Firma Bosch nennt ihr Modell C9 »**Handy**«.

ALLTAG & VERSCHIEDENES

So viel »oben ohne« im Fernsehen gab es noch nie: Im Januar sorgt die RTL-Erotik-Spielshow *Tutti Frutti* für Aufregung.

Die DDR-Bürger freuen sich am 1. Juli über die **Währungsunion:** Sie können die Ostmark im Verhältnis 1:1 in Westmark umtauschen (bis zu einer altersabhängigen Obergrenze von z. B. 4000 DM). Schnell füllen sich die ostdeutschen Läden mit Waren aus dem Westen. Mancher Ostdeutsche wird Opfer von Geschäftemachern aus den alten Bundesländern, die minderwertige Gebrauchtwagen oder andere Produkte zu stark überhöhten Preisen verkaufen.

8. Juli, Italien: **Deutschland** besiegt im Endspiel der **Fußball-WM** den Titelverteidiger Argentinien mit 1:0 (Elfmeter) und wird zum dritten Mal **Weltmeister.** Bei der Abschlussfeier in Rom treten zum ersten Mal gemeinsam **Die drei Tenöre** auf: **Luciano Pavarotti** (54), **Plácido Domingo** (49) und **José Carreras** (43).

POLITIK & WIRTSCHAFT

Dem Jubel über die Wiedervereinigung folgt die Ernüchterung. Mehr als 8000 staatliche Betriebe müssen in Ostdeutschland privatisiert werden, viele sind veraltet und nicht wettbewerbsfähig. Die von der **Treuhandanstalt** vermittelten neuen Besitzer entlassen meist den größten Teil der Belegschaft – die **Arbeitslosigkeit** in der Ex-DDR steigt bis zum Jahresende auf eine Million.

Ende Januar beginnt die »Operation Wüstensturm«: Mit Zustimmung der Vereinten Nationen (**UN**) bombardieren Kampfjets aus den USA, Großbritannien, Saudi-Arabien und Kuwait Ziele im **Irak;** später folgen Bodentruppen. Am 27. Februar ist Kuwait zurückerobert (⇨ 1990) und der **Zweite Golfkrieg** beendet. **Saddam Hussein** (53) bleibt aber an der Macht.

In **Russland** wird im Juni der Radikalreformer **Boris Jelzin** (60) zum Präsidenten gewählt. **Michail Gorbatschow** (60) versucht vergeblich, die Einheit der UdSSR zu erhalten. Im Dezember schließen sich Russland und andere ehemalige Sowjetrepubliken zur »Gemeinschaft Unabhängiger Staaten« (**GUS**) zusammen.

Bonn oder **Berlin:** Über die Frage, von wo aus Deutschland in Zukunft regiert werden soll, wird im **Bundestag** (in Bonn) leidenschaftlich diskutiert. Am 20. Juni fällt die Entscheidung mit 337 zu 320 Stimmen für Berlin.

KUNST & KULTUR

Eine Hommage an die Kultur der Indianer: Der Western *Der mit dem Wolf tanzt* von **Kevin Costner** (36, Regie und Hauptrolle) bekommt sieben »Oscars«.

Im Dezember empfängt Gorbatschow in Moskau die Rockband **Scorpions** aus Hannover. Ihr Hit »Wind of Change« gilt als Hymne der Wende und des politischen Wandels in Europa.

Freddie Mercury (45), überragender Sänger der britischen Band Queen, stirbt an Aids.

WISSENSCHAFT & TECHNIK

Am 30. April läuft in Zwickau der letzte **Trabi** (⇨ 1957) vom Band. Gegen die neue Konkurrenz moderner Autos aus West und Fernost hat er keine Chance mehr. Die fast 12 000 Beschäftigten des Trabant-Werks verlieren ihre Arbeit, ein Viertel von ihnen wird von VW übernommen.

Ins Rollen kommt dagegen der **ICE:** »250 Spitze. Entspannung serienmäßig.« So wirbt die Bahn für ihre neuen Hochgeschwindigkeitszüge, die ab Ende Mai nicht nur mehr Tempo, sondern auch mehr Platz sowie Klimaanlagen und Telefonzellen bieten. Der Andrang ist groß – auch auf die Toiletten, die schnell verstopfen und für Ärger sorgen.

Ein deutsches Ehepaar macht am 19. September bei einer Bergwanderung in den Ötztaler Alpen an der Grenze von Österreich und Italien eine sensationelle Entdeckung: Tauwetter hat eine über 5000 Jahre alte **Mumie** freigelegt, die bisher geschützt unter dem Eis lag. Der ungewöhnlich gut erhaltene »**Ötzi**« wird zahlreiche Forscher noch jahrelang beschäftigen.

ALLTAG & VERSCHIEDENES

Der erste gesamtdeutsche *Duden* erscheint. Das Wörterbuch enthält ostdeutsche Begriffe wie Broiler (Grillhähnchen), Plaste (Plastik) und Kombine (Erntemaschine), die manchem Bundesbürger unbekannt sind. Zum »Wort des Jahres« wählt die Gesellschaft für deutsche Sprache den »**Besserwessi**« (Besserwisser + Wessi) – die Bezeichnung für einen Westdeutschen, der im Osten arrogant und belehrend auftritt.

Den diesjährigen **Friedensnobelpreis** erhält die Oppositionspolitikerin **Aung San Suu Kyi** (46); sie setzt sich in ihrer Heimat **Birma (Myanmar)** trotz permanenter Bedrohung gewaltlos für die Demokratie ein. Da sie unter Hausarrest steht, kann sie die Auszeichnung nicht selbst entgegennehmen.

POLITIK & WIRTSCHAFT

Jugoslawien zerfällt. Die EG erkennt im Januar **Kroatien** und **Slowenien** als neue Staaten an, **Bosnien-Herzegowina** erklärt im März seine Unabhängigkeit. **Serbien** hält jedoch an einem starken Jugoslawien fest, führt **Krieg** gegen Kroatien und belagert im Juli die bosnische Hauptstadt **Sarajevo;** die UNO richtet eine Luftbrücke ein, um die Bevölkerung zu versorgen. Rund 100 000 nicht serbische Gefangene befinden sich in Lagern in Bosnien – serbische Extremisten betreiben eine **»ethnische Säuberung«.**

Auf der Baustelle **Europa** geht es voran. Im Vertrag von **Maastricht** legen Vertreter der zwölf **EG**-Staaten fest, aus der Europäischen Gemeinschaft eine **Europäische Union** (**EU**) zu machen – mit gemeinsamer Außen- und Sicherheitspolitik sowie einer Wirtschafts- und Währungsunion.

Fremdenfeindlichkeit ist das Motiv für rund 700 **Brandanschläge** von Rechtsradikalen, bei denen in Deutschland in diesem Jahr 17 Menschen sterben, darunter zwei türkische Mädchen (10, 14) in **Mölln.** Bei einem Anschlag auf ein überfülltes **Asylbewerberheim** in **Rostock-Lichtenhagen** feuern biedere Bürger die jugendlichen Täter an, die Polizei zieht sich zurück. Anfang Dezember demonstrieren in München 400 000 Menschen mit einer **Lichterkette** gegen Hass und Ausländerfeindlichkeit.

KUNST & KULTUR

600 000 Besucher kommen zur »**documenta IX**« nach Kassel. Die Ausstellung internationaler Gegenwartskunst findet alle fünf Jahre statt.

»I will always love you«, singt **Whitney Houston** (29) mit glasklarer Stimme und verkauft damit zehn Millionen Singles.

Der Thriller *Das Schweigen der Lämmer* bekommt fünf »Oscars«; zwei davon für die Hauptdarsteller **Jodie Foster** (29) und **Anthony Hopkins** (54).

WISSENSCHAFT & TECHNIK

Fortschritt beim **Mobilfunk:** Im Juli startet in Deutschland das digitale **D-Netz.** Zwei Betreiber teilen sich den Markt, die Deutsche Telekom (D1) und Mannesmann (D2). Da sich auch andere Länder beteiligen, können Besitzer von **Handys** nun auch ins Ausland telefonieren. Ein Mobiltelefon kostet mehr als 2500 Mark, das bisherige C-Netz hat 700 000 Kunden.

»Merry Christmas«: So lautet die erste Textnachricht, die als **SMS** auf einem Handy empfangen wird. Der Software-Entwickler **Neil Papworth** (22) tippt sie am 3. Dezember in einen Computer und schickt sie durch das britische Vodafone-Netz – an einen Kollegen auf einer Weihnachtsfeier (⇨ 2012).

ALLTAG & VERSCHIEDENES

Ehemalige DDR-Bürger dürfen seit Jahresbeginn in Ostberlin ihre **Stasi-Akten** einsehen. Viele sind erschüttert: Unter den insgesamt rund 100 000 inoffiziellen Mitarbeitern, **IM** genannt, befinden sich Freunde, Kollegen, Angehörige und sogar Ehepartner.

In Paris stirbt **Marlene Dietrich** (90). Die Schauspielerin, die in Berlin als Maria Magdalena Dietrich auf die Welt kam und in Hollywood zum Weltstar wurde, lebte seit 1975 vollkommen zurückgezogen (⇨ 1930).

Steffi Graf (23) gewinnt zum vierten Mal in Wimbledon. Zwei andere Deutsche freuen sich über ihren ersten großen Erfolg: Formel-1-Rennfahrer **Michael Schumacher** (23) siegt beim Großen Preis von Belgien, und die Berliner Schwimmerin **Franziska van Almsick** (14) gewinnt bei den **Olympischen Spielen** in **Barcelona** Silber (200 Meter Freistil).

Im August richtet der **Hurrikan Andrew** im Süden der USA und in der Karibik Schäden von mehr als 26 Milliarden US-Dollar an; damit ist er der teuerste Wirbelsturm im 20. Jahrhundert. 65 Menschen sterben.

POLITIK & WIRTSCHAFT

Ende nach 75 Jahren: Die seit 1918 bestehende Tschechoslowakei löst sich auf. An ihre Stelle treten im Januar die **Slowakei** und die **Tschechische Republik;** hier wird der ehemalige Bürgerrechtler **Václav Havel** (56) zum Präsidenten gewählt.

Im **ehemaligen Jugoslawien** nehmen die Konflikte zwischen den Bevölkerungsgruppen dramatisch zu. Kroaten und Muslime, die bisher gemeinsam gegen die Serben gekämpft haben, schießen jetzt aufeinander. In **Bosnien** wollen die Muslime einen Vielvölkerstaat, die Kroaten den Anschluss an Kroatien. In der bosnischen Stadt **Mostar** werden Muslime aus ihren Häusern vertrieben, in die nun Kroaten einziehen. Der Hass der Opfer ist umso größer, als die Täter oft ehemalige Nachbarn oder Kollegen sind. Im Mai erklärt der UN-Sicherheitsrat mehrere bosnische Städte zu **Schutzzonen** der Vereinten Nationen.

Nach der Fusion der beiden deutschen Stahlriesen **Krupp** und **Hoesch** wird die Stilllegung des Stahlwerks **Duisburg-Rheinhausen** bekanntgegeben. Proteste der Stahlarbeiter haben keinen Erfolg. Ebenso wenig wie ein 45-tägiger Hungerstreik von Arbeitern im ostdeutschen Bischofferode, der sich gegen die Schließung eines Kalibergwerks richtet.

Bei einem **Brandanschlag** auf ein von Türken bewohntes Haus in **Solingen** kommen am 29. Mai zwei junge Frauen und drei Mädchen (4, 9, 12) ums Leben. Die rechtsradikalen Täter werden später gefasst und verurteilt.

KUNST & KULTUR

Im September startet *Jurassic Park* in den deutschen Kinos und wird so erfolgreich wie kein Film vor ihm. Um die Leinwand-Dinosaurier realistisch erscheinen zu lassen, hat US-Regisseur **Steven Spielberg** (45) auch die Technik der **Computeranimation** eingesetzt.

WISSENSCHAFT & TECHNIK

Die US-Amerikaner **Eric Bina** (28) und **Marc Andreessen** (21) stellen den ersten vollwertigen **Internet-Browser** vor: NCSA Mosaic. Bisher konnten Browser nur Schrift darstellen, Bilder mussten extra heruntergeladen werden. Jetzt lassen sich Texte, Bilder und Töne unterschiedlicher Dateiformate gemeinsam in einem Fenster anzeigen.

Das D-Netz (⇨ 1992) lässt den deutschen **Mobilfunkmarkt** explodieren. Allein im Dezember werden rund 70 000 Handys verkauft. Günstige Geräte gibt es für unter 700 Mark, aber die Gebühren erreichen im Monat schnell 200 Mark.

Der **Schiefe Turm von Pisa** neigt sich immer mehr und ist seit 1990 für Besucher gesperrt. 600 Tonnen Blei als Gegengewicht sollen ihn stabilisieren (⇨ 2001).

ALLTAG & VERSCHIEDENES

Mitglieder der islamistischen Terrorgruppe **al-Qaida** zünden am 26. Februar in der Tiefgarage des New Yorker **World Trade Center** eine Bombe, die sechs Menschen tötet und rund 1000 verletzt. Das Gebäude wird in den unteren Etagen stark beschädigt. Die sechs Täter werden bis 1997 gefasst.

In Deutschland gelten ab dem 1. Juli die neuen fünfstelligen **Postleitzahlen.** Seit der Wiedervereinigung musste den alten vierstelligen Zahlen ein O (Ost) oder ein W (West) vorangestellt werden, um Verwechslungen zu vermeiden (z. B. zwischen Kiel und Stralsund: beide 2300). Jeder Haushalt erhält kostenlos ein dickes **Postleitzahlenbuch.**

Erneut sind deutsche Sportler erfolgreich: Boxer **Henry Maske** (29) wird im März Weltmeister im Halbschwergewicht, und **Steffi Graf** (24) siegt zum fünften Mal in Wimbledon. Schwimmstar **Franziska van Almsick** (»Franzi«) stellt drei Weltrekorde auf und gewinnt bei der Europameisterschaft im britischen Sheffield sechsmal Gold.

Grenzenlose Kommunikation für alle:

Das Internet

Die Erfindung des Internets ist eine technische Revolution, die die ganze Welt verändert hat. Doch ihre Erfinder ahnten nicht, wie umwälzend ihre Ideen sein würden. Sie setzten einen Schritt vor den anderen, hatten eher kleine Ziele als ein großes, und sie ließen sich mehrere Jahrzehnte lang Zeit. Mit zwei Computern in zwei US-amerikanischen Forschungseinrichtungen an unterschiedlichen Orten fing alles an.

Am 29. Oktober 1969 stellen Techniker mithilfe einer Telefonleitung zwischen den beiden Rechnern eine Verbindung her und schicken von Bildschirm zu Bildschirm drei Buchstaben. Zuerst ein L, dann ein O – und als der dritte Buchstabe, ein G, losgeschickt wird, stürzt einer der beiden Großrechner ab.

Die beiden Computer sind die ersten, die miteinander »vernetzt« worden sind. Weitere Universitäten und Forschungsinstitute schließen ihre Rechner an das Netz mit dem Namen Arpanet an, um untereinander wissenschaftliche Informationen austauschen zu können. Auch das Militär nutzt das Arpanet.

1971 verschickt der amerikanische Elektrotechniker Ray Tomlinson in dem Netz die erste E-Mail. Damit der sendende und der empfangende Computer verstehen, womit sie gefüttert werden, setzt der 30-Jährige das @-Symbol ein, das Rechner und Adressaten voneinander trennt. Die Bedeutung dieser Erfindung erkennt anfangs niemand. »Erzähl das keinem – das ist nicht das, woran wir arbeiten sollen«, meint ein Kollege, dem Tomlinson eine E-Mail zeigt.

Erst 1974 taucht zum ersten Mal der Name Internet auf, eine Abkürzung für Interconnected Networks (verbundene Netzwerke).

Nicht nur US-amerikanische Computer sind im Internet miteinander verbunden, sondern über Tiefseekabel und Satelliten auch Rechner auf anderen Kontinenten.

Ab 1990 steht das Internet auch der Allgemeinheit zur Verfügung. Anfangs eher theoretisch, ab 1993 in der Praxis, weil nun der erste Web-Browser (mit dem Namen Mosaic) zum kostenlosen Download angeboten wird. Dennoch dauert es, bis das Internet zum Massenphänomen wird. 1997 können erst sechs Millionen Computer miteinander Kontakt aufnehmen.

Heute gehört das Internet weltweit zur technischen Grundausstattung wie Telefon und Fernsehen. Die Zeit, die User in Deutschland durchschnittlich pro Tag im Netz verbringen, ist von einer Dreiviertelstunde im Jahr 2003 auf eine Stunde und 48 Minuten im Jahr 2013 gestiegen.

Die intensive Nutzung bleibt nicht ohne Folgen. Untersuchungen haben gezeigt, dass Menschen, die häufig Informationen im Internet suchen, sich weniger Fakten merken können (auch dann nicht, wenn sie dazu aufgefordert werden). Es ist ja auch nicht nötig – jeder kann im Netz jederzeit alles finden. So bleibt der Kopf frei für andere Dinge, zum Beispiel für Videospiele: Sie können die Reaktionsfähigkeit verbessern und die Aufmerksamkeit schärfen, wie Studien ebenfalls gezeigt haben.

Und noch etwas hat sich verändert: Vorbei sind die Zeiten, in denen Eltern in jedem Fall mehr wussten als ihre Kinder. Im digitalen Zeitalter sind es nicht die Erwachsenen, die dem Nachwuchs die Welt erklären, sondern häufig ist es umgekehrt: Viele Mütter und Väter haben erst von ihren halbwüchsigen Söhnen oder Töchtern gezeigt bekommen, wie man mit Computer oder Smartphone umgeht.

POLITIK & WIRTSCHAFT

Die **Europäische Union** wächst. Im März treten ihr **Schweden, Finnland** und **Österreich** als neue Mitglieder bei; 15 Staaten sind jetzt in der EU. Die Bürger Norwegens lehnen in einer Abstimmung mit 52,2 Prozent einen Beitritt ab.

Die ersten freien Wahlen in **Südafrika:** Beinahe endlose Schlangen bilden sich im April vor den Wahllokalen. Stärkste Partei wird der **ANC** mit **Nelson Mandela.** Der 75-Jährige wird im Mai erster schwarzer Präsident des 40-Millionen-Einwohner-Landes.

Israels Premierminister **Jitzchak Rabin** (72) und PLO-Chef **Jassir Arafat** (64) unterzeichnen im Mai ein Abkommen, das den **Palästinensern** die Selbstverwaltung im **Gazastreifen** und in der Stadt **Jericho** zugesteht.

Im afrikanischen **Ruanda** flammen alte Konflikte zwischen den Bevölkerungsgruppen der **Hutu** und der **Tutsi** wieder auf. Bei Massakern an den Tutsi sterben rund 500 000 Menschen; später fliehen mehr als 1,5 Millionen Angehörige der Hutu aus Angst vor Rache ins Nachbarland Zaire.

KUNST & KULTUR

Bill Gates (39), Inhaber des US-Software-Unternehmens **Microsoft,** kauft für 30,8 Millionen Dollar den *Codex Leicester,* der damit zum **teuersten Buch der Welt** wird. Es besteht aus gebundenen Blättern mit Skizzen und Notizen von **Leonardo da Vinci** (1452–1519).

US-Regisseur **Steven Spielberg** (47) beeindruckt das Kinopublikum mit seinem bewegenden Holocaust-Drama *Schindlers Liste;* kurz nachdem der Film im März in Deutschland startet, wird er mit sieben »Oscars« ausgezeichnet. Der erfolgreichste Film des Jahres ist aber *Forrest Gump* mit **Tom Hanks** (38) – allein in Deutschland sehen ihn 7,6 Millionen Zuschauer.

Am 3. Oktober stirbt Deutschlands beliebter Schauspieler **Heinz Rühmann** (92).

WISSENSCHAFT & TECHNIK

In einem Fernsehinterview verkündet die Amtstierärztin **Margrit Herbst** (53), dass in Schleswig-Holstein offenbar mehrere geschlachtete Kühe von der **Rinderseuche BSE** befallen seien. Politiker und Fleischproduzenten wiegeln ab, anstatt aufzuklären – und die Veterinärmedizinerin verliert ihre Stelle (⇨ 2000).

Sechs Jahre lang wurde gebohrt, jetzt ist es so weit: Am 6. Mai wird der 50 Kilometer lange **Tunnel** unter dem **Ärmelkanal** eingeweiht. Zwischen Frankreich und England können nun Züge verkehren.

Das **Internet** beginnt seinen Siegeszug. Es hat sich aus der Nische der Universitäten und Forschungseinrichtungen gelöst. Erste Hotels lassen sich online buchen, Werbung und Pornos tauchen im Netz auf. Die neue US-amerikanische Firma **Yahoo** bietet einen Überblick über die immer zahlreicher werdenden Webadressen und hat im Herbst eine Million Anfragen.

Neues auch im **Mobilfunk:** In Deutschland wird der Kurznachrichtendienst **SMS** eingeführt (Short Message Service, ⇨ 1992, 2012).

ALLTAG & VERSCHIEDENES

Eine halbe Stunde nach Mitternacht sinkt am 28. September vor der Küste Südfinnlands in schwerem Sturm die estnische Fähre **Estonia.** Ursache ist eine offene oder abgerissene Bugklappe. Viele Passagiere werden im Schlaf überrascht – 918 kommen ums Leben, nur 137 werden gerettet.

Im April gelingt es der Polizei in Berlin, den seit Jahren flüchtigen **Kaufhaus-Erpresser »Dagobert«** festzunehmen. Der Tüftler **Arno Funke** (44) hatte mit selbst gebastelten Sprengsätzen unter anderem den Karstadt-Konzern erpresst und war den Fahndern immer wieder entkommen, zum Beispiel durch einen Gully.

Michael Schumacher (25) wird als erster Deutscher Formel-1-Weltmeister.

POLITIK & WIRTSCHAFT

Gute Nachricht für Reisende: Zwischen sieben EU-Staaten fallen Ende März die **Grenzkontrollen** weg (Deutschland, Niederlande, Belgien, Luxemburg, Frankreich, Portugal, Spanien) – dank dem **Schengener Abkommen.** Polizei und Zoll verstärken aber die Kontrollen an den Außengrenzen zu den östlichen Nachbarländern.

Im Juli verüben bosnische Serben tagelang an mehreren Plätzen nahe der bosnischen Stadt **Srebrenica** ein **Massaker** an 7800 muslimischen Jungen und Männern. Obwohl sich Täter und Opfer in einer **UN-Schutzzone** befinden, greifen die **Blauhelm-Soldaten** nicht ein. Im November endet nach Verhandlungen der Bürgerkrieg zwischen den verfeindeten Volksgruppen im ehemaligen Jugoslawien (Daytoner Abkommen).

Ein 25-jähriger jüdischer Extremist ermordet am 4. November in Tel Aviv den israelischen Ministerpräsidenten **Jitzchak Rabin** (73), der auf einer Kundgebung für die Versöhnung mit den Palästinensern geworben hatte. Zur Trauerfeier kommen Politiker aus der ganzen Welt; Rabins 18-jährige Enkeltochter **Noa** hält eine bewegende Rede.

KUNST & KULTUR

Das Kunstereignis des Jahres ist die **Verhüllung des Reichstags** in Berlin. Zwei Jahrzehnte lang hat der bulgarisch-amerikanische Künstler **Christo** (60) geplant und gegen Widerstände gekämpft, bis er nach einer Abstimmung im Bundestag grünes Licht bekam. Selbst danach gab es bürokratische Hürden, sogar Morddrohungen. Doch als Christo, seine Frau **Jeanne-Claude** (60) und Helfer den geschichtsträchtigen Bau Ende Juni mit silbern schimmernden Planen verhüllen, kommen fünf Millionen Besucher und sind begeistert. Selbst die sonst so aktiven Berliner Grafittisprayer lassen das Kunstwerk unversehrt.

WISSENSCHAFT & TECHNIK

Ende August bringt der Software-Hersteller Microsoft das Betriebssystem **Windows 95** auf den Markt. Es findet reißenden Absatz und wird in den ersten drei Monaten 45 Millionen Mal verkauft. Den Besitzern eröffnet es auch den Weg ins **Internet** – dessen faszinierende Erkundung erleichtert im Dezember die **Suchmaschine** AltaVista.

Der **Mobilfunk** wird dank eines gut ausgebauten Netzes und sinkender Preise immer attraktiver. Rund 3,7 Millionen Handynutzer sind inzwischen angemeldet (zum Vergleich: 2004 werden es 71 Millionen sein).

ALLTAG & VERSCHIEDENES

Im Januar richtet ein **Erdbeben** in der japanischen Stadt **Kobe** verheerende Schäden an. Straßen und Brücken knicken ein, mehr als 60 000 Gebäude werden zerstört und weitere beschädigt. Da nicht genug Löschwasser zur Verfügung steht, breiten sich zahlreiche Brände aus. Bilanz: mehr als 4500 Tote und 300 000 Obdachlose.

Am 24. April startet am Atomkraftwerk Philippsburg (Baden-Württemberg) der erste deutsche **Castor-Transport** mit Atommüll. Am nächsten Tag erreicht er das umstrittene Zwischenlager im norddeutschen **Gorleben.** 4000 Demonstranten im niedersächsischen Wendland, unter ihnen viele Bauern, versuchen vergeblich, den Transport aufzuhalten.

Nachdem die Umweltschutzorganisation **Greenpeace** bekannt gibt, dass der Ölkonzern **Shell** die ausgediente Bohrinsel **Brent Spar** im Atlantik versenken will, beteiligen sich im Sommer Millionen Autofahrer an einem Boykottaufruf. Shell verliert fast die Hälfte seines Umsatzes – und verspricht, die Bohrinsel an Land zu entsorgen.

Steffi Graf (26) siegt im Juli zum sechsten Mal in Wimbledon, und **Michael Schumacher** (26) wird im Oktober zum zweiten Mal Formel-1-Weltmeister.

POLITIK & WIRTSCHAFT

Härtere Zeiten für Arbeitnehmer: Die Bundesregierung (CDU/CSU, FDP) kürzt **Sozialleistungen.** Für Kranke beträgt die sechswöchige **Lohnfortzahlung** künftig nur noch 80 Prozent des Normallohns (statt 100); **Kuren** werden verkürzt und nur noch alle vier Jahre bewilligt (statt alle drei). Ein gelockerter **Kündigungsschutz** für Kleinbetriebe soll diese motivieren, neue Mitarbeiter einzustellen. Im Februar gibt es in Deutschland **4,27 Millionen Arbeitslose** – Nachkriegsrekord.

Ende September erobern in **Afghanistan** die radikal-islamistischen **Taliban** die Hauptstadt Kabul. Sie töten den bisherigen Präsidenten und errichten ein strenges Regime, in dem Frauen nicht arbeiten und Mädchen keine Schulen besuchen dürfen.

Anfang November wird US-Präsident **Bill Clinton** (50) mit deutlichem Vorsprung vor zwei Gegenkandidaten wiedergewählt.

Ebenfalls im November geht die **Deutsche Telekom** an die Börse. Mehr als 700 Millionen Aktien finden Käufer, vor allem Kleinanleger. Da der Kurs zunächst schnell steigt, werden zahlreiche Deutsche vom Börsenfieber erfasst. Chefmanager **Ron Sommer** (47) kann rund zehn Milliarden Mark in der Firmenkasse verbuchen.

KUNST & KULTUR

Schock für Millionen Fans: Die Boygroup **Take That** verkündet ihre Trennung. Am 4. April gibt sie in Amsterdam ihr letztes gemeinsames Konzert. Sänger **Robbie Williams** (22) hat die Band schon im Vorjahr verlassen (⇨ 2005).

Ein ungewöhnliches Kulturereignis findet im Oktober in Berlin auf Europas größter Baustelle statt: Zum Richtfest am **Potsdamer Platz** bewegen sich 19 Baukräne fünf Minuten lang zu Beethovens »Ode an die Freude« – fähnchenschwingender Regisseur beim **Kranballett** ist der Stardirigent **Daniel Barenboim** (53).

WISSENSCHAFT & TECHNIK

Zum ersten Mal schlägt ein Computer einen amtierenden Schachweltmeister: Der von **IBM** entwickelte Rechner **Deep Blue** gewinnt am 10. Februar eine Partie gegen den Russen **Garri Kasparow** (32).

Im Juli wird in Schottland das erste **geklonte Säugetier** geboren. Das Schaf **Dolly** hat keinen Vater, sondern drei Mütter: Einer genetischen Mutter wurde eine Körperzelle entnommen; ihren Kern hat man in die Eizelle einer Spendermutter verpflanzt; einer Leihmutter wurde dann diese Eizelle eingesetzt, damit sie Dolly auf die Welt bringt. Das **Klonschaf** ist identisch mit der genetischen Mutter.

Um die auch auf den Menschen übertragbare Seuche **BSE (»Rinderwahnsinn«)** einzudämmen, zwingt die EU im April Großbritannien, vier Millionen Rinder zu töten und zu vernichten.

ALLTAG & VERSCHIEDENES

Beim Absturz einer Boeing 757 der türkischen Fluglinie Birgenair über der **Dominikanischen Republik** sterben im Februar alle 189 Menschen an Bord, darunter 164 Deutsche.

Im März wird der Hamburger Millionenerbe und Mäzen **Jan Philipp Reemtsma** (43) entführt. Nach 33 Tagen und einer Zahlung von 30 Millionen Mark Lösegeld lassen die drei Täter ihn frei. Sie werden später gefasst.

In **Düsseldorf** entsteht im April bei Schweißarbeiten ein Brand im **Flughafen,** bei dem 17 Menschen ums Leben kommen. Später stellt sich heraus: Es fehlten Sprinkleranlagen und Notausgänge.Im Finale der **Fußball-EM** in England besiegt die deutsche Mannschaft unter Trainer **Berti Vogts** (49) die Tschechische Republik. **Oliver Bierhoff** (28) erzielt in der Verlängerung das 2:1, womit das Spiel nach der Golden-Goal-Regel entschieden ist.

Steffi Graf (27) siegt zum siebten (und letzten) Mal in Wimbledon (⇨ 1988).

POLITIK & WIRTSCHAFT

Wirtschaftskrise: Immer mehr deutsche Firmen verlagern ihre Produktion nach Osteuropa, wo die Löhne niedriger sind. Im Februar werden in der Bundesrepublik 4,67 Millionen **Arbeitslose** gezählt – neuer Nachkriegsrekord. Bundespräsident **Roman Herzog** (63, CDU) mahnt Ende April in einer Rede, dass es Reformen geben müsse, auch in den Köpfen: »Durch Deutschland muss ein Ruck gehen.« Herzogs **»Ruck-Rede«** wird zum Medienthema.

In Großbritannien wird Labour-Chef **Tony Blair** (44) neuer Premierminister – der jüngste seit mehr als 200 Jahren. Er löst die Konservativen ab, die 18 Jahre lang regiert haben.

Die knapp sechs Millionen Einwohner von **Hongkong** leben ab dem 1. Juli nicht mehr in einer britischen Kronkolonie (von einem Gouverneur verwaltet, aber zur Krone Großbritanniens gehörend): Hongkong wird an **China** übergeben. Die chinesische Regierung will den besonderen Status (Kapitalismus, Meinungsfreiheit) 50 Jahre lang unangetastet lassen.

KUNST & KULTUR

Mit neun »Oscars« wird der am Ende des Zweiten Weltkriegs spielende Film *Der englische Patient* des britischen Regisseurs **Anthony Minghella** (43) ausgezeichnet.

Zum weltweiten Song des Jahres wird »Candle in the Wind«, die Hymne des britischen Sängers und Komponisten **Elton John** (50) zum Tod von Lady Diana (⇨ rechte Seite). Er sang das Lied schon 1973, damals (mit anderem Text) auf Marilyn Monroe gemünzt.

Wände aus glänzendem Metall, gekippte Räume, abgewinkelte Ebenen: Das vom US-Architekten **Frank O. Gehry** (68) entworfene **Guggenheim-Museum** für moderne Kunst im spanischen **Bilbao** wirkt bei seiner Eröffnung selbst wie ein Kunstwerk, wie eine riesige Skulptur. Der Bau ist eines von sieben weltweiten Guggenheim-Museen.

WISSENSCHAFT & TECHNIK

Blamage für **Mercedes-Benz:** Beim sogenannten »**Elchtest**« in Schweden (der das Ausweichen vor einem plötzlich auftretenden Hindernis simuliert, dem »Elch«) kippt ein Exemplar der neuen **A-Klasse** um. Der Hersteller muss öffentlichen Spott ertragen und viel Geld für die elektronische Nachrüstung des Fahrwerks ausgeben.

ALLTAG & VERSCHIEDENES

Mehrere Verlage haben das Buchmanuskript der alleinerziehenden Britin **Joanne K. Rowling** (31) abgelehnt – im Juni riskiert der Verlag Bloomsbury, es zu veröffentlichen, und bringt in Großbritannien *Harry Potter and the Philosopher's Stone* heraus – in einer Erstauflage von 500 Exemplaren (⇨ 1998).

Schäden in einer Höhe von mehr als vier Milliarden Euro richtet im Sommer eine »**Jahrhundertflut**« in Tschechien, Polen und Ostdeutschland an. 30 000 Soldaten der Bundeswehr sind im Einsatz sowie zahlreiche andere Helfer, auch aus dem Westen Deutschlands. Viele zeigen ihre Solidarität mit den Opfern der **Oderflut,** indem sie Geld spenden.

Auch Menschen, deren Interesse sonst nicht den europäischen Königshäusern gilt, sind erschüttert, als am 31. August **Prinzessin Diana** (36) bei einem Autounfall in einem Pariser Tunnel ums Leben kommt – ein Jahr nach ihrer Scheidung von **Prinz Charles** (48). Die Welt trauert um die beliebte **Lady Di,** und vor dem Londoner Buckingham-Palast ergießt sich ein Blumenmeer für die »Königin der Herzen«.

Fünf Tage später stirbt eine andere Frau, die kaum weniger beliebt war: **Mutter Teresa** (87). Die Ordensschwester gründete 1949 in den Slums von Kalkutta eine Schule und kümmerte sich seitdem um Arme, Leprakranke und Waisenkinder. 1979 bekam der »Engel der Armen« den Friedensnobelpreis.

POLITIK & WIRTSCHAFT

Rot-Grün statt Schwarz-Gelb: Im Herbst löst eine Koalition von SPD und Bündnis 90/Die Grünen nach 16 Jahren die alte Regierung unter **Helmut Kohl** (68) ab. Neuer Bundeskanzler wird **Gerhard Schröder** (54, SPD), Außenminister wird **Joschka Fischer** (50, Grüne).

»Ich hatte keine sexuelle Beziehung mit dieser Frau«: US-Präsident **Bill Clinton** (51) leugnet im Januar ein Verhältnis mit seiner Praktikantin **Monica Lewinsky.** Ein Kleid mit Spermaflecken, das die 24-Jährige Ermittlern übergibt, widerlegt Clinton, der nun versucht, Oralverkehr nicht als Sex zu definieren. Monatelang ist die **Lewinsky-Affäre** ein Medienthema; im November übersteht der Präsident ein **Amtsenthebungsverfahren** wegen falscher Aussage.

KUNST & KULTUR

Das Katastrophendrama *Titanic* lockt Zuschauermassen in die deutschen Kinos. Der bisher teuerste Film (über 200 Millionen Dollar) spielt 1,7 Milliarden Dollar ein und erhält im März elf »Oscars«. Mancher Fan der Hauptdarsteller **Leonardo di Caprio** (23) und **Kate Winslet** (22) guckt sich das Werk des kanadischen Regisseurs **James Cameron** (43) sogar mehrmals an. Mit dem Filmsong »My Heart Will Go On« stürmt die kanadische Sängerin **Céline Dion** (29) weltweit die Charts.

Die britischen **Spice Girls,** erfolgreichste Girlgroup der Neunziger, starten im Februar zur ersten Welttournee. Alle 97 Konzerte sind ausverkauft – am schnellsten in New York, wo 13 000 Karten innerhalb von zwölf Minuten vergeben sind.

Im Juli erscheint *Harry Potter und der Stein der Weisen* der britischen Autorin **Joanne K. Rowling** (32) auf Deutsch – mit einer Startauflage von 8000 Exemplaren. Noch ist der Erfolg der Harry-Potter-Bücher nicht absehbar (⇨ 1997, ⇨ 2000).

WISSENSCHAFT & TECHNIK

Als die Polizei in Niedersachsen vergeblich den Mörder einer Elfjährigen sucht, führt der erste **genetische Massentest** Deutschlands zum Ziel: 16 000 Männer geben im April eine Speichelprobe ab – Nummer 3889 ist die DNA des 30-jährigen Täters.

Nach Atomwaffentests in **Indien** zündet im Mai **Pakistan** als erster islamischer Staat atomare Sprengköpfe.

Am 20. November bringt eine Rakete das erste Teil zum Aufbau der **Internationalen Raumstation ISS** ins All; es ist ein von Russland gebautes Antriebsmodul.

Mehr als zehn Millionen Mobilfunkanschlüsse gibt es mittlerweile in Deutschland. **Handys** sind fast ausschließlich zum Telefonieren da: Nicht einmal zehn Prozent der Besitzer nutzen ihr Mobiltelefon zur Datenübertragung. Zum ersten Mal taucht aber schon der Begriff »**Smartphone**« auf, der nur sehr wenigen ein Begriff ist.

Ein neues Medikament wird kurz nach seiner Markteinführung zum Verkaufsschlager: **Viagra** verhilft Männern mit Erektionsproblemen zur gewünschten Potenz.

ALLTAG & VERSCHIEDENES

Am 1. April fallen zwischen **Deutschland, Österreich** und **Italien** die **Grenzkontrollen** weg – eine Folge des Schengener Abkommens.

Am 3. Juni entgleist in **Eschede** (zwischen Hamburg und Hannover) ein ICE mit 200 km/h und zerschellt an einer Brücke. 101 Menschen sterben.

Die **Rechtschreibreform** führt in Deutschland zu chaotischen Verhältnissen. Nachdem sich verschiedene Schriftsteller und Zeitungen geweigert hatten, die seit zwei Jahren geltenden Regeln umzusetzen, entscheidet das **Bundesverfassungsgericht** im Juli, dass die Reform zulässig ist. Doch erst die »Reform der Reform« führt später zu einer einheitlichen und allgemein akzeptierten Regelung (⇨ 2006).

POLITIK & WIRTSCHAFT

Der **Euro** kommt: Noch nicht in fühlbarer Form von Münzen und Scheinen, aber elf europäische Länder rechnen ab Januar bei Aktienkursen und Buchungen mit der neuen Währung (⇨ 2001).

Im März werden **Ungarn, Polen** und die **Tschechische Republik** in die **NATO** aufgenommen; aus den ehemaligen Gegnern des Verteidigungsbündnisses sind endgültig Partner geworden.

Zum ersten Mal seit dem Zweiten Weltkrieg starten Ende März Flugzeuge der Bundeswehr zu Kampfeinsätzen: 14 Tornados beteiligen sich an NATO-Luftangriffen auf serbische Truppen im **Kosovo** (im ehemaligen Jugoslawien), um sie davon abzuhalten, weiterhin Kosovo-Albaner zu verfolgen. Im Juni zieht der serbische Präsident **Slobodan Milošević** (57) seine Soldaten zurück.

Im Juli rollen 24 Güterzüge von Bonn nach **Berlin** – sie enthalten unter anderem 36 000 Bücher und elf Kilometer Akten. Anlass: Der **Deutsche Bundestag** zieht um ins umgebaute und renovierte **Reichstagsgebäude.** 250 000 Besucher nutzen im August die Gelegenheit, den berühmten Bau mit seiner neuen gläsernen Kuppel zu besichtigen, bevor Regierung und Parlament hier am 1. September ihre Arbeit aufnehmen.

KUNST & KULTUR

Deutschlands bekanntester lebender Schriftsteller, der 72-jährige **Günter Grass** (⇨ 1959), erhält als zweiter Deutscher nach dem Krieg den Nobelpreis für Literatur (⇨ 1972). Er habe in seinen Werken, so die Jury, »in munterschwarzen Fabeln das vergessene Gesicht der Geschichte gezeichnet«.

Megaerfolg für den US-Regisseur **George Lucas** (55): Sein Science-Fiction-Film *Star Wars: Episode I – Die dunkle Bedrohung* hat allein in Deutschland über acht Millionen Zuschauer. Weltweit wird er rund eine Milliarde Dollar einspielen.

WISSENSCHAFT & TECHNIK

Auf die Hersteller von **Straßenkarten** kommen schlechte Zeiten zu: Immer häufiger weisen **Navigationsgeräte** Autofahrern den Weg. Sie sind groß, müssen eingebaut und mit einer CD gefüttert werden. Die günstigsten Modelle kosten rund 3000 Mark oder 1500 Euro.

Die Zahl der **Mobilfunk**-Teilnehmer in Deutschland verdoppelt sich in diesem Jahr auf 48 Millionen.

Wie werden Computer am 31. Dezember reagieren, wenn das Jahr zu Ende geht? Anlass für das **Jahr-2000-Problem:** Ältere Rechner könnten die kommende zweistellige Jahreszahl 00 mit dem Jahr 1900 gleichsetzen, weshalb Experten Stromausfälle oder Probleme bei Banküberweisungen befürchten; im Bundesinnenministerium steht Silvester sogar ein Krisenstab bereit (⇨ 2000).

ALLTAG & VERSCHIEDENES

Millionen Europäer setzen am 11. August in der Mittagszeit dunkle Schutzbrillen auf und beobachten eine **totale Sonnenfinsternis.** Die nächste wird es über Europa erst am 3. September 2081 geben.

Einen Tag nach diesem Ereignis erreicht die **Weltbevölkerung** laut UN-Zählung die Zahl von **sechs Milliarden** Menschen.

Tausende Paare heiraten in Deutschland am 9.9.1999 – einige von ihnen sogar um 9.09 Uhr.

Ein noch ungewohntes Bild in deutschen Städten sind Erwachsene, die sich auf zusammenklappbaren Tretrollern fortbewegen. Noch sieht man die **Kickboards** nur vereinzelt, im Sommer 2000 kommt der neue Trend richtig ins Rollen.

Der Deutsche Dienst der **BBC** stellt seinen Betrieb ein. Mehr als 60 Jahre lang, vor allem im Zweiten Weltkrieg, hatten die Briten die deutsche Bevölkerung mit objektiven Nachrichten versorgt (⇨ 1942).

Die Hilfsorganisation **Ärzte ohne Grenzen** erhält im Dezember den Friedensnobelpreis.

2000–2013

Das 21. Jahrhundert: Aufbruch in die digitale Welt

Faszination und Angst sind die Begleiterscheinungen zu Beginn des 21. Jahrhunderts.

Faszinierend sind vor allem die technischen Errungenschaften der digitalen Welt. Sie verbinden alle, die daran teilhaben wollen, zu einer vernetzten Gemeinschaft. Dank handlicher Smartphones und Computer können ihre Nutzer erleben, wie Nachrichten, persönliche Botschaften und Bilder zu jeder Zeit jeden blitzschnell erreichen.

Doch unübersehbar sind die Kehrseiten des faszinierenden technischen Fortschritts: Plastikabfälle im Meer, Atommüll auf und unter der Erde, Weltraumschrott im All, Antibiotika im Trinkwasser, Pestizide in Nahrungsmitteln. Für viele Menschen ist das alles so wenig greifbar wie der viel diskutierte Klimawandel.

Als konkretere Bedrohung wird dagegen ein anderes Phänomen empfunden: der Terrorismus religiöser Fanatiker. Selbstmordattentäter, die Unschuldige mit sich in den Tod reißen, zerstören vielerorts das Leben von Männern, Frauen und Kindern. Doch der Wunsch nach Frieden, Gesundheit und Wohlstand bleibt bestehen. Auf diese Ziele richten sich die Hoffnungen der meisten unter den mehr als sieben Milliarden Menschen auf allen Kontinenten – im 21. Jahrhundert nicht anders als in früheren Epochen der Geschichte.

POLITIK & WIRTSCHAFT

Schwarze Kassen, Lügen, illegale Auslandskonten bei der hessischen CDU: Eine **Parteispendenaffäre** erschüttert am Jahresbeginn die Christlich Demokratische Union. Als publik wird, dass auch der frühere Bundeskanzler **Helmut Kohl** (69) jahrelang unerlaubt Spenden für seine Partei angenommen hat, tritt er als Ehrenvorsitzender zurück. Die Namen der Spender gibt er nicht preis. Auch der CDU-Vorsitzende **Wolfgang Schäuble** (57) legt sein Amt nieder. Neue CDU-Chefin wird am 10. April **Angela Merkel** (45).

Nach dem überraschenden Rücktritt von **Boris Jelzin** am Ende des Vorjahres wird der ehemalige Geheimdienst-Direktor **Wladimir Putin** (47) im März neuer Präsident von **Russland.**

Wesentlich komplizierter gestaltet sich im November die Wahl des neuen **US-Präsidenten:** Wegen Unklarheiten bei der Auszählung der Stimmen und ausstehender Gerichtsentscheidungen dauert es fünf Wochen, bis im Dezember feststeht, dass der Republikaner **George W. Bush** (54) knapp gegen seinen Kontrahenten **Al Gore** (52) von den Demokraten gewonnen hat.

Die rot-grüne Bundesregierung einigt sich mit führenden Energiekonzernen auf einen **Atomausstieg**; die Laufzeit der deutschen Kernkraftwerke soll begrenzt werden.

KUNST & KULTUR

Das gab es noch nie: Buchhandlungen öffnen nachts ihre Türen, vor denen Scharen von Leserinnen und Leser im Schulalter warten. Am 8. Juli in Großbritannien und am 14. Oktober in Deutschland um Punkt Mitternacht ist es so weit – der Verkauf des vierten Bandes der Harry-Potter-Reihe startet. *Harry Potter und der Feuerkelch* erscheint millionenfach in 47 Sprachen und macht **Joanne K. Rowling** (35) zur erfolgreichsten Schriftstellerin der Welt (⇨ 1997, ⇨ 2007).

WISSENSCHAFT & TECHNIK

Alles gut gegangen: Die befürchteten Computerprobleme am Jahresbeginn sind ausgeblieben (⇨ 1999).

Ab 1. Juni findet zum ersten Mal eine **Weltausstellung** in Deutschland statt: Unter dem Motto »Mensch – Natur – Technik« stellen sich auf der **Expo 2000** in **Hannover** 170 Nationen und Organisationen vor, viele mit fantasievollen Pavillons. Bis Ende Oktober kommen 18 Millionen Besucher.

Als bei einem norddeutschen Bauern im November eine Kuh an **BSE** erkrankt, werden seine 160 Rinder getötet. Der Erreger befand sich vermutlich im Futter. Die Bundesregierung erlässt innerhalb weniger Tage ein Gesetz, das Fütterungen mit **Tiermehl** verbietet.

Der US-Amerikaner **Jack Kilby** (77) erhält als einer von drei Forschern den Nobelpreis für Physik. Er gilt als Erfinder des Mikrochips und des Taschenrechners.

Das **Handy** wird zum Statussymbol für Jugendliche, die damit intensiv SMS austauschen. Smartphones mit Zugang zum Internet sind noch die Ausnahme, sie kosten ca. 1500 DM ohne Vertrag.

ALLTAG & VERSCHIEDENES

Milliarden Menschen in aller Welt feiern am Jahreswechsel 1999/2000 den **Beginn des neuen Jahrtausends.**

Als im Juni in Hamburg ein Sechsjähriger von einem Pitbull totgebissen wird, kommt es zu Demonstrationen. Kommunen und Bundesländer erlassen **Kampfhund-Verordnungen,** die meist einen Maulkorbzwang enthalten.

Bei der **Fußball-Europameisterschaft** in Frankreich schießt **Mehmet Scholl** (29) das einzige Tor für Deutschland im gesamten Turnier (gegen Rumänien). Michael Schumacher (31) wird zum dritten Mal Formel-1-Weltmeister – erstmals mit Ferrari.

Kurz nach dem Start stürzt in Paris am 25. Juli eine **Concorde** der **Air France** ab; 113 Menschen sterben (⇨ 2003).

POLITIK & WIRTSCHAFT

Frauen an die Waffen: Die **Bundeswehr** nimmt im Januar zum ersten Mal **weibliche Soldaten** auf.

Am 1. August lassen sich in Deutschland die ersten **homosexuellen Paare** beim Standesamt als »eingetragene Lebensgemeinschaft« registrieren. Konservative Politiker ereifern sich über die von der rot-grünen Bundesregierung beschlossene **»Homo-Ehe«.** Der SPD-Politiker **Klaus Wowereit** (47) erklärt öffentlich: »Ich bin schwul, und das ist auch gut so.« Bald darauf wird er zum Regierenden Bürgermeister von Berlin gewählt.

In **Afghanistan** zerstören die radikal-islamischen **Taliban** die Buddha-Statuen von Bamiyan. Die zum UNESCO-Weltkulturerbe gehörenden Figuren, 53 und 35 Meter hoch, wurden im Mittelalter in Felswände geschlagen.

Am **11. September** entführen Terroristen in den USA vier Verkehrsflugzeuge; zwei davon lassen sie in **New York** in die mehr als 400 Meter hohen Zwillingstürme des **World Trade Centers** prallen, die zunächst brennen und dann zusammenstürzen; rund 3500 Menschen sterben. Das dritte gekaperte Flugzeug stürzt auf das US-Verteidigungsministerium (**Pentagon**) in **Washington,** die vierte Maschine schlägt in einem Wald auf – vermutlich verhinderten beherzte Passagiere an Bord Schlimmeres.

Schon bald bestätigt sich der Verdacht, dass **Osama bin Laden** (44), Chef der islamistischen Terrorgruppe **al-Qaida,** Drahtzieher der Anschläge ist. Er wird von den Taliban unterstützt. Am 7. Oktober starten die USA **Luftangriffe** auf Taliban-Stützpunkte in Afghanistan.

KUNST & KULTUR

Mit dem Film *Der Schuh des Manitu* gelingt dem Regisseur und Hauptdarsteller **Michael »Bully« Herbig** (33) ein Megaerfolg: 11,7 Millionen Kinozuschauer lachen über seine Karl-May-Parodie.

WISSENSCHAFT & TECHNIK

Jahrelang war er gesperrt, jetzt ist seine Sanierung abgeschlossen: Ab Dezember ist der **Schiefe Turm von Pisa** wieder für Besucher zugänglich.

Nichts damit zu tun hat die ebenfalls im Dezember veröffentlichte **PISA-Studie** (Programme for International Student Assessment). Sie offenbart, dass deutsche Schüler im internationalen Vergleich von 43 Staaten beim Lesen sowie in Mathematik und Naturwissenschaften nur unterdurchschnittlich abschneiden. Der **»PISA-Schock«** alarmiert Lehrer, Bildungspolitiker und die Öffentlichkeit (⇨ 2013).

ALLTAG & VERSCHIEDENES

Einen Schock erleben auch Verbraucher und Fleischproduzenten: Die Nachricht, dass **BSE-Erreger** in deutschem **Rindfleisch** gefunden wurden, macht am Jahresbeginn dieses Fleisch nahezu unverkäuflich – die meisten Kunden weichen wochenlang auf Schweine- und Geflügelfleisch aus. Andere werden zu Vegetariern, bestärkt durch Meldungen aus **Großbritannien:** Hier bricht im Februar die ansteckende **Maul- und Klauenseuche** aus. Mehr als drei Millionen Tiere, vor allem Schafe, müssen getötet werden.

Spannend wird es für Verbraucher am 17. Dezember: Sie können bei Banken und Sparkassen für 20 Mark ein **Starterkit** mit den neuen **Euro-Münzen** kaufen; die durchsichtige Plastikpackung enthält 20 Münzen im Wert von 10,23 Euro. In Finnland gibt es Sets mit acht Münzen (3,88 Euro), in Österreich 33 (14,54 Euro) und in Italien 53 Münzen (12,91 Euro) (⇨ 2002).

Das einschneidendste Erlebnis in diesem Jahr ist für viele Menschen der **Terrorangriff** am 11. September – die im Fernsehen immer wieder gezeigten Schreckensbilder aus New York erzeugen ein nie erlebtes Gefühl der **Bedrohung** und **Schutzlosigkeit.**

Der Tag, an dem die Angst kam:

Der 11. September 2001

Anfangs sieht es noch nach einem Unglück aus. Als um 8.46 Uhr die Boeing 767 der American Airlines in den Nordturm des New Yorker World Trade Centers einschlägt, glauben die Menschen, die an diesem Dienstagmorgen im Süden Manhattans zur Arbeit gehen, an einen tragischen Unfall. Zwei Minuten später ist ein Kamerateam des New Yorker TV-Senders WNYW zur Stelle und berichtet live über die Katastrophe. Da taucht eine weitere Passagiermaschine am Himmel auf, nähert sich von Süden her dem qualmenden Wolkenkratzer und rast in den Nachbarturm. In diesem Moment wird den Zuschauern, die ungläubig auf die Fernsehschirme starren oder vor Ort entsetzt auf das World Trade Center blicken, klar: Dies ist kein Unfall – dies ist ein Anschlag.

Niemand weiß zu diesem Zeitpunkt, dass sein Organisator Osama bin Laden schon mindestens drei Jahre vorher begann, ihn zu planen.

Der aus Saudi-Arabien stammende Chef der Terrorgruppe al-Qaida erlebte 1990, wie im Zweiten Golfkrieg US-Soldaten in sein Land kamen, um es vor angreifenden Truppen aus dem Irak zu schützen. Mehrere Hunderttausend amerikanische Christen, Juden und sogar Frauen sollten gegen Muslime kämpfen. Für Osama bin Laden ein unerträglicher Zustand: Ein Gebot des Propheten Mohammed legt fest, dass es in ganz Arabien nur eine einzige Religion geben dürfe, den Islam. Dieser Verstoß gegen die Religion war für bin Laden ein Wendepunkt, der seinen Hass gegen die USA schürte.

Einer der insgesamt 19 Terroristen, die am Morgen des 11. September 2001 vier Flugzeuge in ihre Gewalt bringen, ist Mohammed Atta. Der 27-Jährige hatte in Hamburg studiert, wo er in einer Moschee von den Hasspredigten eines Imams zum »heiligen Krieg gegen die Ungläubigen« aufgestachelt wurde. »Menschen, die nicht dem Islam folgen«, schrieb Atta in sein Testament, »werden dafür zur Verantwortung gezogen.« Doch unter den fast 3000 Menschen aus 90 Nationen, die in den brennenden und einstürzenden Türmen des World Trade Centers sterben, befinden sich auch Muslime.

Schon im Februar 1993 hatte es einen Anschlag auf das berühmte Gebäude gegeben. Die Täter, ebenfalls Islamisten, wurden gefasst. Damit schien für die Behörden die Ordnung wiederhergestellt zu sein. Sie sahen das Bombenattentat im Tiefgeschoss als Einzelfall an. Es war aber ein Alarmsignal – das ungehört blieb.

Das dritte der vier am 11. September entführten Flugzeuge, eine Boeing 757, stürzt auf das US-Verteidigungsministerium, das Pentagon, in der Nähe von Washington. 189 Menschen kommen dabei ums Leben, einschließlich der 69 im Flugzeug, von denen fünf Terroristen sind.

Die Entführer der vierten Maschine wollen das Kapitol, das Parlamentsgebäude in Washington, anfliegen; doch einige Passagiere sind inzwischen per Handy von Verwandten über die vorangegangenen Anschläge informiert worden. In der Gewissheit, dass sie sich auf einem Flug in den Tod befinden, greifen einige Männer an Bord die Attentäter an; um 10.03 Uhr stürzt die Maschine der United Airlines in einem Wald ab.

Nach militärischen und geheimdienstlichen Aktionen der USA, bei denen im Mai 2011 auch Osama bin Laden getötet wird, ist die Terrororganisation al-Qaida erheblich geschwächt. Doch der islamistische Terrorismus lebt in zahlreichen anderen Gruppen fort.

POLITIK & WIRTSCHAFT

Nach dem Terroranschlag vom 11. September (⇨ 2001) droht Terroristenführer **Osama bin Laden** (45) in Videobotschaften mit weiteren Aktionen. NATO-Truppen suchen ab Jahresbeginn in **Afghanistan** nach ihm, außerdem werden Hochburgen der **Taliban** bombardiert.

US-Präsident **George W. Bush** (55) spricht von einer **»Achse des Bösen«**, zu der seiner Ansicht nach auch Iran, Irak und Nordkorea gehören; sie gelte es zu bekämpfen, um den **Terrorismus** einzudämmen. Konkret vermuten die USA Massenvernichtungswaffen im Irak.

Bundeskanzler **Gerhard Schröder** (58) erklärt, dass sich die Bundeswehr an einem **Militäreinsatz im Irak** nicht beteiligen werde. CSU-Kanzlerkandidat **Edmund Stoiber** (60) kritisiert diese Haltung, verliert aber im Herbst knapp die **Bundestagswahl.** Schröder kann mit der rot-grünen Koalition weiterregieren.

Bei einem **Terroranschlag** auf der tunesischen Ferieninsel **Djerba** sterben im April 21 Menschen, darunter 14 deutsche Touristen; ein Anschlag auf der indonesischen Insel **Bali** fordert im Oktober 190 Tote; in beiden Fällen bekennt sich al-Qaida zur Tat.

KUNST & KULTUR

Am 28. Januar stirbt **Astrid Lindgren** (94) in ihrer schwedischen Heimat. Die bekannteste Kinderbuchautorin der Welt hat seit 1945 mit *Pippi Langstrumpf, Kalle Blomquist, Ronja Räubertochter, Michel aus Lönneberga* und ihren anderen jungen Helden Generationen von Lesern begeistert.

Mit seinem Album *Mensch* bricht der Sänger **Herbert Grönemeyer** (46) in Deutschland alle bisherigen Rekorde: Es verkauft sich 3,7 Millionen Mal.

Vier »Oscars« erhält der Fantasyfilm *Der Herr der Ringe: Die Gefährten.* In Deutschland sehen den im Dezember 2001 gestarteten Film 11,7 Millionen Kinozuschauer.

WISSENSCHAFT & TECHNIK

Als archäologische Sensation stellen Wissenschaftler im September die **Himmelsscheibe von Nebra** vor. Auf der in Sachsen-Anhalt ausgegrabenen 4000 Jahre alten runden Bronzeplatte (32 cm Durchmesser, 2,3 kg Gewicht) ist die früheste bekannte Darstellung des Himmels zu sehen.

ALLTAG & VERSCHIEDENES

Als erster Skispringer gewinnt **Sven Hannawald** (27) aus dem Schwarzwald-Ort Hinterzarten alle vier Wettbewerbe der jährlich stattfindenden **Vierschanzentournee.**

Bis zum 28. Februar können die Deutschen beim Einkaufen noch mit ihrer gewohnten **D-Mark** bezahlen, aber Wechselgeld bekommen sie seit Jahresbeginn nur noch in **Euro**-Münzen und -Scheinen. An den Namen der neuen Währung gewöhnen sich die Verbraucher schnell – ans Umrechnen von Mark in Euro nicht.

»Queen Mum«, die Mutter der britischen Königin Elisabeth II. (75), stirbt Ende März im Alter von 101 Jahren. Fünf Tage später feiert die **Queen** ihr 50-jähriges **Thronjubiläum.**

Ein **Amokläufer** erschießt im April in **Erfurt** in einem Gymnasium 16 Menschen, darunter zwölf Lehrer. Der 19-jährige Täter war zuvor der Schule verwiesen worden; er tötet auch sich selbst.

Bei der **Fußball-WM** in Japan besiegt Brasilien im Endspiel Deutschland mit 2:0. Bei ihrer Rückkehr wird die deutsche Nationalmannschaft mit ihrem Trainer **Rudi Völler** (42) von den Fans begeistert empfangen.

Eine **»Jahrhundertflut«** der **Elbe** und ihrer Nebenflüsse reißt im August Häuser und Autos mit sich. Mehr als 120 000 Helfer sind im Einsatz, in **Dresden** stehen unter anderem Hauptbahnhof und **Zwinger** im Wasser. 21 Menschen kommen ums Leben. Die Bundesbürger spenden 300 Millionen Euro, der Gesamtschaden wird auf zehn Milliarden Euro geschätzt.

POLITIK & WIRTSCHAFT

Der **Dritte Golfkrieg** beginnt. Am 20. März zerstören Raketen Gebäude in **Bagdad,** in denen der irakische Diktator **Saddam Hussein** vermutet wird. US- und britische Bodentruppen dringen in den Irak ein, den sie bis Ende April besetzen.

Deutschland und Frankreich lehnen den Irak-Krieg ab und werden von US-Verteidigungsminister **Donald Rumsfeld** (70) als »altes Europa« kritisiert. Allmählich zeichnet sich ab, dass es die angeblichen irakischen Massenvernichtungswaffen ebenso wenig gibt wie eine irakische Beteiligung an den Anschlägen vom 11. September 2001. Kritiker sagen, diese Behauptungen seien nur aufgestellt wurden, um die Öffentlichkeit für den Krieg zu gewinnen. In Großbritannien gerät deshalb Premierminister **Tony Blair** (49) unter Druck.

In Deutschland sind **4,5 Millionen Arbeitslose** registriert – neuer Höchststand. Bundeskanzler Gerhard Schröder (58) stellt im März die **Agenda 2010** (»zwanzig-zehn«) vor. SPD-untypisch sieht sie harte soziale Einschnitte vor, unter anderem weniger Arbeitslosengeld und ein höheres Rentenalter. Viele Sozialdemokraten sind frustriert, 40 000 verlassen die Partei.

In **Kalifornien** wird im Oktober der in Österreich geborene ehemalige Schauspieler **Arnold Schwarzenegger** (56) zum Gouverneur gewählt.

Am 14. Dezember spüren US-Soldaten den seit Monaten gesuchten **Saddam Hussein** (66) auf – er hatte sich in einem Erdloch versteckt.

KUNST & KULTUR

In **Bagdad** nutzen Plünderer die Kriegswirren und rauben kostbare antike Kunstschätze aus dem irakischen Nationalmuseum.

Die deutsche Regisseurin **Caroline Link** (38) erhält für ihren Film *Nirgendwo in Afrika* den diesjährigen »Oscar« für den besten fremdsprachigen Film.

WISSENSCHAFT & TECHNIK

Beim Landeanflug auf die Erde zerbricht am 1. Februar die **US-Raumfähre Columbia;** alle sieben Astronauten an Bord sterben. Ursache für die Katastrophe ist ein defekter Hitzeschild.

In **Mexiko** rollt am 30. Juli das letzte Exemplar des erfolgreichsten Autos der Welt vom Band: Der **VW-Käfer** wurde mehr als 21,5 Millionen Mal gebaut.

Am 26. November findet der letzte Flug einer **Concorde** statt – ins Luftfahrtmuseum. Insgesamt 20 Exemplare des bis zu 2400 km/h schnellen Überschallflugzeugs waren für **Air France** und **British Airways** im Einsatz. Die kürzeste Flugzeit für die Strecke Paris–New York betrug dreieinhalb Stunden.

Noch ein Abschied: Nach 31 Jahren wird in Niedersachsen das **AKW Stade** abgeschaltet – der erste Schritt zum geplanten **Atomausstieg.**

ALLTAG & VERSCHIEDENES

Als lästig empfinden Handel und Verbraucher das seit Jahresbeginn in Deutschland fällige **Dosenpfand.** Die meisten Konsumenten lassen die 25 Cent pro Dose verfallen, die Behälter landen weiterhin im Müll.

Mehr als 200 000 Teilnehmer kommen Ende Mai nach Berlin zum ersten **Ökumenischen Kirchentag,** den Katholiken und Protestanten gemeinsam veranstalten. Als **Papst Johannes Paul II.** (83) den Mitgliedern seiner Kirche ein gemeinsames Abendmahl mit den evangelischen Teilnehmern verbietet, ist die Enttäuschung groß.

Ein »**Jahrhundertsommer**« beschert Deutschland Temperaturen bis zu 40 Grad. In Frankreich und Spanien breiten sich nach wochenlanger Trockenheit Waldbrände aus. Eine derartige Hitzewelle gab es seit über hundert Jahren nicht mehr.

Bei der **Fußball-WM der Frauen** in den USA gewinnt mit einem 2:1 gegen Schweden zum ersten Mal die deutsche Nationalmannschaft.

POLITIK & WIRTSCHAFT

Zweite NATO-Osterweiterung (⇨ 1999): Bulgarien, Estland, Lettland, Litauen, Rumänien, die Slowakei und Slowenien werden Ende März in die **NATO** aufgenommen, die nun aus 26 Bündnispartnern besteht.

Mit der **Osterweiterung** wächst am 1. Mai auch die **Europäische Union** um zehn Staaten: Estland, Lettland, Litauen, Polen, Tschechien, Slowenien, die Slowakei und Ungarn sowie Malta und Zypern kommen dazu. Damit hat die EU 25 Mitgliedsländer.

Keine islamischen Symbole an Schulen: Nachdem **Frankreich** im Februar ein **Kopftuchverbot** für Lehrerinnen einführt, folgt im April das erste deutsche Bundesland, **Baden-Württemberg.**

Für internationale Empörung sorgen im Mai Bilder, die Übergriffe von US-Soldaten auf Häftlinge im Irak belegen. Im Gefängnis **Abu Ghuraib** wurden Männer mit Schlafentzug, Hundeattacken und anderen Folterungen drangsaliert. Ein Foto zeigt die Militärpolizistin **Lynndie England** (21), die einen am Boden liegenden splitternackten Gefangenen an einer Leine hält. Mehrere Verantwortliche der US Army werden bestraft und unehrenhaft entlassen. Das Image der Vereinigten Staaten ist ramponiert.

KUNST & KULTUR

Mit elf »Oscars« wird am 29. Februar der dritte Teil der *Herr der Ringe*-Trilogie ausgezeichnet. Er spielt weltweit 1,1 Milliarden Dollar ein.

Am 28. März stirbt im Alter von 82 Jahren der britische Autor, Schauspieler (zwei »Oscars«) und Regisseur **Sir Peter Ustinov.**

Nach zweieinhalbjähriger Renovierung und Erweiterung öffnet im November das New Yorker **Museum of Modern Art** (MoMA) seine Türen wieder für die Besucher.

Die 58-jährige Österreicherin **Elfriede Jelinek** (Roman: *Die Klavierspielerin*) wird mit dem Nobelpreis für Literatur geehrt.

WISSENSCHAFT & TECHNIK

Ein **Computerwurm** mit dem Namen **Sasser** legt Anfang Mai weltweit, vor allem aber in Asien, eine unbekannte Zahl von Windows-Rechnern lahm. In Hongkong sind Krankenhäuser betroffen, auf Taiwan kann jedes dritte Postamt nur noch ohne Elektronik arbeiten. Bald darauf wird ein 18-Jähriger als Täter festgenommen – er stammt aus Niedersachsen.

ALLTAG & VERSCHIEDENES

In einem Studentenwohnheim der amerikanischen Harvard University gründet der Student **Mark Zuckerberg** (19) im Februar mit drei Kommilitonen das soziale Netzwerk **Facebook.** Im März beteiligen sich Mitglieder weiterer Unis. (Zehn Jahre später hat Facebook 1,2 Milliarden Nutzer.)

Am 11. März lassen islamistische Terroristen in **Madrid** in vier Vorortzügen zehn **Sprengsätze** explodieren; 191 Menschen sterben.

Ein **Großbrand** in der 1691 gegründeten **Herzogin-Anna-Amalia-Bibliothek** in **Weimar** vernichtet am 2. September rund 50 000 historische Bücher. 900 freiwillige Helfer retten immerhin 28 000 Bände, darunter eine Lutherbibel aus dem Jahr 1534.

Im Internet hat sich die Suchmaschine **Google** inzwischen so stark durchgesetzt, dass sogar der *Duden* das Wort »googeln« aufnimmt.

Michael Schumacher (35) wird im **Ferrari** zum siebten Mal Formel-1-Weltmeister.

Überraschung bei der **Fußball-Europameisterschaft** in Portugal: Außenseiter **Griechenland** mit Trainer **Otto Rehhagel** (65) besiegt im Endspiel den Gastgeber mit 1:0.

Ein schweres Erdbeben im **Indischen Ozean** löst am 26. Dezember einen verheerenden **Tsunami** aus. In Indonesien, Thailand und einem Dutzend anderer Küstenstaaten fordert die riesige Flutwelle 230 000 Tote. Rund 1,7 Millionen Überlebende werden obdachlos. Aus aller Welt treffen Spenden ein.

POLITIK & WIRTSCHAFT

Am 1. Januar wird in Deutschland das **Arbeitslosengeld II (»Hartz IV«)** eingeführt. Die frühere Arbeitslosenhilfe und Sozialhilfe verschmelzen zu einer Grundsicherung für Arbeitslose. Der Regelsatz liegt bei 345 Euro im Westen und 331 Euro im Osten. Erstmals in der BRD steigt die **Arbeitslosenzahl** auf über **fünf Millionen.** Großunternehmen wie Siemens, T-Mobile und die Deutsche Bank bauen Tausende Stellen ab.

Nachdem die SPD bei Landtagswahlen schlecht abgeschnitten hat, stellt Bundeskanzler **Gerhard Schröder** (61) im Juli im Bundestag die Vertrauensfrage, die er verliert. Nach Neuwahlen im Herbst bilden die beiden stärksten Fraktionen, SPD und CDU/CSU, eine **große Koalition.** Die ostdeutsche Physikerin **Angela Merkel** (51) wird erste deutsche **Bundeskanzlerin.**

In **London** kommt es am 7. Juli im morgendlichen Berufsverkehr zu einer Serie islamistischer **Terroranschläge:** Vier Selbstmordattentäter zünden Bomben in U-Bahnen und einem Bus und reißen dabei 56 Menschen mit in den Tod. Über 700 werden verletzt.

KUNST & KULTUR

Viele weibliche Teenager sind der Boyband **Tokio Hotel** aus Magdeburg verfallen. Andere Fans freuen sich darüber, dass die britische Band **Take That** wieder da ist – allerdings ohne Sänger **Robbie Williams** (31).

Bei der »Oscar«-Verleihung räumt der amerikanische Spielfilm *Million Dollar Baby* von und mit **Clint Eastwood** (75) gleich vier Mal ab. Er schildert die Karriere einer Boxerin.

Der Autor **Harold Pinter** (75) erhält den Literatur-Nobelpreis. Er hat »in seinen Dramen den Abgrund unter dem alltäglichen Geschwätz freigelegt«, heißt es in der Laudatio. Bekannt wurde der Engländer 1960 durch sein Theaterstück *Der Hausmeister.*

WISSENSCHAFT & TECHNIK

Zwei neue Internetdienste gehen im Februar online: **Google Maps** macht es möglich, Orte und Gebäude auf einer Karte oder einem Satellitenbild zu sehen. Beim Videoportal **Youtube** können sich die Nutzer Videoclips anschauen, sie bewerten und eigene Videos hochladen.

Mithilfe der ESA-Sonde **Mars-Express** entdecken Forscher auf dem Mars riesige unterirdische Wassereis-Felder – der Beweis, dass es auf der Marsoberfläche einst flüssiges Wasser gab.

ALLTAG & VERSCHIEDENES

In München wird der exzentrische Modedesigner **Rudolph Moshammer** (64) ermordet. Er holte sich den Täter selbst ins Haus, für sexuelle Handlungen. Als es um die Bezahlung ging, kam es zum Streit.

Am 2. April stirbt **Papst Johannes Paul II.** (84) nach fast 27-jährigem Pontifikat. Sein Nachfolger wird **Kardinal Joseph Ratzinger** (78), der sich den Namen **Benedikt XVI.** gibt. Nicht nur Katholiken freuen sich über den ersten Deutschen auf dem Heiligen Stuhl seit 1523. »Wir sind Papst!«, jubelt *Bild*.

Die vor 60 Jahren zerstörte **Dresdner Frauenkirche** erstrahlt in neuem Glanz – ihr Wiederaufbau, großteils von Spenden finanziert, wird von Tausenden gefeiert.

Ende August fegt einer der stärksten Wirbelstürme der US-Geschichte über den Südosten des Landes: **Hurrikan Katrina** richtet Schäden von 100 Milliarden Dollar an. New Orleans wird evakuiert, bevor 80 Prozent der Stadt unter Wasser stehen. Dennoch sterben 1800 Menschen.

Der **Gammelfleisch-Skandal** verdirbt im Herbst vielen Deutschen den Appetit. In etlichen Betrieben wird verdorbenes und umetikettiertes Fleisch beschlagnahmt.

Im Münsterland kommt es nach heftigen Schneefällen zum **Blackout.** Tausende Menschen haben fünf Tage lang keinen Strom.

POLITIK & WIRTSCHAFT

Radikale Muslime demonstrieren im Februar in Thailand, Indonesien und der arabischen Welt gegen den Westen. Sie greifen Botschaften an, es gibt Tote. Der Anlass liegt Monate zurück: Im September 2005 veröffentlichte eine dänische Zeitung eine **Karikatur** des Propheten **Mohammed;** andere Blätter druckten sie nach – oder tun es jetzt, aus Solidarität.

Kubas Staatspräsident **Fidel Castro** (80) gibt sein Amt aus gesundheitlichen Gründen vorübergehend an seinen Bruder **Raúl** (75) ab.

Ein Gericht in Bagdad verurteilt **Saddam Hussein** (69) zum Tod durch den Strang. Am 30. Dezember wird der Exdiktator des Iraks hingerichtet.

KUNST & KULTUR

Im Januar besuchen 1,2 Millionen Menschen in Deutschland und Österreich Konzerte und andere Veranstaltungen rund um das **Mozartjahr.** Das musikalische Genie wurde am 27. Januar vor 250 Jahren geboren.

Mit den Worten *Ich bin dann mal weg* brach Entertainer **Hape Kerkeling** (42) im Sommer 2001 zu einer Pilgerreise auf dem Jakobsweg auf. Sein gleichnamiges Buch, in dem er jetzt seine Erlebnisse schildert, wird zum Top-Bestseller.

Nach zweijähriger Auszeit findet in Berlin wieder die **Loveparade** statt. Über eine Million junge Leute feiern ausgelassen bei elektronischer Musik.

Auch Agent 007 ist wieder am Start, mit neuem Gesicht: Nachdem **Pierce Brosnan** (52) überraschend ausstieg, folgt ihm **Daniel Craig** (37) in *James Bond – Casino Royale.* Er sei »glaubwürdiger als seine Vorgänger«, schreibt die Londoner *Times.*

Gleich drei Gemälde stellen in diesem Jahr einen neuen Preisrekord auf. Das teuerste, *No. 5, 1948* von Jackson Pollock (1912–1956), wechselt für 140 Millionen Dollar den Besitzer.

WISSENSCHAFT & TECHNIK

In Deutschland gibt es mehr als 85 Millionen angemeldete **Handys** – erstmals ist ihre Zahl höher als die der Einwohner. Acht von zehn Haushalten besitzen einen **Computer,** weshalb auch der neue Kurznachrichtendienst **Twitter** (im Internet) schnell populär wird.

Videorekorder sind dagegen out: Zum letzten Mal erscheint ein Hollywoodfilm auf VHS-Kassetten.

Sie ist blond, trägt Pelzmantel, Leinenhose und Filzkappe: Eine 2500 Jahre alte **Mumie** aus dem Altai-Gebirge in der Mongolei macht weltweit Schlagzeilen. Entdeckt hat sie der deutsche Archäologe **Hermann Parzinger** (47) im Dauerfrostboden.

ALLTAG & VERSCHIEDENES

Ob Fußballfan oder nicht – am deutschen »**Sommermärchen**« kommt keiner vorbei. Unter dem Motto »Die Welt zu Gast bei Freunden« lädt die Bundesrepublik zur **Fußball-WM** ein, mit schwarz-rot-goldenen Fähnchen an unzähligen Autos. Die Stimmung ist euphorisch, auch wenn das Team von Bundestrainer **Jürgen Klinsmann** (42) nur den dritten Platz erreicht. Weltmeister wird Italien.

Die seit Jahren umstrittene deutsche **Rechtschreibreform** tritt im August in neuer Fassung in Kraft – befreit von Bestimmungen, die die Öffentlichkeit als unsinnig empfand (⇨ 1998).

Der **Klimawandel** zeigt sich in der Statistik: Der Herbst in der Bundesrepublik ist der wärmste seit Beginn der Wetteraufzeichnungen. Anwohner der **Elbe** werden erneut von **Hochwasser** heimgesucht.

Im Februar erreicht die **Vogelgrippe** Deutschland – auch wenn keine Menschen in Gefahr sind, hält sie die Nation wochenlang in Atem.

Nach 3096 Tagen in Gefangenschaft im Haus ihres Entführers gelingt der Österreicherin **Natascha Kampusch** (18) die Flucht. Ihr Schicksal beschäftigt weltweit die Medien.

POLITIK & WIRTSCHAFT

Nach dem Beitritt von **Bulgarien** und **Rumänien** besteht die **EU** nun aus 27 Mitgliedsstaaten.

Frankreich bekommt im Mai einen neuen Präsidenten: den Konservativen **Nicolas Sarkozy** (52). Und Deutschland hat eine neue Partei. **Die Linke** entsteht durch die Verschmelzung von PDS und WASG; ihr Ziel ist ein »demokratischer Sozialismus«.

Der Bundestag führt die **Rente ab 67 Jahren** ein und legt fest, dass alle Bürger krankenversichert sein müssen. Die Mehrwertsteuer steigt von 16 auf 19 Prozent.

Das Bundesverfassungsgericht urteilt: **Abgeordnete** des Bundestags müssen künftig ihre **Nebeneinkünfte** offenlegen.

Im September tritt das gesetzliche **Rauchverbot** in Behörden, Bahnhöfen und öffentlichen Verkehrsmitteln in Kraft. Tabakwaren dürfen erst ab 18 Jahren (vorher ab 16) erworben werden.

In **Myanmar** (früher Burma) demonstrieren Zehntausende **buddhistische Mönche** und Bürger gegen Preiserhöhungen und die Militärdiktatur. Ihre Bewegung wird gewaltsam niedergeschlagen.

KUNST & KULTUR

Das Stasi-Drama *Das Leben der Anderen* des deutschen Regisseurs **Florian Henckel von Donnersmarck** (33) bekommt einen »Oscar« als bester nicht englischsprachiger Film.

Millionen Leser weltweit stürzen sich auf *Harry Potter und die Heiligtümer des Todes.* Mit dem siebten Potter-Band beendet **Joanne K. Rowling** (42) ihr Werk um den Zauberschüler und verdient daran insgesamt eine Milliarde Dollar (⇨ 1998).

Die britische Schriftstellerin **Doris Lessing** (88) bekommt den Literatur-Nobelpreis. Als ihr Hauptwerk gilt *Das goldene Notizbuch* (1962).

Über 750 000 Menschen besuchen im September die **documenta 12** in Kassel. Sie ist eine der bedeutendsten Ausstellungen für zeitgenössische Kunst.

WISSENSCHAFT & TECHNIK

Mit dem **iPhone** von **Apple** beginnt im Juli eine neue Smartphone-Generation. Das erste Handy mit **Touchscreen** kann telefonieren, fotografieren und im Internet surfen. Obwohl es 500 US-Dollar kostet (Deutschland, ab November: 399 Euro mit T-Mobile-Vertrag), besitzen Ende des Jahres rund 1,4 Millionen Menschen das neue Kultobjekt.

Die Tierwelt ist um eine bekannte Art reicher: Das **Riesenpekari** wird erstmals beschrieben. Es lebt im brasilianischen Urwald und zählt zur Familie der Nabelschweine.

ALLTAG & VERSCHIEDENES

Ein weltweiter Medienstar mit flauschigem weißem Fell und schwarzen Knopfaugen: Tausende Besucher strömen Ende März in den Berliner Zoo, um den 15 Wochen alten **Eisbär Knut** zu sehen, der zum ersten Mal nach draußen darf. Weil seine Mutter ihn verstieß, kümmert sich Pfleger **Thomas Dörflein** (43) rund um die Uhr um ihn.

Was die Männer nicht schafften (⇨ 2006), gelingt nun den Frauen: Die deutsche **Frauenfußball**-Nationalmannschaft wird in Shanghai Weltmeister – und das ohne ein einziges Gegentor. Die deutschen **Handballer** holen den WM-Titel im eigenen Land.

Das Diskussionsthema des Jahres ist der **Klimawandel,** der sich durch extreme Unwetter bemerkbar macht: Orkane, Überschwemmungen und eine Hitzewelle treffen Europa. Die Temperaturen im Winter und Frühling waren noch nie so hoch (bis zu 30 °C im April).

Auch der Fall des deutschen Schülers **Marco Weiss** ist ein Medienthema. Nachdem er im Türkei-Urlaub angeblich eine 13-jährige Engländerin vergewaltigt hat, kommt der 17-Jährige für acht Monate in türkische Untersuchungshaft. Erst kurz vor Weihnachten darf er wieder nach Hause – der Prozess geht ohne ihn weiter.

POLITIK & WIRTSCHAFT

Er will die Welt verbessern, Gerechtigkeit und Frieden schaffen: US-Senator **Barack Obama** (46) erzeugt mit seinem Motto »**Yes we can**« Aufbruchstimmung und Hoffnung. Am 4. November wird er zum ersten afroamerikanischen Präsidenten der USA gewählt.

Überschattet wird die politische Aufbruchstimmung in Amerika von einer Immobilienkrise, die sich zur globalen **Finanz- und Wirtschaftskrise** ausweitet. Die Insolvenz der Investmentbank **Lehman Brothers** reißt andere Banken mit sich, **staatliche Rettungspakete** sollen Schlimmeres verhindern. Trotz der zugespitzten Lage verspricht Bundeskanzlerin **Angela Merkel** (54): »Wir sagen allen Sparerinnen und Sparern, dass ihre Einlagen sicher sind.«

Raúl Castro (77) wird zum kubanischen Regierungschef gewählt und übernimmt damit endgültig das Amt seines erkrankten Bruders **Fidel Castro** (82).

KUNST & KULTUR

Die britisch-deutsche Moderatorin **Charlotte Roche** (30) bricht mit ihrem Roman *Feuchtgebiete* viele Tabus, indem sie ihre Protagonistin sehr offen mit der eigenen Sexualität umgehen lässt. Das Buch verkauft sich millionenfach.

Als »Live-Comedian mit den meisten Zuschauern« stellt **Mario Barth** (35) einen Weltrekord auf. 70 000 Menschen strömen zu seiner Show *Männer sind primitiv, aber glücklich!* ins Berliner Olympiastadion.

Als im Sommer das Actiondrama *The Dark Knight* in die Kinos kommt, erleben Fans weltweit die schauspielerischen Leistungen eines inzwischen Verstorbenen. In der Rolle des Jokers, des unheimlichen Gegenspielers von Batman, fasziniert Schauspieler **Heath Ledger** die Zuschauer und erhält postum 32 Auszeichnungen. Der 28-Jährige war am 22. Januar an einem Medikamentenmix gestorben.

WISSENSCHAFT & TECHNIK

Eine Sensation gelingt US-Wissenschaftlern, als sie Anfang des Jahres einen menschlichen **Embryo** aus einer Hautzelle **klonen.** Bisher war das nur mit embryonalen Stammzellen möglich.

Besitzer von Smartphones lernen die ersten **Apps** (Applikationen) kennen. Die kleinen Anwendungsprogramme (Spiele, Wetter, Informationen) erleichtern ihren Alltag.

In Nürnberg startet am 14. Juni die weltweit erste **automatische U-Bahn;** sie fährt ohne Fahrer.

ALLTAG & VERSCHIEDENES

Tausende **Steuerhinterzieher** in Deutschland bekommen Angst und zeigen sich selbst an: Der Bundesnachrichtendienst hat für 4,2 Millionen Euro eine **DVD** mit **Bankdaten** von einem geheimen Informanten aus Liechtenstein gekauft. Unter den vielen Steuerbetrügern ist auch Post-Chef **Klaus Zumwinkel** (64).

Fassungslos reagiert die Öffentlichkeit, als Ende April der **Inzest-Fall** von Amstetten (Österreich) aufgedeckt wird. 24 Jahre lang hatte **Josef Fritzl** (73) seine Tochter Elisabeth (42) in einem Keller eingesperrt, sie vergewaltigt und sieben Kinder mit ihr gezeugt.

Auch die **Naturgewalten** schlagen wieder zu: Bei einem Erdbeben in China sterben 70 000 Menschen, bei einem Tropensturm in Myanmar über 80 000.

Bei den **Olympischen Sommerspielen** in **Peking** gewinnt der US-Schwimmer **Michael Phelps** (23) acht Goldmedaillen und wird zum bisher erfolgreichsten Olympioniken.

Eine Sensation gelingt dem Fußball-Dorfclub **TSG 1899 Hoffenheim:** Er ist von der Kreisliga bis in die **Bundesliga** aufgestiegen. Finanziell ermöglicht hat das ein reicher Unterstützer, der Unternehmer **Dietmar Hopp** (68).

Als jüngster Grand-Prix-Sieger der Formel-1 geht der 21-jährige **Sebastian Vettel** in die Sportgeschichte ein. Er fährt für Toro Rosso.

POLITIK & WIRTSCHAFT

Zwei Millionen Menschen jubeln in den Straßen, als US-Präsident **Barack Obama** (47) am 20. Januar in Washington seine Antrittsrede hält. Im Dezember erhält er für seine »außergewöhnlichen Bemühungen für die Zusammenarbeit zwischen den Völkern« den **Friedensnobelpreis.**

Um die angeschlagene Autoindustrie zu retten, führt die deutsche Bundesregierung die **Abwrackprämie** ein. Hunderttausende lassen ihren alten Wagen verschrotten, kaufen einen umweltfreundlichen neuen und bekommen dafür 2500 Euro.

Mit der niedrigsten Wahlbeteiligung in der Geschichte (70,78 %) wird im September der Bundestag gewählt. CDU/CSU und FDP bilden eine **schwarz-gelbe Koalition.**

Kaum ist die Finanzkrise vergangen, bricht in Europa die **Eurokrise** aus: Im Oktober wird bekannt, dass **Griechenland** doppelt so hoch verschuldet ist wie erwartet. Der Euro-Kurs stürzt ab.

KUNST & KULTUR

Nicht nur Fans sind geschockt, als es am 25. Juni überraschend heißt: **Michael Jackson** ist tot! Er stirbt mit 50 Jahren in Los Angeles an einer Überdosis verschiedener Medikamente, die ihm sein Leibarzt verabreicht hat. Der muss sich später vor Gericht verantworten. Der »King of Pop« ist mit mehr als 400 Millionen verkauften Platten der erfolgreichste Interpret der Welt.

Newcomer des Jahres ist der 15-jährige Kanadier **Justin Bieber:** Er zeigt sein Gesangstalent in Youtube-Videos und wird von Musikmanagern entdeckt.

Mit dem Science-Fiction-Märchen *Avatar – Aufbruch nach Pandora* revolutioniert Regisseur **James Cameron** (55) das 3-D-Kino. Mit bahnbrechenden Animationseffekten entführt er die Zuschauer in eine magische Welt – der erfolgreichste Film seit Beginn des Kinos.

WISSENSCHAFT & TECHNIK

Zwei Neuheiten in Japan: Der Nissan Leaf wird als erstes **Elektroauto** vorgestellt, das in Großserie produziert werden soll. Fuji bringt die erste **3-D-Kamera** auf den Markt. Mit der FinePix Real 3D kann man lebensechte, dreidimensionale Fotos machen und auf einem digitalen Bilderrahmen betrachten.

Im Internet wird die **World Digital Library** eröffnet. Sie stellt besondere kulturelle Dokumente aus aller Welt jedem zur kostenlosen Nutzung zur Verfügung.

ALLTAG & VERSCHIEDENES

Mit einem Schrecken und nassen Füßen kommen die 155 Passagiere eines US-Airways-Flugs am 15. Januar davon. Kurz nach dem Start in New York legt ein Vogelschlag die Triebwerke lahm. Pilot **Chesley Sullenberger** (57) setzt zur Notwasserung auf dem **Hudson River** an und rettet damit alle Insassen.

Beim Einsturz des **Kölner Stadtarchivs** am 3. März sterben zwei Menschen. Ausgelöst wurde das Unglück durch Bauarbeiten im U-Bahn-Tunnel. Fast das gesamte Archiv wird verschüttet.

Eine Woche später macht das kleine Städtchen **Winnenden** bei Stuttgart weltweit Schlagzeilen: Bei einem **Amoklauf** in der Albertville-Realschule erschießt ein 17-Jähriger 15 Menschen und dann sich selbst.

Große Sorge löst die schnelle weltweite Verbreitung der **Schweinegrippe** aus, die ihren Ursprung in Mexiko hat. Ab Oktober werden in Deutschland Massenimpfungen angeboten. Dennoch haben sich bis Jahresende mehr als 200 000 Menschen infiziert. 159 sterben.

Nicht nur Fußballfans sind erschüttert, als am 10. November bekannt wird, dass sich Nationaltorwart **Robert Enke** (32) das Leben genommen hat. Er litt unter Depressionen. Zur Trauerfeier in Hannover, die von fünf TV-Sendern übertragen wird, kommen 40 000 Menschen.

POLITIK & WIRTSCHAFT

Am 10. April kommt Polens Präsident **Lech Kaczyński** (60) bei einem Flugzeugabsturz im russischen Smolensk ums Leben. 95 weitere Menschen an Bord sterben, darunter viele hochrangige polnische Würdenträger.

Überraschend erklärt Bundespräsident **Horst Köhler** (67) am 31. Mai seinen Rücktritt. Er war wegen missverständlicher Äußerungen zum Bundeswehreinsatz in Afghanistan kritisiert worden. Einen Monat später wird **Christian Wulff** (51) zum Nachfolger gewählt. Erst im dritten Wahlgang kann er sich gegen **Joachim Gauck** (70) durchsetzen.

Aufschwung für die deutsche Wirtschaft: Firmen stellen wieder ein, die Zahl der Arbeitslosen sinkt auf unter drei Millionen. Doch die **Eurokrise** spitzt sich weiter zu, sodass die europäischen Staatschefs einen Rettungsschirm für die gesamte Eurozone beschließen. **Griechenland** und **Irland** erhalten milliardenschwere Hilfspakete.

KUNST & KULTUR

Großer Jubel, als **Lena Meyer-Landrut** (19) mit »Satellite« den Eurovision Song Contest gewinnt. Mit deutlichem Vorsprung holt die aufgeweckte Sängerin 28 Jahre nach dem Erfolg von Nicole (»Ein bisschen Frieden«) den Titel wieder nach Deutschland.

Dort löst im Sommer der SPD-Politiker und Autor **Thilo Sarrazin** (65) eine Integrationsdebatte aus: In seinem Buch *Deutschland schafft sich ab* warnt er vor den Folgen des Geburtenrückgangs, der wachsenden Unterschicht und der Zuwanderung von Muslimen. Seine Thesen werden scharf kritisiert – das Buch erreicht die Spitze der Bestsellerlisten.

Für 106,4 Millionen Dollar versteigert Christie's in New York das Ölgemälde *Akt mit grünen Blättern und Büste* von **Pablo Picasso** (1881–1973). Damit ist es der teuerste Picasso der Welt.

WISSENSCHAFT & TECHNIK

Im Januar wird in **Dubai** das höchste Gebäude der Welt eingeweiht: der 828 Meter hohe **Burj Khalifa.**

In Chile entdecken Astronomen das bisher komplexeste ferne Planetensystem. Bis zu sieben Planeten kreisen um den sonnenähnlichen Stern HD 10180.

Ab November ermöglicht der Internetdienst **Google Street View** virtuelle Spaziergänge auf deutschen Straßen. Zuvor waren monatelang Spezialfahrzeuge unterwegs, um 360-Grad-Panoramabilder zu machen.

ALLTAG & VERSCHIEDENES

Nur eine Minute lang bebt die Erde in **Haiti,** dennoch sterben 230 000 Menschen – der Beginn eines katastrophenreichen Jahres.

Nach einem Vulkanausbruch in Island legt eine **Aschewolke** im April tagelang den europäischen Luftverkehr lahm. Hunderttausende sitzen auf Flughäfen fest. Währenddessen kommt es im **Golf von Mexiko** zur schlimmsten **Ölkatastrophe** in der US-Geschichte: Die Bohrinsel Deepwater Horizon explodiert und versinkt. Eine Unmenge an Erdöl strömt aus. Erst nach drei Monaten gelingt es dem Energiekonzern **BP,** das Bohrloch zu verschließen.

Sie wollten gemeinsam feiern, tanzen und Spaß haben – doch die **Loveparade** am 24. Juli in **Duisburg** endet fatal: Im einzigen Zugangsbereich zum Feiergelände bricht eine **Massenpanik** aus, bei der 21 Menschen sterben und über 500 verletzt werden. Die strafrechtliche Aufklärung des Unglücks wird sich lange hinziehen.

Tschechien, Polen und Deutschland erleben im Mai ein extremes **Oderhochwasser.**

Am 13. Oktober erregt die spektakuläre Rettung einer Gruppe verschütteter **Bergarbeiter** in **Chile** weltweite Aufmerksamkeit. 70 Tage lang waren die 33 Männer in der Dunkelheit eingeschlossen und hatten nichts außer ihrem Überlebenswillen und Thunfisch in Dosen.

POLITIK & WIRTSCHAFT

Aufbruchstimmung in der arabischen Welt: Ägypter, Algerier und Tunesier kämpfen gegen gewalttätige Regierungen. In Libyen herrscht monatelang Bürgerkrieg, bis Machthaber **Muammar al-Gaddafi** (69) im Oktober gestürzt und getötet wird.

Am 1. Mai spüren US-Spezialeinheiten in Pakistan **Osama bin Laden** (53) auf und töten ihn. Jahrelang hatte sich der Anführer der Terrorgruppe al-Qaida versteckt.

Medien decken auf, dass der deutsche Verteidigungsminister **Karl Theodor zu Guttenberg** (39) Teile seiner Doktorarbeit abgeschrieben hat. Er verliert Glaubwürdigkeit sowie Doktortitel und tritt zurück.

55 Jahre nach ihrer Einführung wird in Deutschland die **Wehrpflicht** abgeschafft. Frauen und Männer können sich nun freiwillig zum Wehr- oder Zivildienst melden. Mit großer Mehrheit beschließt der Bundestag im Sommer die **Energiewende:** Bis 2022 sollen alle deutschen Atomkraftwerke stillgelegt werden.

Die **europäische Schuldenkrise** spitzt sich zu: Griechenland ist pleite, Spanien und Italien sind hoch verschuldet, auch Portugal braucht Hilfe.

KUNST & KULTUR

Große Künstler verlassen die Bühne des Lebens. In Wien stirbt **Peter Alexander** (84); der vielseitige Star hatte jahrzehntelang mit Fernsehshows, Schallplatten und Filmen Erfolge im deutschsprachigen Raum. Im März stirbt die amerikanisch-britische Filmdiva **Elizabeth Taylor** (79). Der britischen Sängerin **Amy Winehouse** (27) wird der Alkohol zum Verhängnis; sie stirbt am 23. Juli.

Am 22. August verliert Deutschland seinen beliebtesten Humoristen: Der Karikaturist, Schauspieler und Regisseur **Loriot** (Vicco von Bülow) wurde 87 Jahre alt. Schauspieler **Johannes Heesters** stirbt am 24. Dezember im Alter von 108 Jahren.

WISSENSCHAFT & TECHNIK

Im Sommer endet mit der letzten Landung der Raumfähre Atlantis für die US-Raumfahrtbehörde NASA die Ära der bemannten Space-Shuttle-Flüge.

Am 5. Oktober stirbt in Kalifornien der Computer-Revolutionär und Apple-Vordenker **Steve Jobs** (56). Apples neues **iPhone 4S** punktet mit der Sprachsoftware Siri. Sie erkennt die Stimme ihres Besitzers und führt seine gesprochenen Kommandos aus.

ALLTAG & VERSCHIEDENES

Im März führen ein schweres Erdbeben und ein Tsunami in Japan zur Katastrophe: Während 15 000 Menschen sofort sterben, kommt es im Atomkraftwerk **Fukushima** zur Kernschmelze.

Große Mengen an radioaktivem Material treten aus, mehr als 100 000 Menschen werden evakuiert. In Deutschland demonstrieren Tausende Bürger für einen sofortigen Atomausstieg.

Millionen TV-Zuschauer verfolgen im April die Hochzeit von **Prinz William** (28) und der bürgerlichen **Kate Middleton** (29) in London.

Ein friedlicher Sommertag in Norwegen endet grauenhaft: Der rechtsextreme Islamhasser **Anders Breivik** (32) verübt zuerst einen Bombenanschlag auf Oslos Regierungszentrum und dann ein Attentat auf der Ferieninsel Utøya. Als Polizist verkleidet erschießt er 69 Anhänger einer sozialdemokratischen Jugendorganisation. Er wird gefasst und später für unzurechnungsfähig erklärt.

In Zwickau fliegt ein Neonazi-Trio auf. Die zwei Männer bringen sich um, ihre Komplizin setzt das Haus in Brand, in dem sie zuletzt gelebt hatten, um Beweise zu vernichten. Sie wird festgenommen. Seit den Neunzigern hatte die Gruppe, die sich **Nationalsozialistischer Untergrund** (NSU) nennt, neun Ausländer und eine Polizistin ermordet. Hinzu kamen Bombenanschläge und Banküberfälle.

Tschernobyl und Fukushima:

Die Gefahren der Atomkraft

Bis zu 14 Meter hoch sind die Wellen des Tsunamis, der am Nachmittag des 11. März 2011 die nordöstliche Küste Japans trifft und das Atomkraftwerk Fukushima unter Wasser setzt. Notstromaggregate fallen aus, der Reaktorblock I kann nicht mehr gekühlt werden – die Kernschmelze droht.

Am 12. März kommt es zur Explosion. 60 000 Menschen, die weniger als 20 Kilometer vom Unglücksort entfernt leben, müssen ihre Häuser verlassen und in Turnhallen ziehen. Die sich erhitzenden Reaktoren werden notdürftig von außen gekühlt – mit Wasser, das anschließend ins Meer fließt. Dort erreichen die Werte für radioaktives Jod und Cäsium in der Nähe des Kraftwerks das Hunderttausendfache des gesetzlichen Grenzwertes.

Später ist im 200 Kilometer entfernten Tokio das Leitungswasser vorübergehend so stark radioaktiv belastet, dass Kleinkinder es nicht trinken dürfen. Im Sommer 2013 werden in der Nähe des Unglücksortes im Grundwasser gefährlich hohe Werte von Strontium 90 und Tritium gemessen. Vor der Katastrophe erkrankten in der Region 0,35 von 100 000 Kindern an Schilddrüsenkrebs; knapp drei Jahre danach ist die Rate auf 13 gestiegen. Im Februar 2014 erreichen die radioaktiven Isotope Cäsium 134 und Cäsium 137 die Westküste Kanadas. Die Gesamtkosten der Katastrophe werden auf mehr als 150 Milliarden Euro geschätzt.

Bis zum März 2011 trug ein anderes Ereignis den Titel »größte Atomkatastrophe«: das Unglück von Tschernobyl in der Ukraine.

Es ereignete sich nur 25 Jahre zuvor – ein kurzer Zeitraum für eine Technologie, die nach Ansicht ihrer Befürworter beherrschbar und sicher ist.

Die Explosion des Atomkraftwerks in Tschernobyl am 26. April 1986 versetzt ganz Deutschland in Aufregung. Vor allem im Süden fällt radioaktiver Regen auf Wälder, Felder, Wiesen und Spielplätze. Monatelang beobachten besorgte Bundesbürger die Belastungswerte von Milch, Gemüse und Wild; viele kaufen Tiefkühlkost und Milchpulver, die vor dem Fallout hergestellt wurden.

Die Menschen in der DDR erhalten kaum offizielle Mitteilungen. Sie informieren sich, soweit möglich, aus dem Westfernsehen. Auf den Märkten in Ostberlin ist Gemüse nahezu unverkäuflich – dafür taucht es überraschend in Kindergärten und Schulen auf, wo es zuvor kaum zu sehen war. Ein Teil der Jungen und Mädchen greift zu, die anderen, zu Hause von den Eltern gewarnt, rühren das angeblich gesunde Grünzeug nicht an.

Doch nicht Tschernobyl verursacht die Wende in den Köpfen der deutschen Politiker, sondern erst die Katastrophe in Fukushima. Sie bewirkt die geplante Energiewende für ein ganzes Land: Am 30. Juni 2011 beschließen Bundestag und Bundesrat mit großer Mehrheit, acht deutsche Atomkraftwerke sofort stillzulegen und alle übrigen bis zum Jahr 2022 abzuschalten.

Weltweit wird nach Fukushima über die Atomenergie debattiert, aber nicht überall stuft man ihre Risiken als gefährlich ein – mehrere Länder wollen sogar neue Atomkraftwerke bauen.

Die Frage, wie erneuerbare Energien in Zukunft flächendeckend genügend Strom erzeugen können, beschäftigt Deutschland auch nach 2011. Aber nicht nur diese neuen Probleme müssen bewältigt werden, sondern auch alte. Denn der in den vergangenen Jahrzehnten angehäufte Atommüll wird noch sehr, sehr lange strahlen.

POLITIK & WIRTSCHAFT

Bundespräsident **Christian Wulff** (52) unter Beschuss: Er soll sich mit seinem Amtsbonus finanzielle Vorteile verschafft haben. Mit einem Anruf beim Chefredakteur der *Bild-Zeitung* will er die Berichterstattung verhindern. Er verliert das Vertrauen der Bevölkerung und tritt im Februar zurück. Sein Nachfolger wird der ostdeutsche Pastor **Joachim Gauck** (71).

In Russland demonstrieren Tausende gegen Wahlfälschung, als zwei Machthaber ihre Plätze tauschen: Ministerpräsident **Wladimir Putin** (59) und Präsident **Dmitri Medwedew** (46). Putin war bereits von 2000 bis 2008 Präsident und musste dann für eine Amtszeit pausieren.

In Syrien führt Diktator **Baschar al-Assad** (46) einen blutigen Krieg gegen die eigene Bevölkerung. Tausende sterben und Hunderttausende flüchten.

Im Gaza-Streifen beschießen sich Israelis und die palästinensische **Hamas** im November tagelang mit Raketen.

KUNST & KULTUR

Am 11. Februar ertrinkt **Whitney Houston** in der Badewanne, nachdem sie Kokain konsumiert hat. Die 48-jährige US-Amerikanerin war eine der erfolgreichsten Popsängerinnen.

Spektakuläre Versteigerung im New Yorker Auktionshaus Sotheby's: Das berühmte Gemälde *Der Schrei* **von Edvard Munch** (1863–1944) wechselt für 119,9 Millionen Dollar den Besitzer. Es ist damit das teuerste Gemälde aus dem 19. Jahrhundert.

Millionen Menschen weltweit sind gefesselt von der Beziehung einer jungen Uni-Absolventin zu einem Multimillionär mit sexuellen Macht- und Kontrollbedürfnissen: Sie lesen *Fifty Shades of Grey*, die erotische Trilogie der britischen Autorin **E. L. James** (49).

Mehr als neun Millionen Kinozuschauer sehen allein in Deutschland die französische Filmkomödie *Ziemlich beste Freunde*.

WISSENSCHAFT & TECHNIK

Im europäischen Kernforschungszentrum **CERN** entdecken Wissenschaftler nach jahrzehntelanger Suche das **Higgs-Boson.** Wegen seiner großen Bedeutung für das Standardmodell der Teilchenphysik heißt es umgangssprachlich auch »**Gottesteilchen**«.

Nach neunmonatiger Reise landet im August der NASA-**Marsrover** Curiosity auf dem roten Planeten. Er soll den Mars erkunden und Fotos zur Erde schicken. Sein erster großer Fund: Kohlenstoff – der Grundbaustein allen Lebens.

In Deutschland werden täglich rund 160 Millionen **SMS** verschickt.

Mehr als 50 Prozent aller verkauften Fernseher haben einen Internetzugang. Mit sogenannten **Smart-TV-Apps** kann man unter anderem Spiele, Online-Videotheken und TV-Archive der Fernsehsender nutzen.

ALLTAG & VERSCHIEDENES

Am Freitag, dem 13. Januar läuft vor der toskanischen Küste das italienische Kreuzfahrtschiff **Costa Concordia** auf einen Felsen auf und sinkt. 4229 Menschen sind während der Havarie an Bord, für 32 kommt jede Hilfe zu spät. Der Kapitän hat sein Schiff früh verlassen und muss sich wegen Fahrlässigkeit vor Gericht verantworten.

Im Januar meldet die **Drogeriekette Schlecker** Insolvenz an. Zunächst läuft der Betrieb weiter, im Juni kommt für rund 30 000 Mitarbeiter in Deutschland das endgültige Aus.

Der amerikanische Radsportler **Lance Armstrong** (41) wird des Dopings überführt. Er verliert alle sieben Tour-de-France-Titel und wird lebenslang gesperrt.

Am 14. Oktober gelingt dem österreichischen Extremsportler **Felix Baumgartner** der bisher höchste Fallschirmabsprung eines Menschen. Der 43-Jährige springt in 39 Kilometern Höhe aus der Kapsel eines Heliumballons ab und landet nach fünf Minuten sicher auf der Erde.

POLITIK & WIRTSCHAFT

Überwachung total: Im Juni veröffentlicht die britische Zeitung *The Guardian* Informationen des ehemaligen **US-Geheimdienst**-Mitarbeiters **Edward Snowden** (29). Er verrät, dass die **NSA** (National Security Agency) täglich ohne konkreten Verdacht weltweit Millionen Telefongespräche und E-Mails anzapft. Die deutsche Regierung zeigt sich erst empört, als bekannt wird, dass auch das Handy von **Angela Merkel** (CDU) abgehört wurde.

Die 59-Jährige wird nach der Bundestagswahl erneut Kanzlerin – in einer **großen Koalition** mit der SPD, weil der bisherige Partner FDP im Bundestag nicht mehr vertreten ist.

Kroatien wird am 1. Juli als 28. Land Mitglied der **EU**.

Im Dezember trauert die Welt um **Nelson Mandela** (95). Der Expräsident **Südafrika**s verwandelte den einstigen Apartheid-Staat gewaltlos in eine multiethnische Demokratie (⇨ 1990). Zur Trauerfeier kommen 80 000 Menschen, darunter rund 90 Staatsoberhäupter. US-Präsident **Barack Obama** sagt, Mandela sei ein »Gigant der Geschichte«, vergleichbar mit Mahatma Gandhi und Martin Luther King.

KUNST & KULTUR

In München stirbt im November der Kabarettist, Schauspieler und Autor **Dieter Hildebrandt** (86). Sechs Jahrzehnte lang analysierte er humorvoll und scharfzüngig die deutsche Politik.

Der erfolgreichste Film des Jahres in Deutschland heißt *Fack ju Göthe.* Bis zum Jahresende sehen mehr als sechs Millionen Zuschauer die Schulkomödie. Der spektakulärste Film ist *Gravity:* Dank nie gesehener 3-D-Bilder wird die Tiefe des Weltalls spürbar, in dem **George Clooney** (52) und **Sandra Bullock** (49) verloren sind.

Das US-Magazin *Vanity Fair* kürt im Dezember den deutschen Maler und Bildhauer **Gerhard Richter** (81) zum bedeutendsten lebenden Künstler.

WISSENSCHAFT & TECHNIK

In Brasilien rollt das letzte Exemplar einer Autolegende vom Band: der **VW-Bus** (T1). Vom »Bulli« wurden seit 1950 rund 1,8 Millionen Stück gebaut.

Das neue **Computerspiel** *Grand Theft Auto V* erzielt innerhalb von drei Tagen einen Umsatz von über einer Milliarde Dollar. Das hat noch kein Kinofilm und kein anderes Unterhaltungsprodukt geschafft.

ALLTAG & VERSCHIEDENES

Zum ersten Mal seit über 700 Jahren tritt ein Papst zurück: **Benedikt XVI.** (85) gibt im Frühjahr sein Amt auf. Sein aus Argentinien stammender Nachfolger nennt sich **Franziskus,** nach dem Heiligen, der Reichtum ablehnte. Der 76-Jährige lebt betont einfach und besucht afrikanische **Flüchtlinge** auf der italienischen Insel **Lampedusa.**

Extrem **niedrige Zinsen** und **günstige Kredite** lassen viele Menschen Immobilien kaufen. Reiche zahlen **Rekordsummen** für Sachwerte. Das Auktionshaus Christie's verkauft für 142,4 Millionen Dollar das teuerste Kunstwerk der Welt, ein Triptychon von **Francis Bacon** (1909–1992). Sotheby's in Genf versteigert für 61,9 Millionen Dollar den teuersten Diamanten und Christie's die weltweit teuerste Gitarre (965 000 Dollar). Sie gehörte **Bob Dylan,** der damit 1965 bei seinem ersten Auftritt spielte.

Teuer ist auch das **Juni-Hochwasser** in Süd- und Ostdeutschland: Es zerstört Häuser, Autos, Straßen und Schienen im Wert von 11,7 Milliarden Euro.

Der ehemalige Formel-1-Pilot **Michael Schumacher** (44) erleidet am 29. Dezember in Frankreich einen Skiunfall und schwebt tagelang in Lebensgefahr.

Im Jahr 2013 nimmt die **Weltbevölkerung** um 80 Millionen zu – fast so viele, wie Deutschland Einwohner hat (80,8 Mio.). Am Jahresende leben mehr als **7,2 Milliarden** Menschen auf der Erde.

Dank

Mein erster Dank gilt Monika König vom Goldmann Verlag, die vor einigen Jahren die Idee für mein Buch *Wie war das noch? Schulwissen, neu aufpoliert* hatte und mir nun ermöglicht hat, auch dieses Geschichtsbuch zu schreiben.

Ich danke Karin Weber, die dieses Buch als Lektorin betreut hat, für ihre Unterstützung, für ihre Anregungen und dafür, dass sie mich an wichtigen Entscheidungen hat teilnehmen lassen. Juliane Dräger und Wolfgang Tzschaschel danke ich für ihre Mitarbeit bei der Recherche und Texterstellung – ohne sie hätte ich es nicht geschafft, die Arbeit an diesem Buch rechtzeitig abzuschließen. Florian Oppermann danke ich für die Überprüfung der Fakten und das Aufspüren von Fehlern.

Personenregister

Sachregister